圆通制·工作标准系列

ENTERPRISES FINANCIAL AND ACCOUNTING COMPREHENSIVE MANAGEMENT WORKING STANDARD

企业财会综合管理工作标准

中国工作标准研究院 组编
王民权　马西牛 编著

中国财政经济出版社

图书在版编目（CIP）数据

企业财会综合管理工作标准/王民权，马西牛编著．—北京：中国财政经济出版社，2012.7

（圆通制·工作标准系列）

ISBN 978－7－5095－3639－1

Ⅰ．①企…　Ⅱ．①王…②马…　Ⅲ．①企业管理－财务管理－标准

Ⅳ．①F275－65

中国版本图书馆 CIP 数据核字（2012）第 085488 号

责任编辑：宋学军　　　　责任校对：黄亚青

封面设计：耕　者　　　　版式设计：耕　者

中国财政经济出版社 出版

URL：http：//ckfz. cfeph. cn

E－mail：ckfz@ cfeph. cn

社址：北京市海淀区阜成路甲 28 号　邮政编码：100142

营销中心电话：88190406　北京财经书店电话：64033436　84041336

北京富生印刷厂印刷　各地新华书店经销

787×1092 毫米　16 开　20. 75 印张　321 000 字

2012 年 7 月第 1 版　2012 年 7 月北京第 1 次印刷

印数：1—2 560　定价：49.00 元

ISBN 978－7－5095－3639－1/F·2994

（图书出现印装问题，本社负责调换）

质量投诉电话：010－88190744

圆通制·工作标准系列教材编委会

ORDER

总序

工作标准化是实现科学管理的良策

实现科学工作的前提是什么？

首先需要让工作人员了解什么是科学工作。科学工作就要制定工作标准，工作过程中或工作结束之后，才能结合工作标准评价工作偏差的科学性。

其次我国全面推行内部控制制度，“控制”有约束、限制之意，那么在控制之前，应当让工作者明白遵循的工作标准，如果没有工作标准，内部控制就无从谈起。

最后，由于组织者知识范围、能力水平存在很大差距，不同工作者对一项工作任务的理解程度必然存在差距，如果缺乏工作标准指导与引导，或者说工作者根本就不知已经存在的工作标准，所谓工作，就无法用“科学”的尺度去衡量了。

工作标准是工作人员严格遵循法律法规等技术标准的规定，在管理标准规定的时间范围内，将需要完成的工作，通过科学的归纳、整合、分解、排序和加工处理，形成最佳结果的描述文件。

脑力劳动，如何工作标准化？王民权先生创立了“圆通制”，圆通制系统阐述科学工作的原理和方法，有效解决了脑力劳动标准化这一问题。因此工作标准化研究，是基于圆通制科学工作原理和方法之上的。

工作标准化从研究角度来看，具有将工作的各个要素、各个环节、各部门有机地结合起来，构成一个新的有机整体的能力。综合的过程对于准确认识工作之间的内在联系、从整体上考察客观工作项目具有重要的作用。这种标准化，已经不再是简单的大拼盘，制度的堆积，而是在以人为本的基础上各学科、各要素之间的有机渗透、交叉和融合，既有多个学科制度的交叉，也有多个学科制度的渗透，不是简单的专业学科机械相加，而是紧紧抓住各个要素之间的内在联系，紧紧抓住对各部分的制度要求之间的内在联系，从中把握事物整体的本质和运动规律，得出一个全新的整体性的认识和要求，从而进行科学加工的过程。

工作标准把科学工作的理念转化为科学工作的正确思路。不同地区、不同系统、不同单位、不同岗位虽然工作基础不一样、条件不相同，有的甚至存在很大差异，但他们都必然将需要解决的发展问题、民生问题、社会问题、单位问题转化为每一个具体岗位的具体工作。完成这些工作虽然需要创造性，但大多数人的工作都需要首先在遵守相同规则（继承前人经验和成就）的基础上认真完成。相同的行业、相同的部门、相同的工作岗位、相同的工作内容，必然决定完成工作问题具有很多相同之处，决定了工作人员必须善于把科学的工作标准理念应用到本地区、本部门、本单位实际的工作思路。工作人员只有学习工作标准，执行工作标准，才能向建立标准、超越标准这种境界转化，只有了解和掌握了标准，才有创新的基础。

我国企事业单位最科学的内部控制制度就是在实际工作中将所有的制度要求都能落到实处。而我国目前的技术标准和管理标准（国家法律法规），普遍表现形式是条文，如何在一个单位中、一个体系中、一个项目中、一个事件中、一项工作中完整的表现各种制度要求，做得科学彻底、经典，就不能简单地依靠个人经验积累。需要通过科学的归纳和整理，把完成工作任务技术标准要求的各个工作要素结合起来，组成一个整体，再对这个整体根据管理标准要求进行分解、排序，通过工作者的科学加工处理过程进行总结，形成工作标准。其他工作人员通过对这一工作标准的学习和掌握，起到经验传授与继承的作用。内部控制的核心目标是杜绝各种违反制度的情况发生，只有将各种制度控制点明确在每一具体工作环节之中，内部控制才能够见到实际效果，企事业单位通过对工作标准执行过程的检查核对，起到内部控制的作用。

根据国家标准委统计资料显示，我国改革开放三十多年来，制、修订各种标准大约有二万五千多项，这些标准基本属于技术标准或管理标准，对于如何将各种技术标准与管理标准科学有效结合，获得最佳效果的工作标准，相对较少，我院希望藉由组织研究编写出版《圆通制·工作标准系列》丛书，开创工作标准研究新局面，为科学提高全国工作者的工作水平作出贡献。

中国工作标准研究院

2011 年 8 月

PREFACE

前言

如何在企业经营管理活动中科学贯彻执行《中华人民共和国会计法》、《中华人民共和国税收征管法》、《中华人民共和国审计法》、《中华人民共和国银行法》、《中华人民共和国保险法》、《企业财务会计报告条例》、《企业会计制度》、《企业财务通则》、《企业会计准则》等一系列财经法律法规和相关政策制度，加强企业财务管理，规范企业财会工作，提高会计信息质量？中国工作标准研究院通过应用圆通制工作标准模式，以科学贯彻执行各项制度为核心，系统建立企业财会工作标准，通过工作标准这种科学方式，将财会工作专家的经验提供给企业基层会计制度的执行者和使用者，让企业财会人员能够“简单、易学、照着做”，实现财务科学管理的目标。

企业财会工作标准通过圆通制科学工作原理的系统应用，将企业财会问题标准化，解决财会问题的思路标准化，解决财会问题的方法标准化，解决财会问题的措施标准化，以期达到将财会工作问题科学规范解决的目的。该标准以符合财会工作特点的标准描述格式，系统建立起企业财会工作标准体系，层次划分清晰，核心目标明确，工作标准约有5 000多个，构成我国第一个财会工作标准数据库，尝试普遍提升财会工作能力水平的科学方法。通过对财会工作标准数据库的试题化改造，结合财会工作能力测试模式与考评要求，按工作岗位进行科学组合，形成了会计能力等级科学测试模式，为解决基层财会人员工作技能培养提供了基础的测试平台和测试数据。

如何对机关工作或财会工作进行科学的计划和业绩考评，一直是企业财务管理者研究的重要课题。财会工作标准将财会工作进行科学的量化和标准化，使得财会工作能够实现科学计划，包括对工作岗位的工作项目制定工作量化方案、工作量化标准，从而实现科学考评和总结。由于企业财会工作标准将内部控制制度科学地融于具体工作之中，因而是科学实施内部控制的制度方法，可以从根本上保证财会工作质量的提高。

《企业财会综合管理工作标准》、《企业资产管理工作标准》、《企业收入管理工作标准》、《企业成本管理工作标准》、《企业负债管理工作标准》、《企业所有者权益管理工作标准》等书的问世，对提升我国财会人员工作水平和管理水平的意义重大。在此情况下，推广应用财会工作标准对于提高财会工作质量和效率具有非常突出的作用。

首先，对新聘上岗位人员熟悉岗位工作起到咨询帮助作用。新聘上岗位人员对新岗位很陌生，通过使用财会工作标准软件可以了解工作的岗位、内容、目标、制度、处理流程以及结果，并通过工作标准的强化训练快速胜任工作岗位要求。

其次，对处理不经常发生的会计事项起到咨询帮助作用。现实生活中，某一工作岗位的某一项工作不是经常发生，当其突然发生时，会计人员往往感到很多工作细节不够清晰，运用的资料名称不清楚，工作流程和核心环节不明白，需要翻阅大量资料文件进行研究。通过使用财会工作标准软件，可以帮助其解决这类问题，不管这个工作项目是否发生，通过标准数据库都可以了解其内容及相应的处理工作标准。

最后，对轮岗人员科学交接工作、快速熟悉新的工作岗位起到积极作用。为了促进员工对内部工作各岗位的了解，各单位在对员工的管理中，经常采用轮岗制度。这种制度的缺点在于将熟悉的工作岗位内容变得不熟悉了，轮岗位人员要经过很长时间和辛勤努力才能熟悉新岗位的工作，包括掌握很多工作细节，熟悉资料名称、工作流程和核心环节以及需要遵守的各种规章制度等。通过使用财会工作标准软件，将员工岗位轮换后的综合经验描述在工作标准中，从而起到细化会计交接的作用，并能使员工快速了解掌握新岗位工作标准，满足新角色的工作需要。

最后，对主管领导准确处理会计业务起到咨询帮助作用。由于分工的不同或以前工作岗位的不同，各级管理者可能会对下级工作岗位部分工作项目的工作方案、核心工作目标或正确流程不是很清楚，当一项工作发生时，往往会要求下级汇报很多工作细节。通过使用财会工作标准，这类问题将变得很简单。不管这个领导对该工作项目以前是否熟悉，都可以通过财会工作标准始终保持对所有岗位所有工作标准及时了解和熟悉的程度，并且可以运用工作标准考察下级是否安排正确。

总之，会计电算化解放了财会人员的体力劳动，财会工作标准化则解放了财会人员的脑力劳动。我们相信，本书系的出版必将对我国企事业单位财会工作水平的提高带来巨大的影响。

目 录

Standardization organs

第1章　企业财会综合工作标准化概述

企业财会综合工作是企业财务会计工作的重要组成部分。财会综合工作是指企业为了实现战略目标、保证企业健康运营和科学管理，需要完成与资产、收入、成本、负债及所有者权益等业务直接相关又有所区别，而隶属于财会工作范畴的业务，主要包括审核制证、复核、稽核、总账登记、报表编制、预算管理、财务分析、经营效果评价、价格管理、财务信息化以及会计档案管理等工作。

企业财会综合工作从财经角度系统地反映企业经济效益的各个方面，表现企业财会工作的成果，工作内容非常重要，通过科学分析并理顺企业财会综合工作内容，建立和完善企业财会综合工作标准，准确界定财会综合工作项目、工作范围、工作思路、工作方法、技术要求以及管理标准，对帮助企业财会综合岗位工作者做好企业相关工作，实现企业内部控制思想，具有非常重要的指导作用。

企业财会综合管理工作标准化是企业应用圆通制科学工作原理，以财会综合管理工作标准为基础，明确岗位工作目录，指导岗位设置、科学成立机构，进而建立科学量化考评机制的过程。

1.1　企业财会综合业务机构设置

1.1.1　企业组织机构设置介绍

企业组织架构是一种决策权的划分体系以及各部门的分工协作体系。组织架构需要根据企业总目标，把企业管理要素配置在一定的方位上，确定其活动条件，规定其活动范围，形成相对稳定的科学管理体系。

没有组织架构的企业将是一盘散沙。组织架构不合理会严重阻碍企业的正常运作，甚至导致企业经营的彻底失败。相反，适宜、高效的组织架构能够最大限度地释放企业的能量，使组织更好地发挥协同效应。

很多企业正承受着组织架构不合理所带来的损失与困惑。组织内部信息传导效率降低、失真严重；企业作出的决策低效甚至错误；组织部门设置臃肿；部门间责任划分不清，导致工作中互相推诿、互相掣肘；企业内耗严重，等等。要清除这些企业病，只有通过组织架构变革来实现。企业组织机构设置如图 1－1 所示。

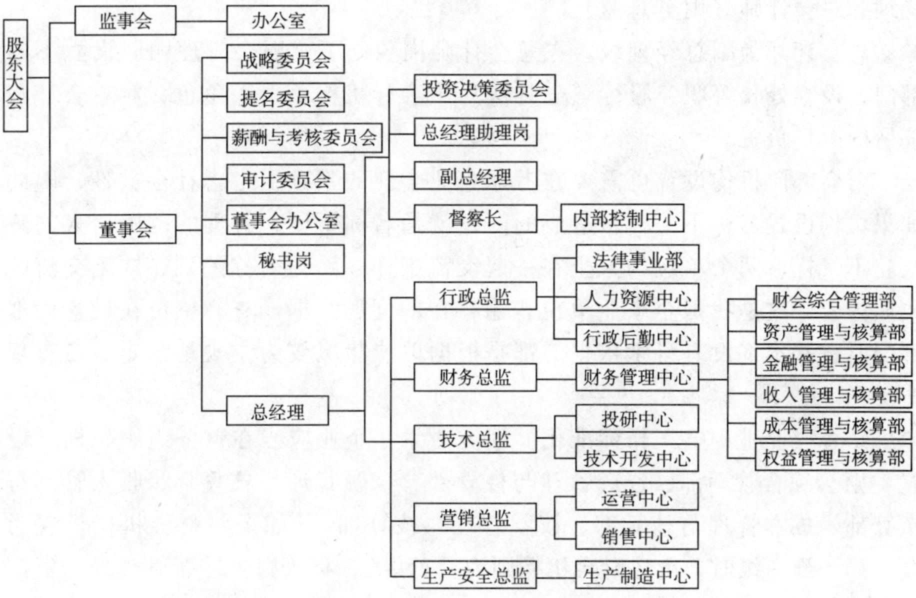

图 1－1　企业组织架构图

1.1.2 企业财会工作机构设置

企业财会工作组织架构包括企业治理层面的组织架构和内部管理层面组织架构。治理层面的财会部门是企业与外部主体（主要包括财政局、税务局、审计局、国资委、工商局、银行、保险公司等）发生各项经济关系的法人所必备的组织基础。企业根据相关的法律法规，设置不同层次、不同功能的法律实体及其相关的法人治理结构，在此同时需要对应完成财务组织架构建设，从而使得企业能够在法律许可的框架下拥有特定权利、履行相应义务，以保障各利益相关方的基本权益。而基于企业内部管理层面设立的财会部门，是企业根据业务发展需要针对各项业务功能行使决策、计划、执行、监督、评价的权力并承担相应义务的部门，从而为业务顺利开展进而实现企业发展战略，提供强有力的财经支撑平台。

决策机构：董事会设立公司财经委员会，研究决策集团重大财经事项。

监督机构：监事会根据企业内部控制制度在财会部门设立内部控制岗位及其他监督审计机构。

执行机构：财会执行机构是企业财会工作管理和执行部门，核心包括总经理和总会计师（财务总监）。

总会计师为副总经理级。在总会计师岗位之下，财会管理团队设立不同部门，设立处长等职务履行《会计法》中会计机构负责人角色，对总会计师部署的工作负责。

财会部门机构设置也需要在考虑企业个性的基础上考虑社会共性，因此如果机构设置名称不一样，造成的问题就是名称不同，管理的范围给人的感觉就不一样。两个单位的人坐在一起交流工作，因为名称差别，缺乏交流的同质内容，这是我国企事业单位普遍存在的问题。据调查，单位在设置内部部门时，基本都没有科学依据，都是根据单位状况较为主观地设定，没有规律可循。

结合《企业财会工作标准化》研究成果，企业应当在财务组织架构下设置“财会综合管理部、资产管理与核算部、金融管理与核算部、收入管理与核算部、成本管理与核算部、权益管理与核算部”。如果将财会机构设置为司、局、部一级时，上述财会机构则为“处级”，称为财务综合管理处、资产管理与核算处、金融管理与核算处、收入管理与核算处、成本管理与核算处、权益管理与核算处”等。如果将财会机构设置为处一级时，上述财会机构则为“科级”，称为财务综合管理科、资产管理与核算科、金融管理与核算科、收入管理与核算科、成本管理与核算科、权益管理与核算科等。如果将财会机构设置为科一级，没有“股级、组级”时，上述财会机构则应当设置为岗位：称为财务综合管理岗位、资产管理与核算岗位、金融管理与核算岗位、收入管理与核算岗位、成本管理与核算岗位、权益管理与核算岗位等，这样进行社会交流或行业培训，将会比较规范。

1.1.2.1　财会综合管理部

包括岗位：（2）审核制证岗位、（3）复核岗位、（4）稽核与内部控制岗位、（5）总账与报表岗位、（6）预算管理岗位、（7）财务分析与评价岗位、（8）价格管理岗位、（9）财务信息化管理岗位、（10）会计档案管理岗位等。

部门工作说明：财会综合管理部的工作是企业财会日常工作重要的组成部分。由于综合部工作内容和执行制度的全面性，以及与企业单位会计要素的不同，将利润与所有者权益合并，将“资产负债表”管理与核算工作内容之外的岗位全部归集到综合部。对担任本部门工作岗位的财会人员综合素质要求较高。

1.1.2.2　资产管理与核算部

包括岗位：（11）出纳岗位、（12）投资管理与核算岗位、（13）在建工程管理与核算岗位、（14）存货管理与核算岗位、（15）固定资产管理与核算岗位、（16）无形资产管理与核算岗位等。

部门说明：资产管理与核算部负责执行国家相关资产政策、制度和规章，负责企业各种资产的核算和管理，保证企业资产的完整与增值，该部是完成企业财务会计工作的重要岗位。也是企业会计工作六个重要构成要素之一。详细参见《企业资产管理工作标准》一书。

1.1.2.3 金融管理与核算部

包括岗位：（17）应付款管理与核算岗位、（18）融资管理与核算岗位等。

部门说明：金融管理与核算部负责企业的债务管理与核算，根据企业资金运行情况，执行国家相关融资政策、制度和规章。该部是企业财务部门与外部单位或企业内部其他单位和个人交流较多的部门，也是企业会计工作六个重要构成要素之一。详细参见《企业负债管理工作标准》一书。

1.1.2.4　收入管理与核算部

包括岗位：（19）销售管理与核算岗位、（20）政府补贴管理与核算岗位等。

部门说明：收入管理与核算部负责企业各种收入取得的管理与核算。企业收入主要来源于生产经营和销售以及国家政府或其他单位资金补贴。企业应在编制科学合理的经费预算之后，充分发挥自身优势和自身努力，依法组织收入，实施绩效考评。企业收入的管理与核算能够科学地反映企业在完成经营目标中提高收入、创造收入的工作水平，同样也是企业单位会计工作六个重要构成要素之一。详细参见《企业收入管理工作标准》一书。

1.1.2.5　成本管理与核算部

包括岗位：（21）薪酬管理与核算岗位、（22）税收管理与核算岗位、（23）成本管理与核算岗位、（24）费用管理与核算岗位等。

部门说明：成本管理与核算部负责企业各种成本费用支出的管理与核算。企业的成本费用支出主要用于采购、生产服务、行政后勤等各个方面。受资金来源的局限，企业在编制科学合理的支出预算之后，应当加强经济核算，降低成本支出，实施绩效考评，提高资金使用效益，加强对经济活动的财务控制和监督，从而防范企业的财务风险。该项工作是企业会计工作六个重要构成要素之一。详细参见《企业成本管理工作标准》一书。

1.1.2.6　权益管理与核算部

包括岗位：（25）风险控制与保险岗位、（26）股东权益管理与核算岗位等。

部门说明：权益管理与核算部负责企业所有者权益（股东权益）、资本公积、实收资本（股本）等的管理与核算。企业财务管理的主要任务是科学合理编制单位预算，真实反映单位财务状况；依法组织收入，努力节约支出；建立健全财务制度，加强经济核算，实施绩效考评，提高资金使用效益；加强企业资产管理，合理配置和有效利用资产，防止资产流失；加强对企业经济活动的财务控制和监督，防范财务风险。企业所有者权益的管理与核算能够科学反映企业在完成企业经营计划过程中提高资金效率，提高收入、降低支出的工作成果，是企业会计工作六个重要构成要素之一。详细参见《企业所有者权益管理工作标准》一书。

企业的财会部门根据国家财务制度、会计制度、内部控制制度对会计工作岗位进行分类，并根据工作量的不同选择一岗多人或多岗一人，甚至可以根据工作量或管理要求的不同设置不同的科室和部门。企业财会组织机构设置如图1-2所示。

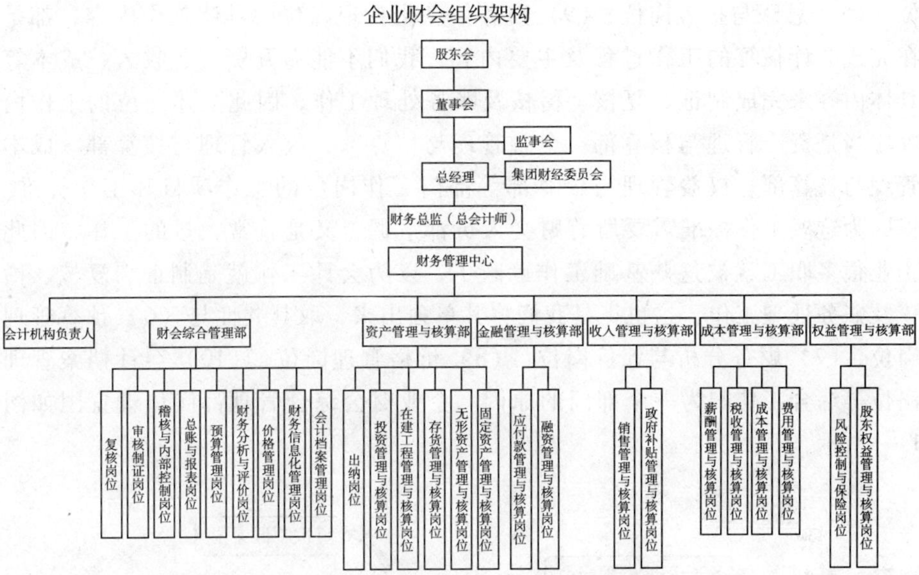

图1-2　企业财会组织机构设置图

1.2　企业财会综合管理部岗位设置工作

工作岗位的诞生源于工作项目分类与工作项目环节分解。站在工作划分和工作结果目标角度来看，财会工作标准体系中每个岗位都是企业这一工作标准体系的利益代表。岗位的聚合是岗位工作的紧密性与效率性要求，因此，部门的划分是基于岗位分类管理的需要。根据我国财会人员的工作习惯、岗位分配和会计岗位起名习惯，除了管理类和综合类岗位以外，财会人员经常将各种岗位核算内容与会计制度中规定的会计科目进行挂钩，如资产负债表中的资产类、负债类、共同类、收入类、费用类项目与相应财会部门如资产管理与核算部、金融管理与核算部、收入管理与核算部、成本管理与核算部、权益管理与核算部的内部工作岗位基本对应一致。而财会综合管理与核算部的工作内容，就与资产负债表的项目内容不能一一对应和挂钩。

如果利用圆通制科学工作原理对企业财会综合管理部的工作进行分析就会发现，所谓（2）审核制证岗位、（3）复核岗位、（4）稽核与内部控制岗位、（5）总账与报表岗位、（9）财务信息化管理岗位的具体工作内容，都是在完成会计核算的工作过程及主要内容，我们不能抛开资产、收入、成本等具体内容来完成制证、复核、稽核及账务处理工作，因此上述岗位的工作内容应当是资产管理与核算部、金融管理与核算部、收入管理与核算部、成本管理与核算部、权益管理与核算部等部门工作岗位的工作项目和工作标准。正因为这些工作标准需要所有财会人员都掌握，又是日常大量的工作，因此企业很多职工就被这些基础工作遮蔽了，以为会计工作就是制证、复核、稽核及账务处理工作，这也正是我们将其单独出来，取其共性与（6）预算管理岗位、（7）财务分析与评价岗位、（8）价格管理岗位、（10）会计档案管理岗位等综合工作归为一个部门的原因。企业财会综合管理部岗位设置图如图1－3所示。

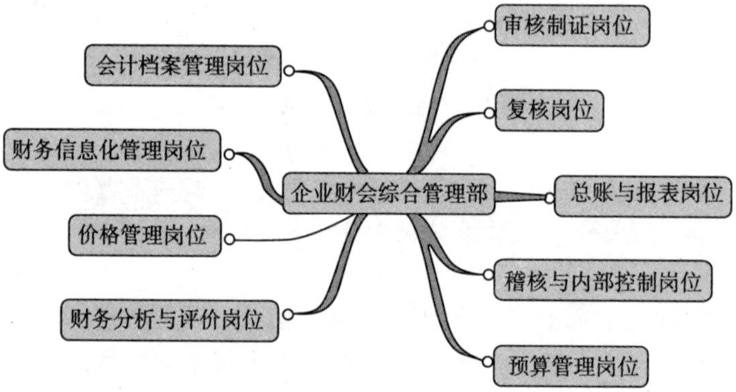

图1－3 企业财会综合部岗位设置图

1.2.1 审核制证岗位

审核制证岗位是特殊的会计工作岗位，根据圆通会计工作岗位设置标准，每个岗位都应独立完成本岗位会计核算事项的管理和会计事务的处理，完成对各自原始凭证及记账凭证的审核与制作。通过设立专门的审核制证岗位，将涉及费用报销等日常事务独立出来，可以满足企业在会计工作岗位设置数量的情况下的工作需求。

本工作岗位工作标准适用于资产类岗位、负债类岗位、收入类岗位和费用类岗位的日常会计核算业务处理工作。

1.2.2 复核岗位

复核岗位是企业财务部门设置的、全面承担财务部门会计结算与核算业务复核检查的工作岗位。该岗位主要是对资金收付以及各业务岗位日常编制的记账凭证进行核对。对于记账凭证的核对而言，主要是核对其正确性、真实性、完整性以及计算机录入的准确性进行核对，对处理错误的凭证，应立即退还制单人员重新编制正确的记账凭证。

本工作岗位工作标准适用于资产类岗位、负债类岗位、负债类岗位、收入类岗位和费用类岗位的日常会计核算业务处理工作。

1.2.3 总账与报表岗位

总账与报表岗位负责企业总分类账簿登记管理和会计报表编报工作。该岗位通过管理总分类科目、登记全部经济业务、提供总括核算资料，并通过总分类账所提供的核算资料，编制会计报表，为评价企事业单位发展、经营业绩和经营管理的改善提供资讯，是系统管理、协调会计部门会计核算工作的核心岗位。

1.2.4 稽核与内部控制岗位

稽核与内部控制岗位执行会计法规规定的财会机构内部稽核制度及内部控制制度。核心是财会机构本身对于会计核算、财务管理工作进行的一种自我检查或审核工作，其目的在于防止财务会计工作中所出现的差错和有关人员的舞弊。通过本岗位，对单位业务流程、财务管理流程、日常核算工作中所出现的疏忽、错误等及时加以纠正或制止，以提高会计工作的质量。

企业会计工作标准化以后，对于各种会计制度的变化，都反映在会计工作标准引用技术标准的变化，因此经常及时地修正会计工作标准，就能将最新制度规定实时地应用于各种工作之中。

1.2.5 预算管理岗位

预算管理岗位是财会部门综合类岗位。该岗位是基于企业预测、决策的需要，用数量和金额的形式反映企业一定时期内经营、投资、财务等活动的具体计划，并为实现企业目标而对各种资源和企业活动进行详细安排。企业应严格贯彻执行预算管理法律、法规和相关制度。科学预算管理是企业引导和控制经济活动、实现部门协调、进行目标业绩考核的重要手段。

1.2.6 财务分析与评价岗位

财务分析与评价岗位是财会部门综合类岗位。该岗位依托企业或外部利益相关者的财务报告资料，遵循财务分析和评价的方法和步骤，运用财务分析和评价指标对企业经济活动过程进行分析，肩负着为决策当局的规划决策提供价值信息支持和从价值方面对业务部门提供咨询服务的双重责任，从而为企业管理者提供财务分析信息，促进企业内部管理；为企业外部投资者提供决策依据；为社会提供企业财务信息，保证会计信息质量，促进市场经济健康发展。

1.2.7 价格管理岗位

价格管理岗位是财会部门综合类岗位。该岗位必须认真贯彻执行上级价格方针、政策，拟定本单位年度价格调整方案并组织实施。具体工作主要有：负责价格管理工作，根据价格法规定的定价权限和具体适用范围，制定和调整政府指导价、单位定价；负责本单位事业性收费标准的申请，办理收费许可证；负责拟定单位成本监审目录规定的重要商品和服务价格，根据单位产品目录和服务项目，负责产品成本调查，进行成本监审和测定；对涉及主副食品、生产资料价格进行价格监测、分析和预测市场价格行情，向上级管理机关、单位领导及内部相关人员提供价格信息。

1.2.8 财务信息化管理岗位

财务信息化岗位是财会部门综合类岗位。该岗位专门负责企业财会部门会计电算化系统、会计工作标准化系统管理、操作与维护工作。该岗位的设置除要考虑会计人员工作规则外，还要受单位电算化系统模式、规模的制约，这种制约甚至是决定性的，单位采用的系统大小、复杂程度都对该岗位工作标准产生重要影响。主要工作包括系统管理、软件操作、数据审核、系统维护、数据档案管理等。

1.2.9　会计档案管理岗位

会计档案管理岗位是财会部门综合类岗位。该岗位是根据《中华人民共和国会计法》和《中华人民共和国档案法》制定的《会计档案管理办法》的规定，办理会计档案的立卷、归档、保管、查阅和销毁等工作，保证会计档案正常应用的综合工作岗位。

1.3　企业财会综合岗位工作人员

企业要在激烈的竞争中求生存谋发展，在完善组织架构和制定科学的发展战略之后，起决定作用的就是要建立良好的人力资源制度和机制。良好的人力资源制度其中之一就是要保证财会综合岗位能够获得最佳的人选。

财会综合岗位的工作人员是指在财会综合部从事财会综合岗位日常工作的专业技术人员。为了科学地开展财会综合工作，财会综合工作人员应当熟悉工作要求和工作标准，不断提高政治和业务素质，熟悉国家相关法律、法规和制度，树立良好的职业道德。

财会综合工作人员需要完成的工作内容主要有审核制证、复核、记账与报表编制、稽核与内部控制、预算管理、财务分析与评价、价格管理、财务信息化、会计档案管理等工作。这些工作内容既具有其特殊性，又具有其普遍性。

财会综合工作人员，面对科学技术日新月异的飞速发展，要不断更新专业技术知识结构，紧密结合企业技术攻关，开展各种专业培训等继续教育，理解领会企业经营管理要求，不断补充、拓宽、深化和更新知识，才能变被动为主动，变管理者为服务者，变劳动者为主人翁，才能从真正意义上完成好综合岗位的工作，改变企业财会部门门难进、脸难看、事难办的痼疾。

在企业发展战略和人力资源管理两者的关系中，发展战略决定了人力资源政策；反过来，良好的人力资源政策又对发展战略具有积极的促进作用。

人力资源是企业发展的灵魂，有了良好的人力资源制度和运行机制，才能制定出科学的发展战略，决策才不会失误；有了良好的人力资源制度和运行机制，才能最大限度地激发财会专业技术人员充分发挥创造力，从事内部控制与分析；有了良好的人力资源制度，才能激发财会人员为实现发展战略而不懈奋斗，最终确保发展战略有效贯彻落实，实现预期发展目标。

财会综合岗位工作者属于决策团队还是执行团队，这是应当理清的问题。作为决策层团队作用发挥时，工作者针对具体问题要具有战略眼光，具备对企业内外、国内外和宏观政策的分析判断能力，要对同行业、本企业的优势具有很强的认知度。当决策层决策失误，很可能通过综合岗位工作者的执行过程中的分析和判断，发现差错和失误，提出意见或采取纠正措施，就能防止因为决策者一时失误葬送企业的前程。另外，财会综合岗位工作者的工作具有时间上的优越性、事件上的全面性、程序上的秩序性、内容上的合法性、操作上的可行性等特点。第一判断、第一分析、第一结论、第一控制，是会计表现为现代商业语言的核心，是反映企业演变历史的显微镜，也是促进现代企业决策层不断优化的催化剂。

财会综合部门通常又是执行团队。执行者应当树立的重要理念就是执行力。企业科学的发展战略、财经制度必须通过执行者强有力的贯彻实施才能实现；否则，即使有再好的发展战略、财经制度如果执行不力，也会导致经营失败。这也是为什么我国企业普遍在建立内部控制制度过程中，始终将财会团队作为重点，而财会团队又将财会综合管理团队作为重点的原因。

综上所述，企业财会综合岗位因为其执行工作标准的重要性、全面性和复杂性，需要配备具有较高素质和综合能力的财会工作者。

1.4 企业财会综合工作标准化建设

1.4.1 圆通制是工作标准体系建设的理论基础

工作标准体系建设的理论基础是圆通制，圆通制是系统阐述科学工作的原理和方法，主要包括工作成功律、工作标准体系、工作标准律、工作突发律、工作主观律等五个部分。

(1) 工作成功律

知道解决什么工作问题，了解解决工作问题的思路，掌握解决工作问题的方法，具有解决工作问题的措施，最终都能使工作问题得到良好解决。

(2) 工作标准体系

工作标准体系是以工作标准为基础，明确岗位工作目录，指导岗位设置，科学成立机构，进而建立科学量化的考评机制。

(3) 工作突发律

具有系统思考问题的能力，准确抓住问题本质的能力，准确提出解决问题核心流程的能力，准确提供解决问题所需资料的能力，解决核心问题时对相关问题统筹安排的能力，拟定问题综合解决方案的能力，是科学应对工作中突发问题的基本思考规范，简称工作突发律。

(4) 工作主观律

科学工作，需要人的主观意志符合工作处理基本规范要求，包括接受工作、解释工作、准备工作、安排工作、请示工作、跟踪工作、汇报工作、评价工作等，构成完成一项工作中人的主观行为的科学循环过程。

(5) 工作标准律

一项工作，若非特例，应当在生活中发生过若干次，我们会从中发现能够被重复、被借鉴的优秀成分，这些被提炼的成分包括工作标准名称定义、工作标准基本内容、工作标准所需资料、工作分解流程图和相关工作标准等，这些成分构成了人们处理工作的基本规范，简称工作标准律。

1.4.2 财会综合工作标准化建设的内容

财会综合工作标准化建设是基于圆通制科学工作原理和方法，依据《企业财会工作标准化》规范，围绕企业综合工作内容，开展的工作标准建设。

财会综合工作标准化建设的内容，就是将企业财会综合工作按事件进行工作标准化，具体落实在工作岗位中，主要包括：

(1) 审核制证工作

(2) 复核工作

(3) 稽核与内部控制工作

(4) 总账与报表工作

(5) 预算管理工作

（6）财务分析与评价工作

（7）价格管理工作

（8）财务信息化管理工作

（9）会计档案管理工作

1.4.3 财会综合工作管理标准与技术标准

财会综合工作标准是建立在财会技术标准和管理标准之上的制度体系，是企业财会制度体系的组成部分，是对组织和处理财会综合工作作出的规范性要求。建立财会综合工作标准，有利于加强日常的财务审核监督，随时发现并克服整个企业的违规违纪情况，使企业财会工作更加规范化；有利于提高企业内部财务信息形成的真实性，企业外部财务信息发布的及时性；有利于加强价格管理和预算管理，提高企业定价与预算的合理性，保护企业利益、控制不合理支出。

企业建设财会综合工作标准体系过程中，需要遵守国家有关会计法律、法规、企业会计准则和会计制度，建立健全内部控制体系，其实质就是系统建立企业科学的工作制度。财会综合工作制度一般主要包括以下两个层次：

（1）基于审核制证、复核、记账与报表编制、预算管理、价格管理等工作，形成面向单位内部非财会人员的工作规范

企业一般工作人员应当遵守《中华人民共和国会计法》、《中华人民共和国税收征管法》、《企业会计制度》、《企业财务通则》、《企业会计准则》、《会计基础工作规范》等一系列财经法规和制度，这样才能加强企业财务管理，规范企业财会工作，提高会计信息质量。与工作事件割裂开来，这也是技术标准和管理标准典型的表现形式。如果某个同志能够针对具体事件将这些不同法律条文中的内容科学地应用起来，他就是富有经验的人和所谓的专家。很多企事业单位就将这些专家经验一点一滴地记录下来，形成单位内部指导非财会人员遵守执行的工作制度。

（2）基于稽核与内部控制、财务分析与评价、财务信息化、会计档案管理等工作，形成面向单位内部财会人员的工作规范要求

单位内部非财会部门及人员是否遵守国家法律和财经制度，核心还在于企业财会人员是否熟悉和掌握《中华人民共和国审计法》、《中华人民共和国银行法》、《企业财务会计报告条例》等国家法律和财经制度，因此能否科学

贯彻执行重要的是对企业财会人员执行国家财经法律法规和制度的严肃性、彻底性、完全性和科学性进行检查和评价。这样才能加强企业财务管理，规范企业财会工作，提高会计信息质量。

而财会人员如何能够记得住如此多的法律条文和制度内容？财会人员如何让非财会人员熟悉遵守财经制度？解决财经纪律涣散，内部控制制度形同虚设、难以持久坚持的病根，最终都应当基于业务工作建立起科学的工作标准，使得众多财经工作法律法规及制度融于业务工作过程之中。

1.4.4 财会综合工作分析思路导图

财会工作过程中处理的内容和工作成果的核心表现形式是数据，即企业的经济数据。因此做好企业财会综合管理工作标准化，最重要的就是梳理清晰会计数据来源、数据流向以及数据汇集的结果。依据会计数据流，明晰审批流以及工作流。树立企业财会工作整体管理思路和处理思路，才能为科学应用工作标准打下坚实基础。

本书运用圆通制科学工作原理，由企业经营事项产生的原始凭证出发，通过账务处理，形成会计报表，进而促进、约束经济事项的产生与发展。作者通过“财会综合管理工作数据流01”至“财会综合管理工作数据流30”共30个图表（图1－4 ~图1－33），系统反映财会综合工作标准化的分析思路和数据流向。

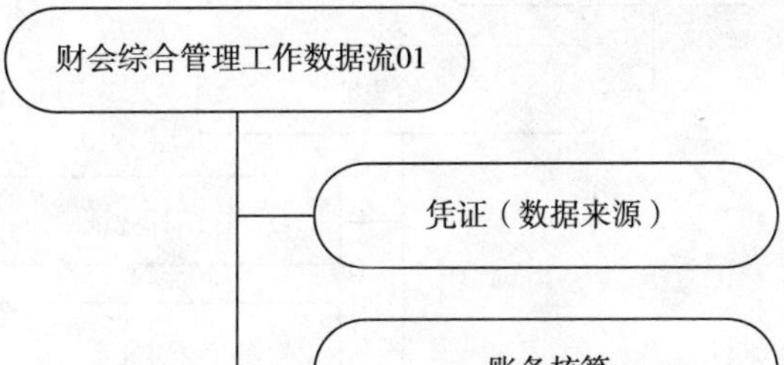

图1－4

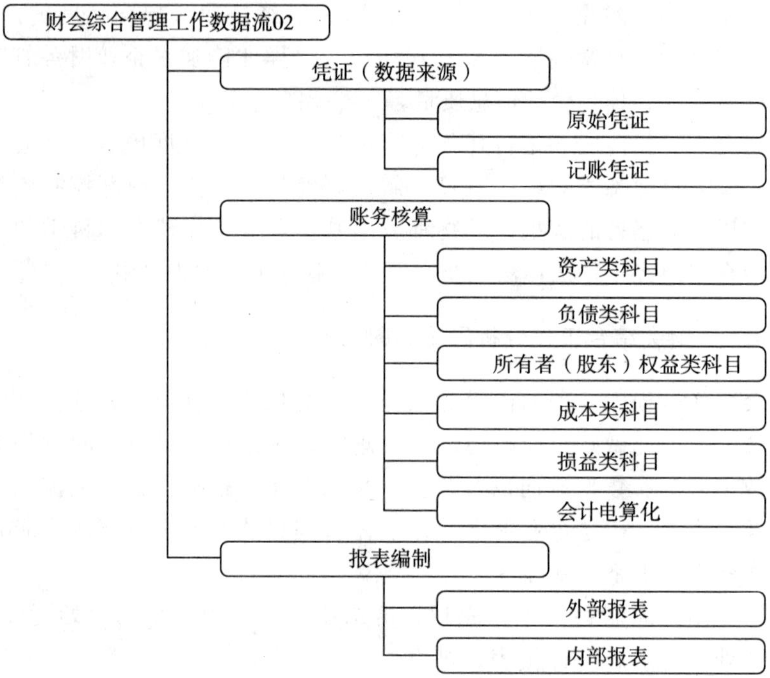
财会综合管理工作数据流02
凭证（数据来源）
原始凭证
记账凭证
账务核算
资产类科目
负债类科目
所有者（股东）权益类科目
成本类科目
损益类科目
会计电算化
报表编制
外部报表
内部报表

图 1－5

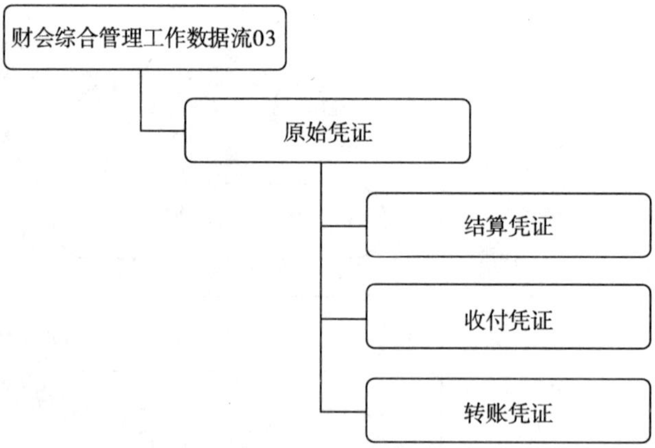
财会综合管理工作数据流03
原始凭证
结算凭证
收付凭证
转账凭证

图 1－6

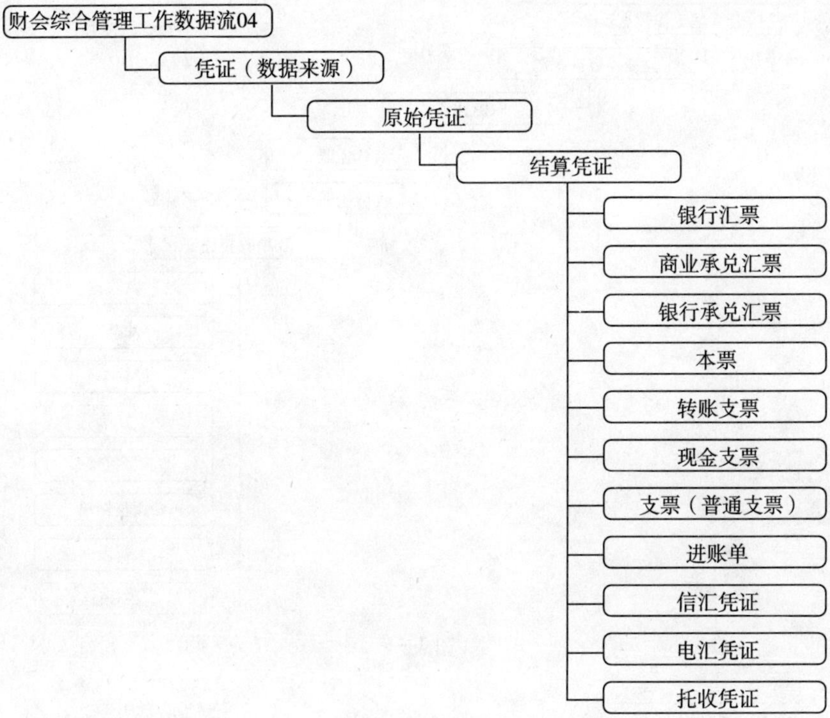
财会综合管理工作数据流04
凭证（数据来源）
原始凭证
结算凭证
银行汇票
商业承兑汇票
银行承兑汇票
本票
转账支票
现金支票
支票（普通支票）
进账单
信汇凭证
电汇凭证
托收凭证

图 1－7

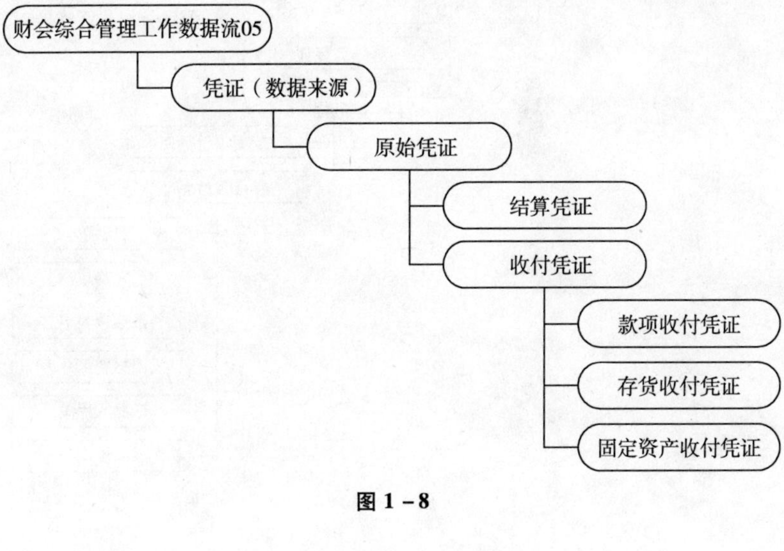
财会综合管理工作数据流05
凭证（数据来源）
原始凭证
结算凭证
收付凭证
款项收付凭证
存货收付凭证
固定资产收付凭证

图 1－8

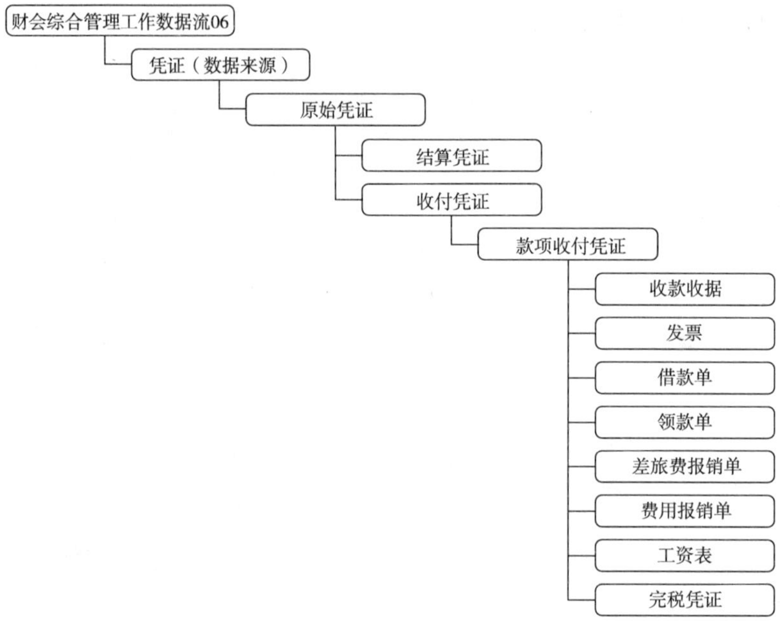
财会综合管理工作数据流06
凭证（数据来源）
原始凭证
结算凭证
收付凭证
款项收付凭证
收款收据
发票
借款单
领款单
差旅费报销单
费用报销单
工资表
完税凭证

图 1－9

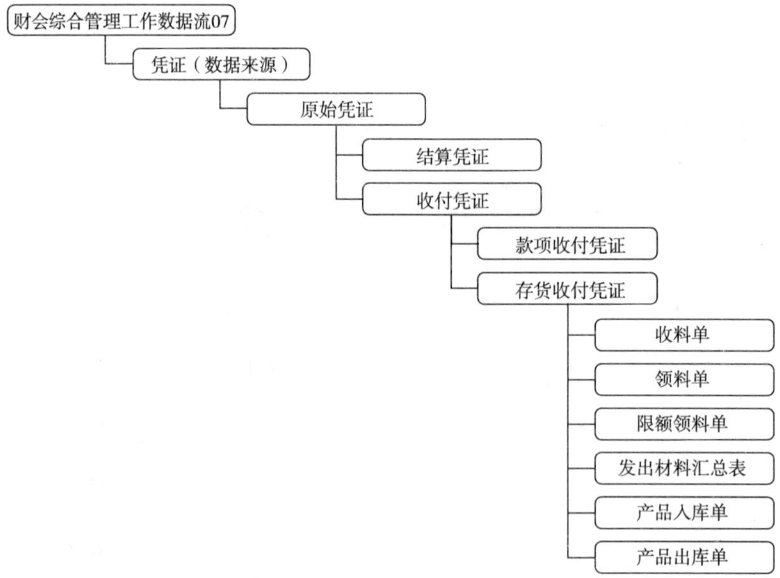
财会综合管理工作数据流07
凭证（数据来源）
原始凭证
结算凭证
收付凭证
款项收付凭证
存货收付凭证
收料单
领料单
限额领料单
发出材料汇总表
产品入库单
产品出库单

图 1－10

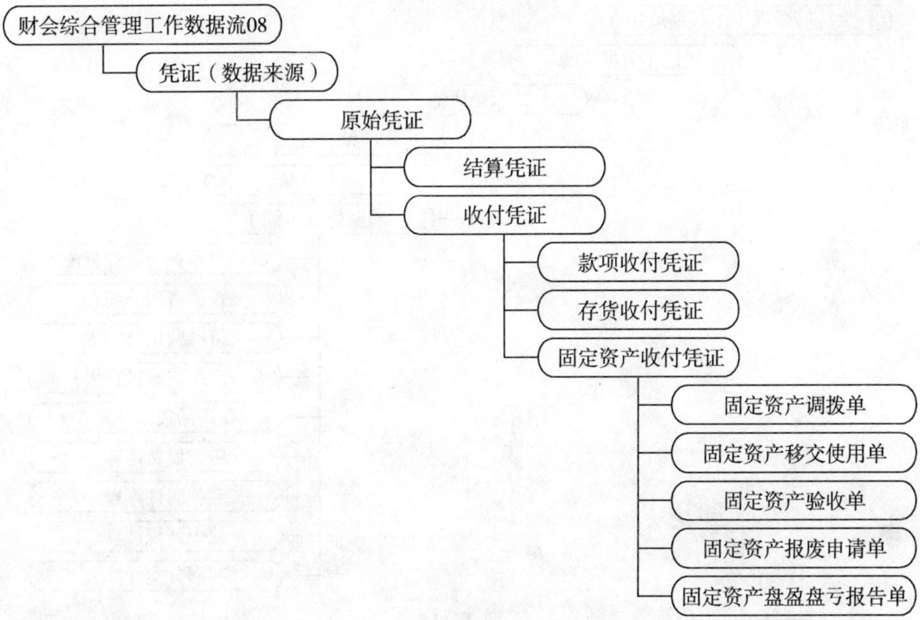
财会综合管理工作数据流08
凭证（数据来源）
原始凭证
结算凭证
收付凭证
款项收付凭证
存货收付凭证
固定资产收付凭证
固定资产调拨单
固定资产移交使用单
固定资产验收单
固定资产报废申请单
固定资产盘盈盘亏报告单

图 1－11

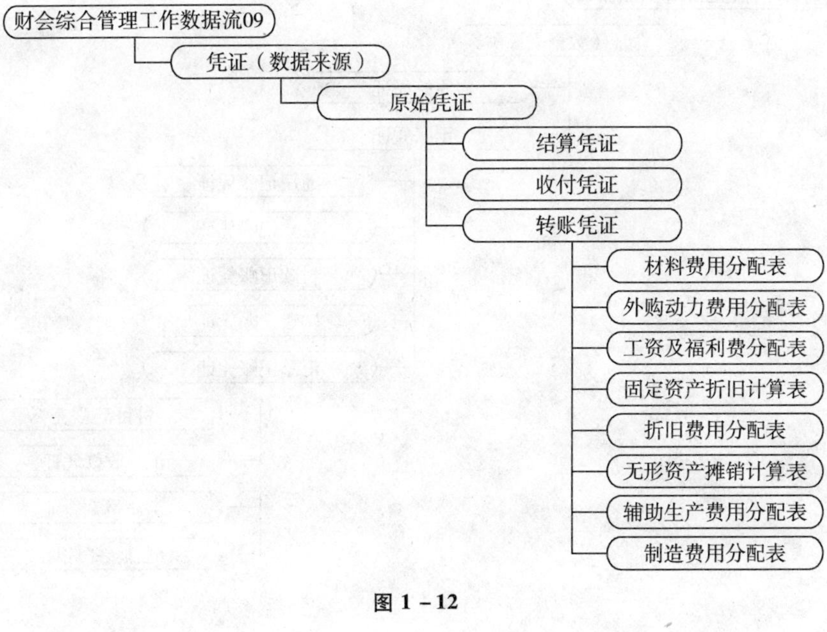
财会综合管理工作数据流09
凭证（数据来源）
原始凭证
结算凭证
收付凭证
转账凭证
材料费用分配表
外购动力费用分配表
工资及福利费分配表
固定资产折旧计算表
折旧费用分配表
无形资产摊销计算表
辅助生产费用分配表
制造费用分配表

图 1－12

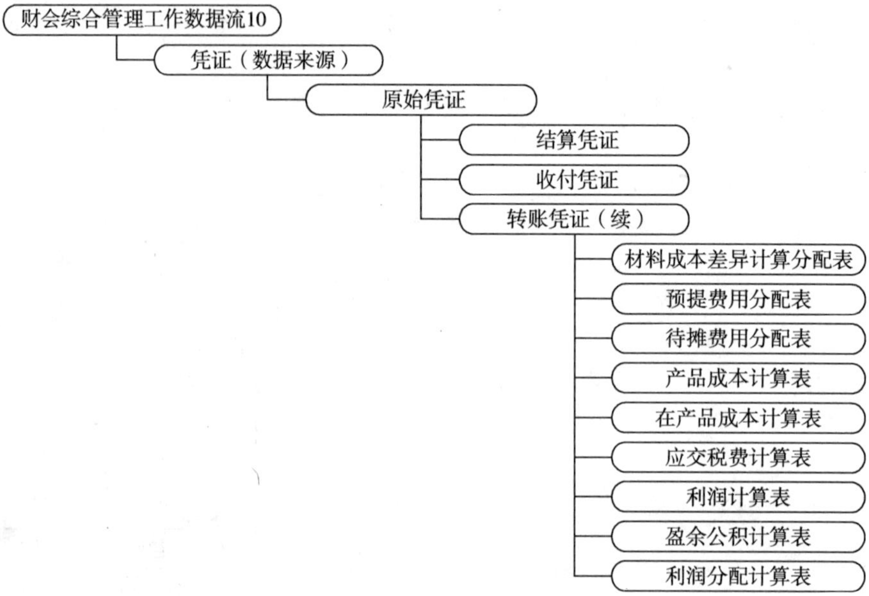
财会综合管理工作数据流10
凭证（数据来源）
原始凭证
结算凭证
收付凭证
转账凭证（续）
材料成本差异计算分配表
预提费用分配表
待摊费用分配表
产品成本计算表
在产品成本计算表
应交税费计算表
利润计算表
盈余公积计算表
利润分配计算表

图 1－13

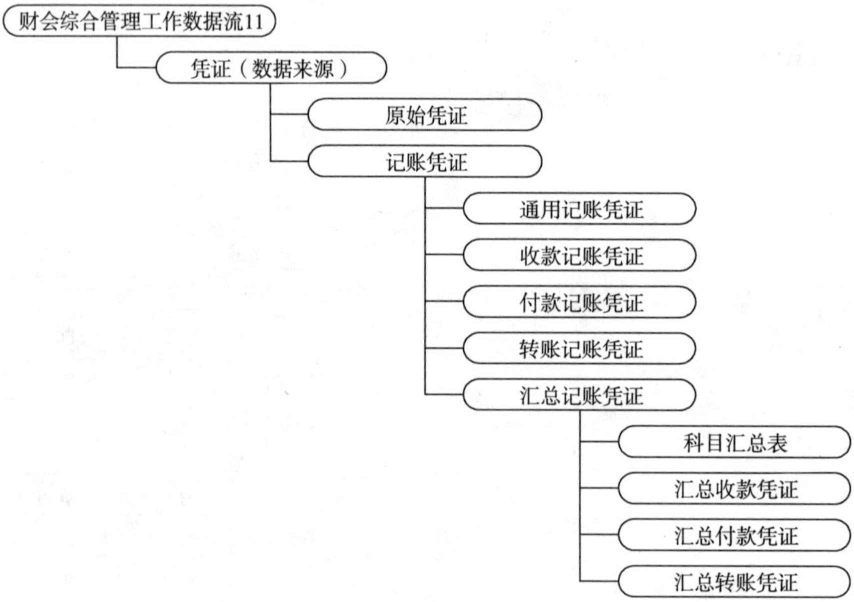
财会综合管理工作数据流11
凭证（数据来源）
原始凭证
记账凭证
通用记账凭证
收款记账凭证
付款记账凭证
转账记账凭证
汇总记账凭证
科目汇总表
汇总收款凭证
汇总付款凭证
汇总转账凭证

图 1－14

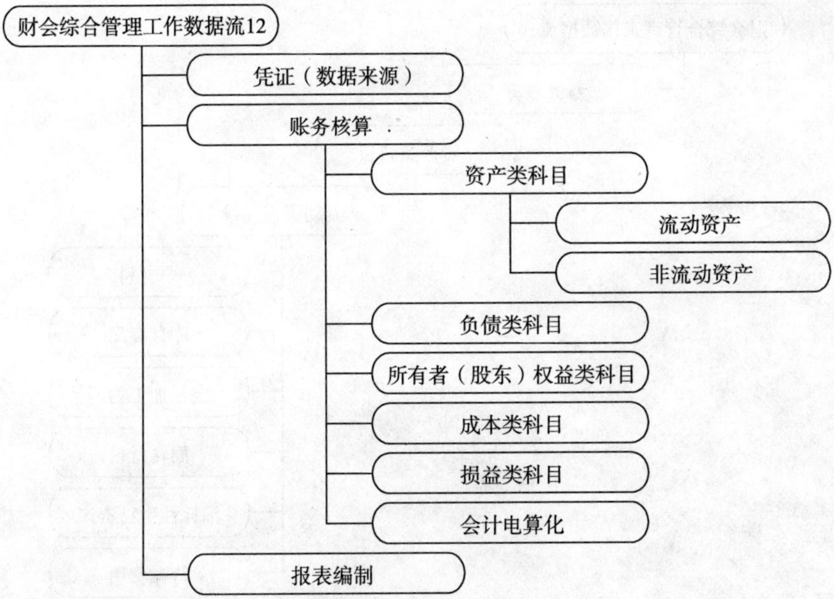
财会综合管理工作数据流12
凭证（数据来源）
账务核算
资产类科目
流动资产
非流动资产
负债类科目
所有者（股东）权益类科目
成本类科目
损益类科目
会计电算化
报表编制

图 1-15

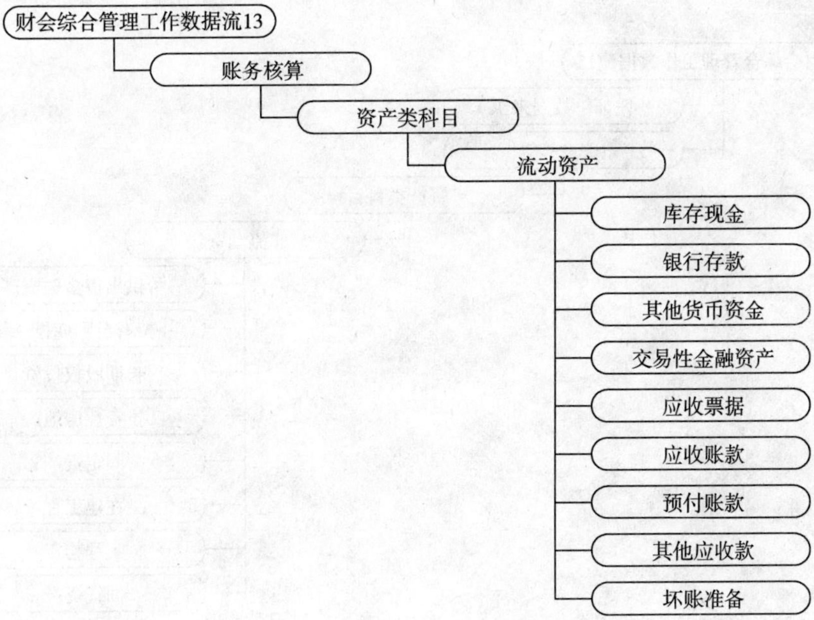
财会综合管理工作数据流13
账务核算
资产类科目
流动资产
库存现金
银行存款
其他货币资金
交易性金融资产
应收票据
应收账款
预付账款
其他应收款
坏账准备

图 1-16

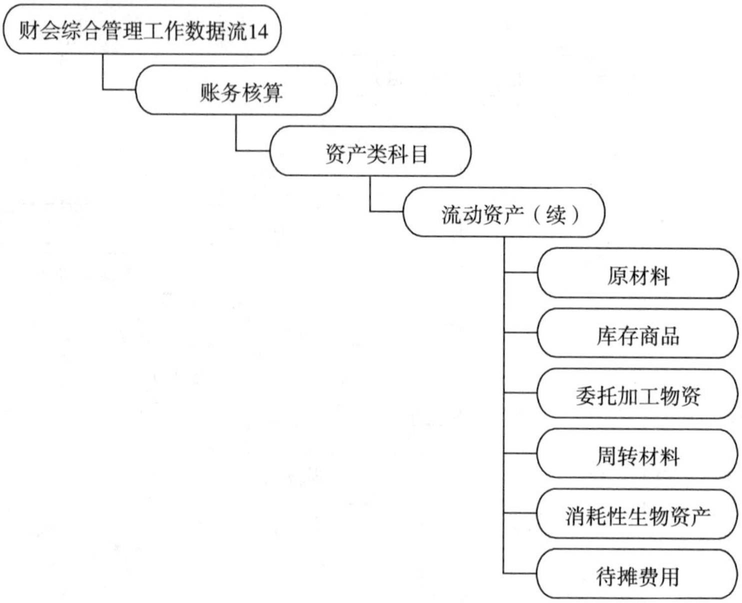
财会综合管理工作数据流14
账务核算
资产类科目
流动资产（续）
原材料
库存商品
委托加工物资
周转材料
消耗性生物资产
待摊费用

图 1－17

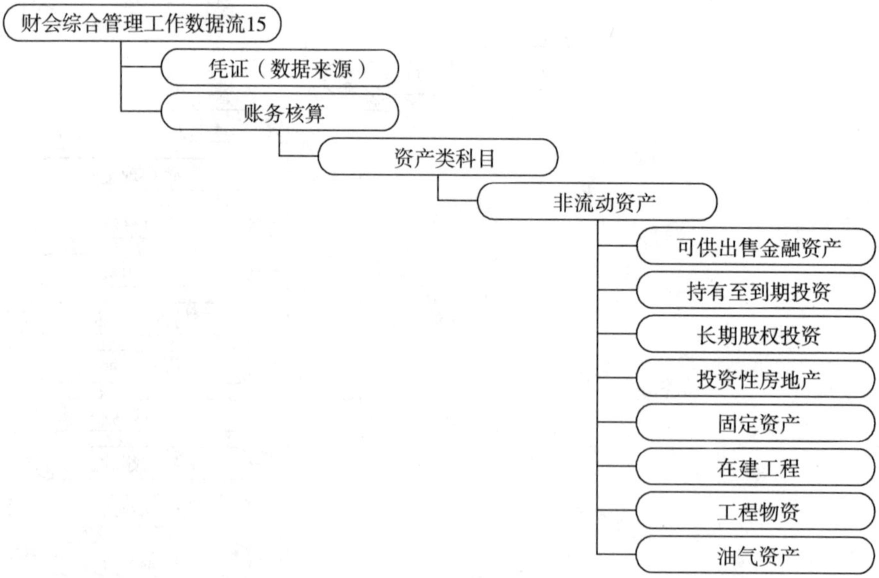
财会综合管理工作数据流15
凭证（数据来源）
账务核算
资产类科目
非流动资产
可供出售金融资产
持有至到期投资
长期股权投资
投资性房地产
固定资产
在建工程
工程物资
油气资产

图 1－18

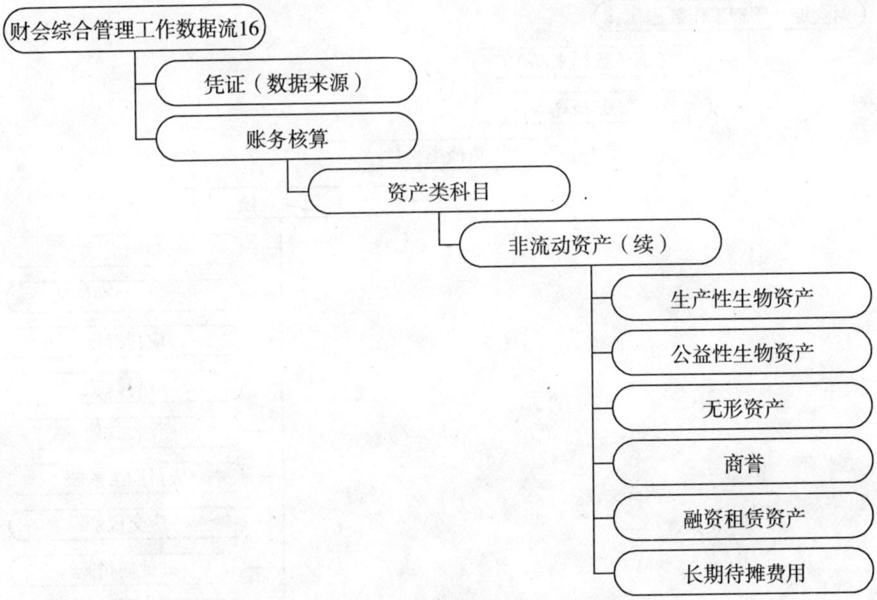
财会综合管理工作数据流16
凭证（数据来源）
账务核算
资产类科目
非流动资产（续）
生产性生物资产
公益性生物资产
无形资产
商誉
融资租赁资产
长期待摊费用

图 1－19

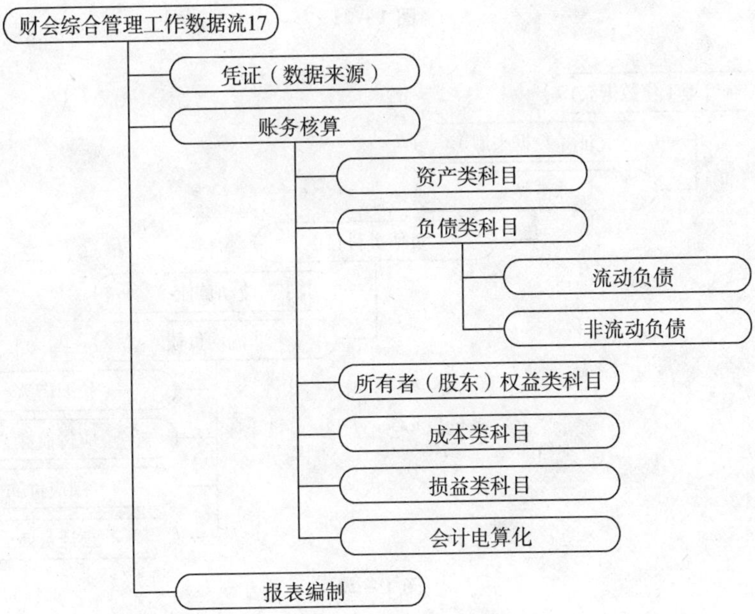
财会综合管理工作数据流17
凭证（数据来源）
账务核算
资产类科目
负债类科目
流动负债
非流动负债
所有者（股东）权益类科目
成本类科目
损益类科目
会计电算化
报表编制

图 1－20

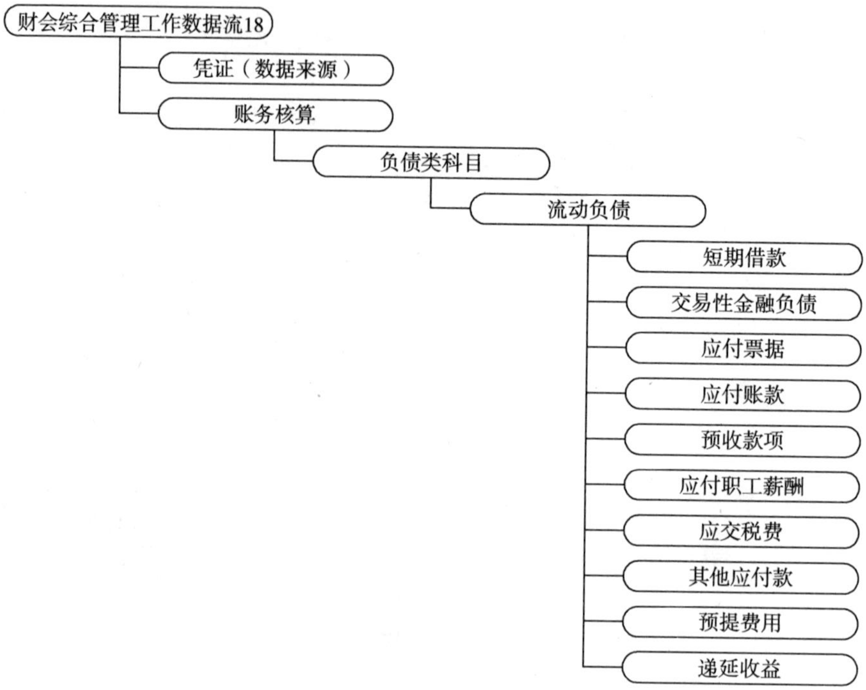
财会综合管理工作数据流18
凭证（数据来源）
账务核算
负债类科目
流动负债
短期借款
交易性金融负债
应付票据
应付账款
预收款项
应付职工薪酬
应交税费
其他应付款
预提费用
递延收益

图 1－21

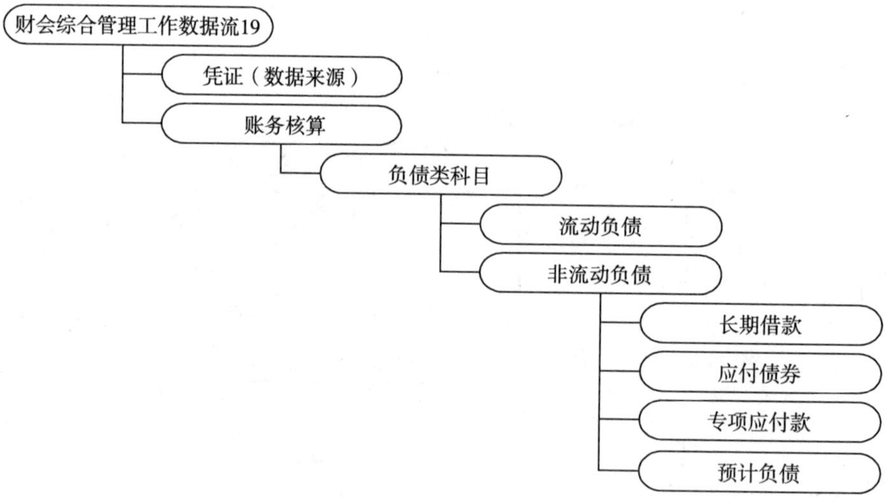
财会综合管理工作数据流19
凭证（数据来源）
账务核算
负债类科目
流动负债
非流动负债
长期借款
应付债券
专项应付款
预计负债

图 1－22

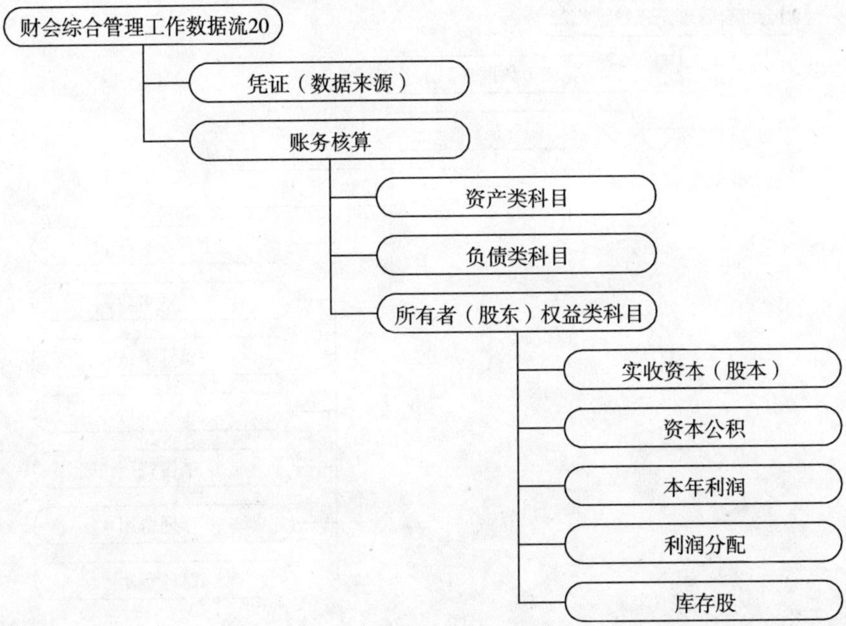
财会综合管理工作数据流20
凭证（数据来源）
账务核算
资产类科目
负债类科目
所有者（股东）权益类科目
实收资本（股本）
资本公积
本年利润
利润分配
库存股

图 1－23

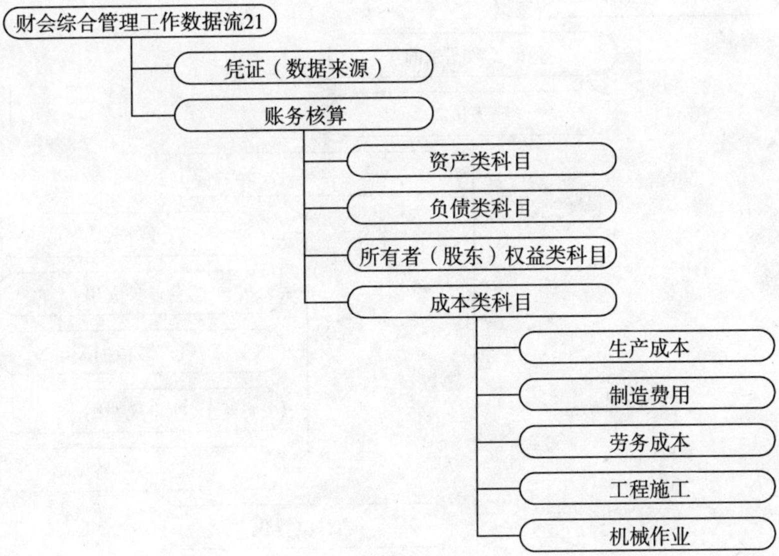
财会综合管理工作数据流21
凭证（数据来源）
账务核算
资产类科目
负债类科目
所有者（股东）权益类科目
成本类科目
生产成本
制造费用
劳务成本
工程施工
机械作业

图 1－24

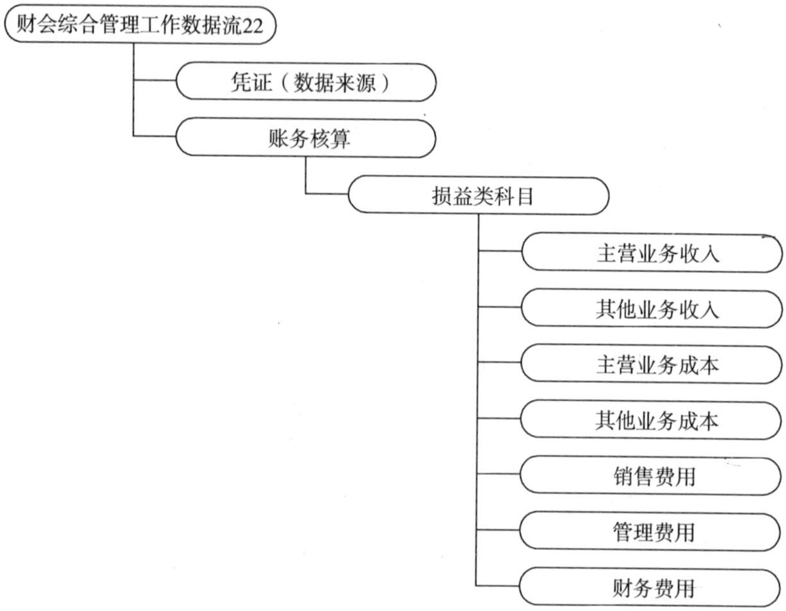
财会综合管理工作数据流22
凭证（数据来源）
账务核算
损益类科目
主营业务收入
其他业务收入
主营业务成本
其他业务成本
销售费用
管理费用
财务费用

图 1－25

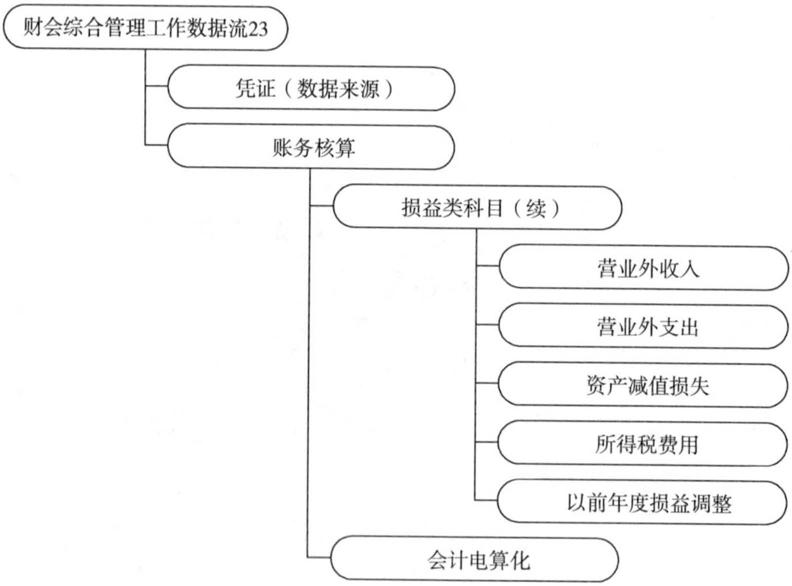
财会综合管理工作数据流23
凭证（数据来源）
账务核算
损益类科目（续）
营业外收入
营业外支出
资产减值损失
所得税费用
以前年度损益调整
会计电算化

图 1－26

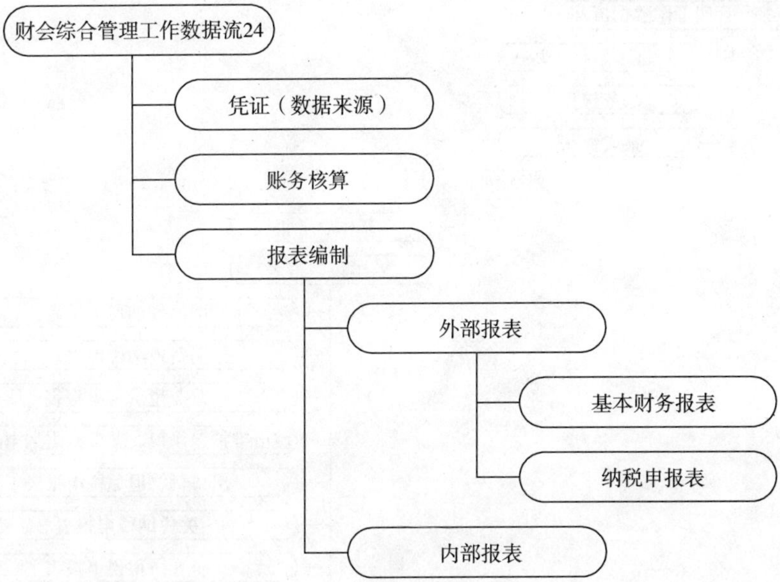
财会综合管理工作数据流24
凭证（数据来源）
账务核算
报表编制
外部报表
基本财务报表
纳税申报表
内部报表

图 1－27

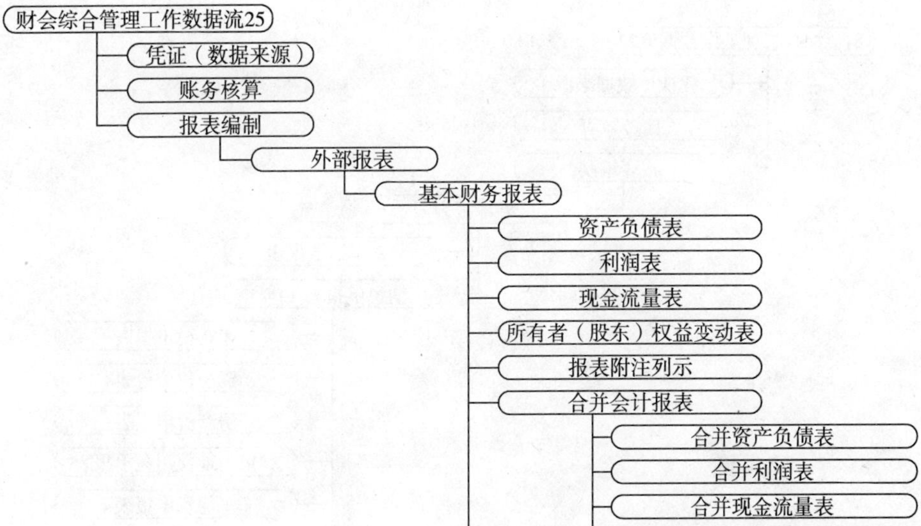
财会综合管理工作数据流25
凭证（数据来源）
账务核算
报表编制
外部报表
基本财务报表
资产负债表
利润表
现金流量表
所有者（股东）权益变动表
报表附注列示
合并会计报表
合并资产负债表
合并利润表
合并现金流量表
合并所有者（股东）权益变动表
分部报告

图 1－28

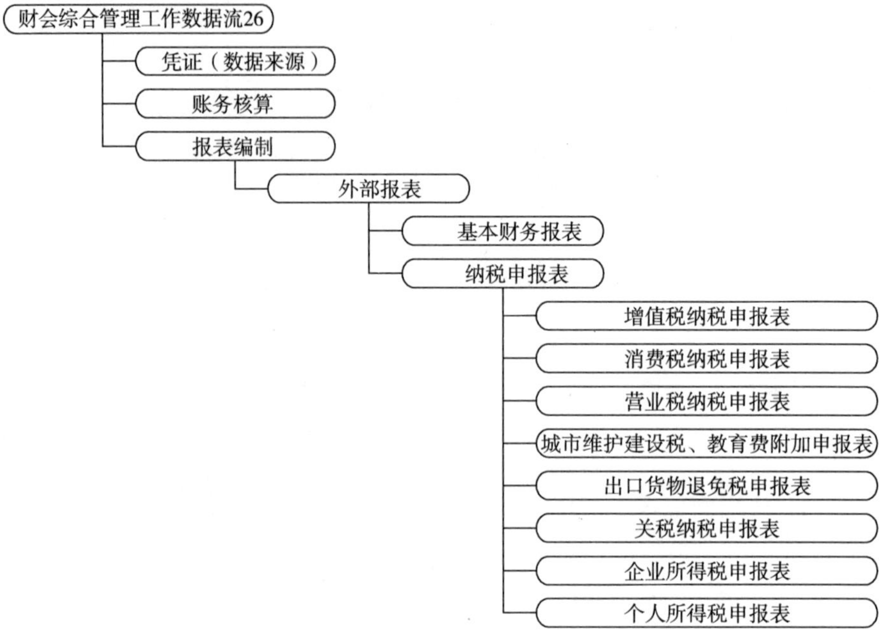
财会综合管理工作数据流26
凭证（数据来源）
账务核算
报表编制
外部报表
基本财务报表
纳税申报表
增值税纳税申报表
消费税纳税申报表
营业税纳税申报表
城市维护建设税、教育费附加申报表
出口货物退免税申报表
关税纳税申报表
企业所得税申报表
个人所得税申报表

图 1－29

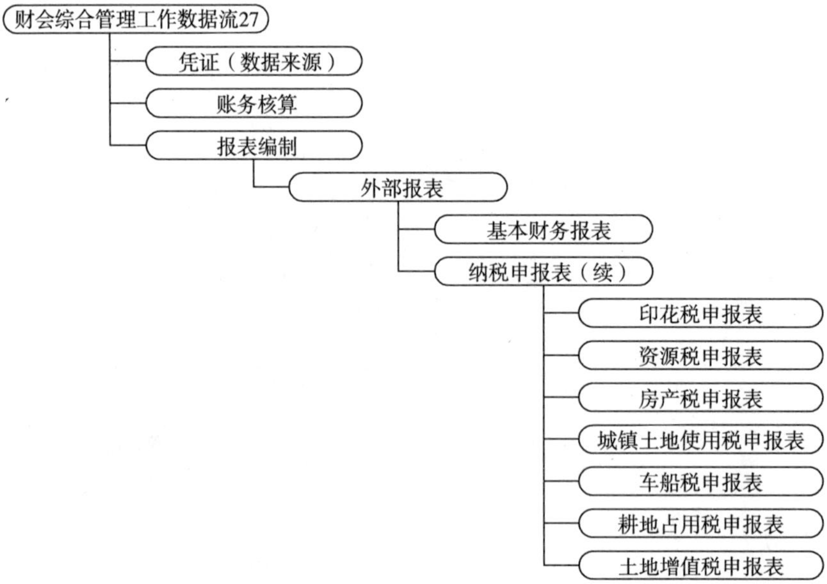
财会综合管理工作数据流27
凭证（数据来源）
账务核算
报表编制
外部报表
基本财务报表
纳税申报表（续）
印花税申报表
资源税申报表
房产税申报表
城镇土地使用税申报表
车船税申报表
耕地占用税申报表
土地增值税申报表

图 1－30

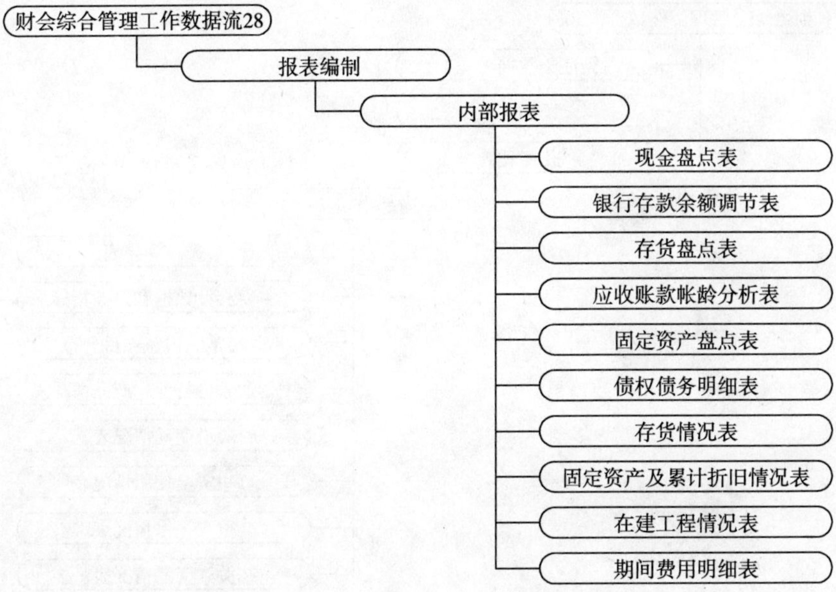
财会综合管理工作数据流28
报表编制
内部报表
现金盘点表
银行存款余额调节表
存货盘点表
应收账款帐龄分析表
固定资产盘点表
债权债务明细表
存货情况表
固定资产及累计折旧情况表
在建工程情况表
期间费用明细表

图 1－31

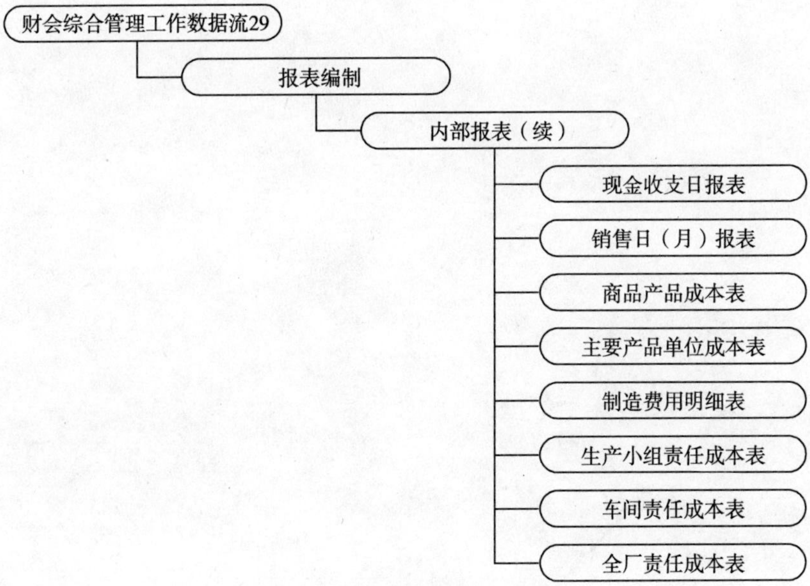
财会综合管理工作数据流29
报表编制
内部报表（续）
现金收支日报表
销售日（月）报表
商品产品成本表
主要产品单位成本表
制造费用明细表
生产小组责任成本表
车间责任成本表
全厂责任成本表

图 1－32

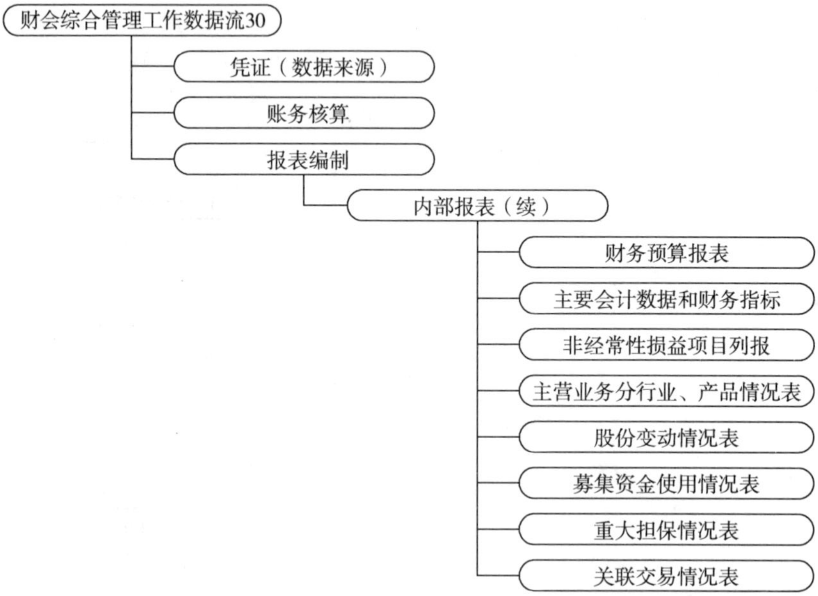
财会综合管理工作数据流30
凭证（数据来源）
账务核算
报表编制
内部报表（续）
财务预算报表
主要会计数据和财务指标
非经常性损益项目列报
主营业务分行业、产品情况表
股份变动情况表
募集资金使用情况表
重大担保情况表
关联交易情况表

图 1－33

第2章 审核制证工作标准

审核制证工作是指财会人员完成审核原始凭证并据以编制会计记账凭证的工作，是经济事项及经济信息转换为会计业务及会计信息的转换点，是登记账簿、编制会计报表等工作的基础，是企业财务管理与会计核算工作的前提。

审核制证工作离不开收入、成本、资产、负债、所有者权益等具体经济工作内容，或者说审核制证工作是收入、成本、资产、负债、所有者权益核算工作岗位的同志必须完成的工作和必须掌握的基本能力。因此做好审核制证工作，才能进一步完成记账、报表编制等工作，也有利于加强日常的财务审核监督，随时发现并克服整个企业的财经违规违纪情况，使企业财会工作更加规范和健康。

建立审核制证岗位工作标准，对于做好记账凭证编制工作、保证会计信息真实具有重要意义。

2.1 审核制证岗位基础工作

2.1.1 审核制证工作岗位

审核制证工作岗位是企业财务部门设立的、审核编制记账凭证及其所附的原始凭证的工作岗位。生产比较复杂、规模比较大的企业，一般不单独设置审核岗位和制证岗位；而是分配到收入、成本等具体核算岗位来完成。只有报销量大、会计业务比较简单的单位，或者单位规模很小，只有一两名会计人员的单位，才将单位会计凭证编制工作集中在一起，单独设置审核制证岗位。

2.1.2 审核制证工作人员

审核制证岗位工作全面、复杂，对会计人员基本业务素质和工作能力要求很高。要求财会人员熟悉国家有关财经法律法规和单位财会制度，熟悉单位基本情况和经营业务内容，因此，一个单位会计核算有无差错和问题，审核制证人员的水平是决定性的。

根据自身情况，企业应当配备具有会计、财务管理等相关专业本科以上学历，系统掌握会计核算知识，熟悉会计准则及财务会计管理制度，具有会计师职称，思维清晰、敏捷，逻辑分析能力强，具备高度的工作责任感和敬业精神，有良好的职业操守、掌握审核制证岗位工作标准的人员进行审核制证的工作。

2.1.3 审核制证工作的主要内容

2.1.3.1 原始凭证处理工作

（1）原始凭证是记录经济业务发生和完成情况的书面证明，是填制记账凭证、处理会计分录的重要依据。会计人员对发生的每一项经济业务，都必须取得或填制合法的原始凭证。原始凭证不得涂改、挖补，发现原始凭证有错误的，应当由开出单位重开或更正（金额错误不得更改，必须重开），更正处应当加盖开出单位的公章（指具有法律效力和特定用途，能够证明单位身份和性质的印鉴，包括财务专用章、发票专用章、结算专用章等，下同）。

（2）原始凭证的基本要求如下：

①原始凭证的内容应当具备：凭证的名称、填制凭证的日期、填制凭证单位名称或者填制人姓名、经办人员的签名或者盖章、接受凭证单位名称、经济业务内容、数量、单价和金额。

②外来票据均应套印有县（市）以上税务机关发票监制章或财政机关票据监制章（除特殊情况外）。从外单位取得的原始凭证，必须盖有填制单位的公章；从个人取得的原始凭证，必须有填制人员的身份证号、签名或者盖章。自制原始凭证必须有经办单位领导人或者其指定的人员签名或者盖章。对外开出的原始凭证，必须加盖本单位公章。

③凡填有大写和小写金额的原始凭证，大写与小写金额必须相符。购买实物的原始凭证，必须有验收证明。支付款项的原始凭证，必须有收款单位的收款票据或收款人的收款证明，不能仅以支付款项的有关凭证如银行汇款凭证等代替。

④一式多联的原始凭证，应当注明各联的用途，只能有一联作为报销凭证。一式多联的发票或收据，必须用双面复写纸（发票和收据本身具备复写纸功能的除外）套写，并连续编号。作废时应当加盖“作废”戳记，连同存根一起保存，不得撕毁。

⑤原始凭证记载的各项内容均不得涂改；原始凭证有错误的，应当由出具单位重开或更正，更正处应当加盖出具单位印章。原始凭证金额有错误的，应当由出具单位重开，不得在原始凭证上更改。

⑥发生销货退回的，除填制退货发票外，还必须有退货验收证明；退款时，必须取得对方的收款收据，不得以退货发票代替。其他对个人退款时，必须取得个人领款单据。

⑦经上级有关部门批准的经济业务，应当将批准文件作为原始凭证的附件。如果批准文件需要单独归档的，可附复印件或在凭证上注明批准机关名称、日期和文件字号。

（3）财务印章只能用于其专用票据的盖章或用于其使用范围内的票据证明，不得超范围使用；行政印章只能用于行政性事务及一般经济事项证明，不得用于具体经济业务票据的证明。

（4）从外单位取得的原始凭证如有遗失，应当由经办人提出遗失报告，并取得原开出单位注明原凭证号码、金额和经济内容的财务证明，或加盖开出单位公章的原发票存根的复印件，由其单位领导人核实签名、财务经理批准后，才能代作原始凭证。如果确实无法取得证明的，如火车、轮船、飞机票等凭证，由当事人写出详细情况，并取得同行人证明，经所在单位领导人核实签名、财务经理批准后，才能代作原始凭证；若无人能够证明其所购票价，一般应按从低一档标准处理。

（5）取得的一张原始凭证所列支出需要几个单位共同负担的，应当将其他单位负担的部分，开给对方“原始凭证分割单”，一份供对方结算，另一份作为有关原始凭证的附件，用以证明相关原始凭证减少填制记账凭证的金额数及其原因，也便于同接受“分割单”单位对账。

原始凭证分割单必须具备原始凭证的基本内容：凭证名称、填制凭证日期、填制凭证单位名称或者填制人姓名、经办人的签名或者盖章、接受凭证单位名称、经济业务内容、数量、单价、金额和费用分摊情况等。

（6）审核制证过程中发现有违规或不真实的发票应退还经办人重新换开。若因特殊原因，且数额较小无法换开的，必须由经办人写出具体说明，单位项目负责人签署意见后，报财务经理酌情处理。

（7）说明原始凭证的有关证据，应附在原始凭证之后，并在其原始凭证上注明所附单据张数。该附件可由审核制证岗位加盖“附件”章，以示与原始凭证上加盖的“收讫”、“付讫”章之区别。

（8）发生借款时必须填开三联借款单，注明借款科目及凭证号，转账或汇款支付的还必须注明收款单位的名称、账号等。借款单“财务存查联”应按会计科目归类妥善保管，还款时必须登记还款日期、凭证号、支出科目、金额、欠款余额等。若以现金归还一部分且无支付凭证对应证明，则应自制原始凭证，注明借、还款情况，作为附件，并要求经办人在凭证上签字。若款已还清，应将借款单财务存查联抽出作为记账凭证附件。

月底结账前，应将按科目归类保管的借款单财务存查联余额与该科目账户余额核对，发生差异时必须与计算机机内（账簿）未核销暂付款逐笔勾对。

（9）借款单必须附在记账凭证之后，报销时凭其报销金额冲抵原借款。报销金额小于原借款金额由报销人归还差额时，一般不另开收据，可在其借款人存查联上注明结清凭证编号并加盖会计名章后退还借款人，以代收据。

（10）办理人员出国等银行换汇、结汇支付业务时，会计人员应凭银行换汇水单及有关部门审核的支付凭证进行审核，未办理外汇核销手续的，不得办理财务报销手续。若结余外汇退还银行时发生银行买入价与原银行卖出价汇率差额，可凭银行结汇水单自制原始凭证，并办理经费审批手续后，在其开支项目中报销。

2.1.3.2 记账凭证处理工作

（1）记账凭证基本要求是：

①记账凭证的内容必须具备：填制凭证的日期、凭证编号、经济业务摘要、会计科目、金额、所附原始凭证张数、填制凭证人员、稽核人员、记账人员、会计主管人员签名或者盖章。收款和付款记账凭证还应当由出纳人员签名或者盖章。

②填制记账凭证时，应当对记账凭证进行连续编号。一笔经济业务需要填制两张以上记账凭证的，可以采用分数编号法编号。

③记账凭证可以根据每一张原始凭证填制，同一经济业务的若干张原始凭证可汇总填制，也可以根据原始凭证汇总表填制。但不得将不同类别经济业务的原始凭证汇总填制在一张记账凭证上。

④除结账、调账以及更正错误的记账凭证因无原始凭证可附有关说明外，记账凭证必须附有原始凭证。如果一张原始凭证涉及几张记账凭证的，可以把原始凭证附在该笔经济业务的第一张记账凭证后面，并在其他记账凭证上注明附有该原始凭证的记账凭证编号或附原始凭证复印件。

（2）审核制证岗位要根据审核无误的原始凭证填制记账凭证。记账凭证摘要中应注明经办人所在单位、经办人姓名和经济业务内容。

（3）记账凭证的更正方法：

①如果在填制记账凭证时发生错误，应当重新填制。

②已经登记入账的记账凭证，在当年发现填写错误时，可以用红字填写一张与原内容相同的记账凭证，在摘要栏注明“注销某月某日某号凭证”字样，同时再用蓝字重新填制一张正确的记账凭证，注明“订正某月某日某号凭证”字样。除此之外，还须在原错误凭证上注明“某月某日某号凭证已订正”字样。

③不同会计科目的分录更正时不得在同一借（贷）方用红蓝字冲抵，即记账凭证的金额合计数不得为零。但更正项目指标账时，因其不涉及资产负债科目，只涉及部门指标控制，为简化操作，也可不用红字注销法订正记账凭证，直接用红蓝字进行调整。

④如果会计科目没有错误，只是金额错误，也可以将正确数字与错误数字之间的差额，另编一张调整的记账凭证，调增金额用蓝字，调减金额用红字（-），并在相关记账凭证上注明原由。

⑤发现以前年度记账凭证有错误的，应当用蓝字填制一张更正的记账凭证用以调整账务，不使用红字更正法。

（4）记账凭证除了在更正时可用红字填写外，其他一律不得使用红字填写。

（5）审核制证岗位应认真统计、准确填写记账凭证所附原始凭证的张数。所附原始凭证张数的计算，一般应以所附原始凭证的自然张数为准。凡是与记账凭证中经济业务记录有关的每一张证件，都应作为原始凭证的附件。如果记账凭证中附有“零星支出汇总报销单”（即“原始凭证汇总表”），应该把所附的原始凭证和报销单的张数一并计入附件张数之内；但对于使用“差旅费报销单”报销差旅费中的零散车票、住宿发票以及其他票据，如粘贴在报销单后或者粘贴在“单据整贴纸”上，则可连同差旅费报销单合并作为一张原始凭证（“差旅费报销单”上应当注明所附票据及有关证明张数）。

（6）审核制证岗位编制存款户银行转账凭证必须与进出款额对应，并按照发生日期的顺序填制记账凭证。

（7）办理外币账户业务时，除按银行外币收支凭证及有关票据按当日银行外汇牌价计算填制人民币记账凭证外，还必须同时按外币金额填制外币记账凭证。年末应按银行公布的各种外币牌价重新折算外币资金的人民币金额，并在本位币会计账户中调整外币资金损益。外币收支的手工账簿应严格按规定登记、保存，科长应定期检查外币现金、存款、凭证、账册等，确保其资金使用安全。

（8）记账凭证可按单位会计核算系统设置分开保管，审核制证人员、记账人员姓名可由计算机打印外，复核人员应签名或盖章；财务经理应定期查阅记账凭证，并签名或盖章；收款和付款记账凭证还应当由出纳人员签名或盖章。审核制证人员应严密保管上机登录密码，因失密造成他人操作打印出的记账凭证出现问题的，审核制证人员应对此负责。

2.1.4 审核制证工作思路导图

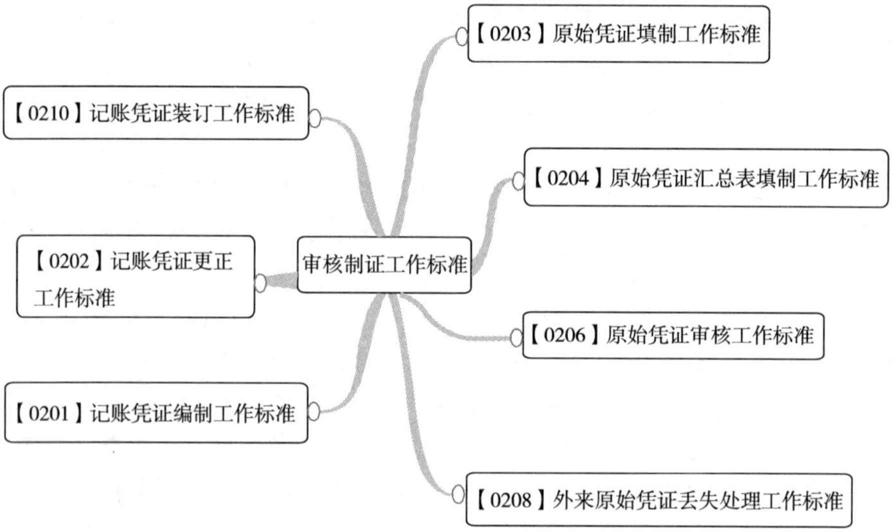

图 2-1 审核制证工作思路导图

2.2 审核制证岗位工作标准

2.2.1 原始凭证填制工作标准

标准编码：0203

标准名称：原始凭证填制工作标准

工作标准名称释义

原始凭证填制工作标准是指在企业经营活动中、业务经办岗位根据经济事项的内容性质、按照原始凭证要素填制原始凭证的工作规范。

工作标准基本表格

工作核心目标	填制原始凭证	
工作开始时间	会计事项发生或办理时	
工作结束时间	原始凭证填制完成	
相关工作地点	业务部门办公地	财务部门办公地
相关工作单位	财务部门	业务经办单位
相关工作人员	审核制证岗位	业务经办人
备　注		

工作标准所需资料

资料类型	编码	资料名称	单位	原件数	复印数
事前准备资料	01	复写纸	套	1	0
	02	机开发票 IC 卡	件	1	0
	03	空白原始凭证	份	1	1
	04	经济事项资料	份	1	0
事中产生资料	05	填制的原始凭证	份	1	0
事后结果资料	06	复核正确加盖所需印章的原始凭证	份	1	0
技术要求资料	07	会计法	份	1	0
	08	会计基础工作规范	份	1	0

相关工作标准

标准编码	标准名称
0204	原始凭证汇总表填制工作标准
0206	原始凭证审核工作标准

工作标准流程图

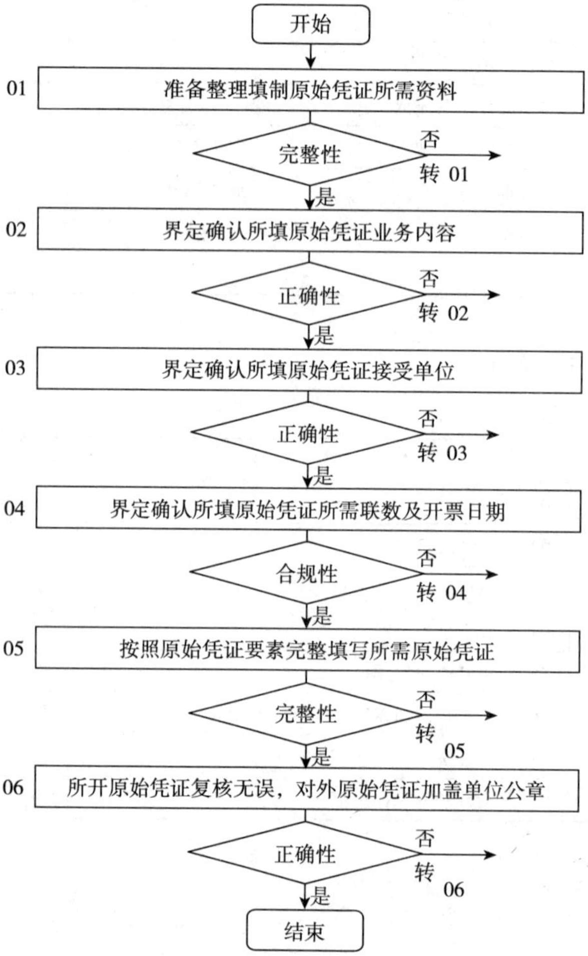
开始
01
准备整理填制原始凭证所需资料
完整性
否
转 01
是
02
界定确认所填原始凭证业务内容
正确性
否
转 02
是
03
界定确认所填原始凭证接受单位
正确性
否
转 03
是
04
界定确认所填原始凭证所需联数及开票日期
合规性
否
转 04
是
05
按照原始凭证要素完整填写所需原始凭证
完整性
否
转 05
是
06
所开原始凭证复核无误，对外原始凭证加盖单位公章
正确性
否
转 06
是
结束

2.2.2 原始凭证汇总表填制工作标准

标准编码：0204

标准名称：原始凭证汇总表填制工作标准

工作标准名称释义

原始凭证汇总表填制工作标准是指审核制证岗位为便于编制记账凭证，将经过审核的若干份业务内容相近的原始凭证、按类别用途进行汇总、填制汇总表的工作规范。

工作标准基本表格

工作核心目标	填制原始凭证汇总表	
工作开始时间	收到同类业务的原始凭证时	
工作结束时间	填制的原始凭证汇总表复核正确、并编制记账凭证	
相关工作地点	业务部门办公地	财务部门办公地
相关工作单位	财务部门	业务经办单位
相关工作人员	审核制证岗位	业务经办人
备　　注		

工作标准所需资料

资料类型	编码	资料名称	单位	原件数	复印数
事前准备资料	01	待汇总原始凭证	份	1	0
事中产生资料	02	原始凭证汇总表	份	1	0
事后结果资料	03	记账凭证	份	1	0
技术要求资料	04	会计法	份	1	0
	05	会计基础工作规范	份	1	0
	06	企业会计准则	份	1	0

相关工作标准

标准编码	标准名称
0203	原始凭证填制工作标准
0206	原始凭证审核工作标准

工作标准流程图

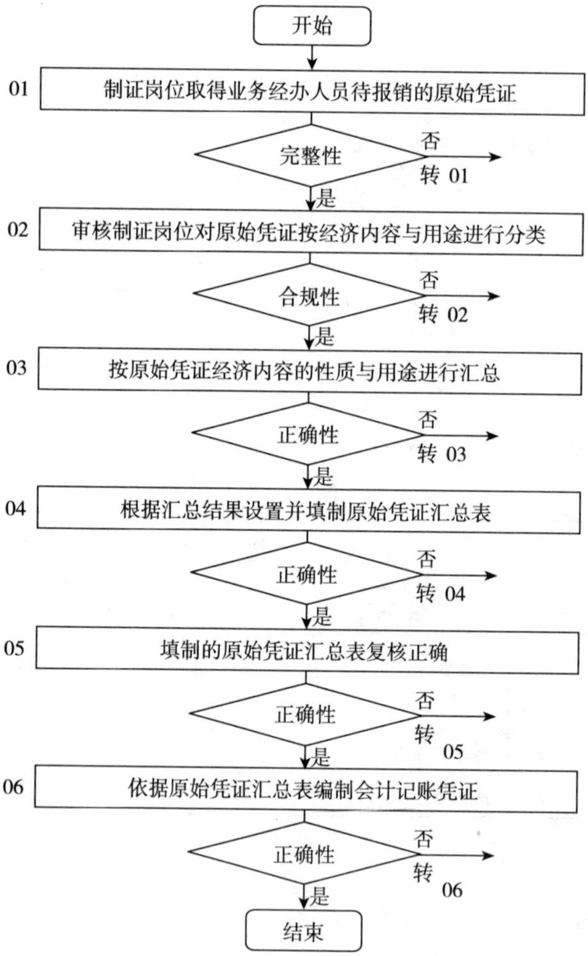

2.2.3　原始凭证审核工作标准

标准编码：0206

标准名称：原始凭证审核工作标准

工作标准名称释义

原始凭证审核工作标准是指审核制证岗位对于收到的原始凭证所涉及的经济事项的合法性、凭证的合规性、金额计算的正确性进行审查、核实的工作规范。

工作标准基本表格

工作核心目标	完成原始凭证的审核	
工作开始时间	接到有关会计事项业务资料时	
工作结束时间	审查、确认、进行相关会计处理时	
相关工作地点	业务部门办公地 财务部门办公地	客户单位所在地
相关工作单位	财务部门 客户	业务部门
相关工作人员	审核制证岗位 业务经办人	相关客户经办人
备　　注		

工作标准所需资料

资料类型	编码	资料名称	单位	原件数	复印数
事前准备资料	01	未审核原始凭证	份	1	0
事中产生资料	02	原始凭证审核记录	份	1	0
事后结果资料	03	已审核原始凭证	份	1	0
技术要求资料	04	会计法	份	1	0
	05	会计基础工作规范	份	1	0

相关工作标准

标准编码	标准名称
0203	原始凭证填制工作标准

工作标准流程图

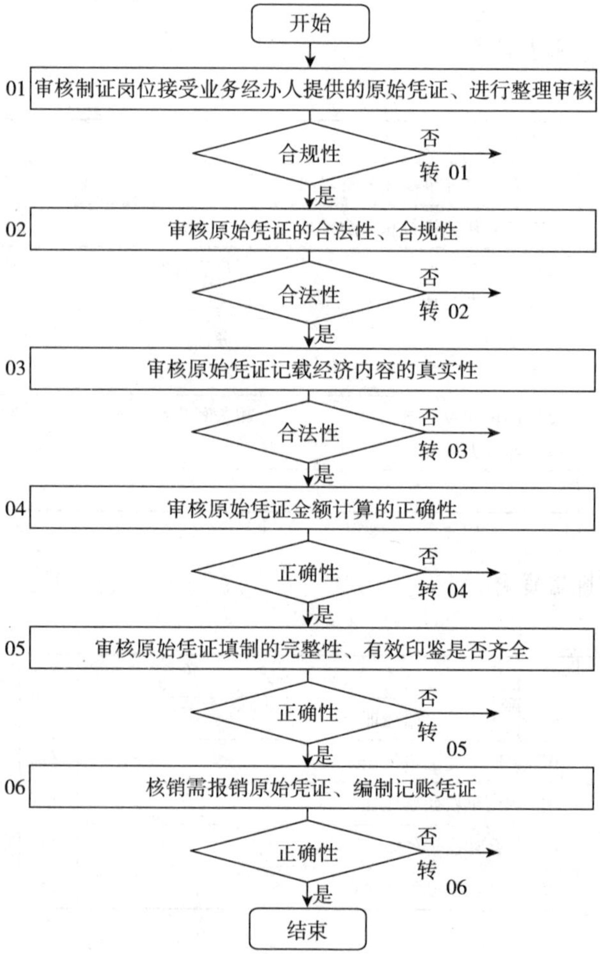

2.2.4 外来原始凭证丢失处理工作标准

标准编码：0208

标准名称：外来原始凭证丢失处理工作标准

工作标准名称释义

外来原始凭证丢失处理工作标准是指企业业务经办人由于不慎或发生意外等原因，使取得的外来原始凭证丢失时，进行补救处理的工作规范。

工作标准基本表格

工作核心目标	对外来原始凭证丢失处理	
工作开始时间	业务经办人申报原始凭证丢失时	
工作结束时间	丢失外来原始凭证事项得到处理时	
相关工作地点	业务部门办公地 财务部门办公地	外来原始凭证填制单位所在地
相关工作单位	业务经办单位 财务部门	外来原始凭证填制单位
相关工作人员	会计机构负责人 审核制证岗位	相关业务部门负责人、经办人
备　注		

工作标准所需资料

资料类型	编码	资料名称	单位	原件数	复印数
事前准备资料	01	外来原始凭证丢失报告	份	1	0
事中产生资料	02	外来原始凭证丢失补救方案	份	1	0
	03	原始凭证存根复印件	份	1	0
	04	填制原始凭证单位的证明资料	份	1	0
	05	原始凭证丢失情况说明及有关领导审批意见	份	1	0
事后结果资料	06	丢失外来原始凭证经济事项会计处理凭证	份	1	0
技术要求资料	07	会计基础工作规范	份	1	0
	08	国家税务总局关于增值税一般纳税人丢失防伪税控系统开具的增值税专用发票有关税务处理问题的通知（国税发［2002］10号）	份	1	0

相关工作标准

标准编码	标准名称
0301	原始凭证复核工作标准

工作标准流程图

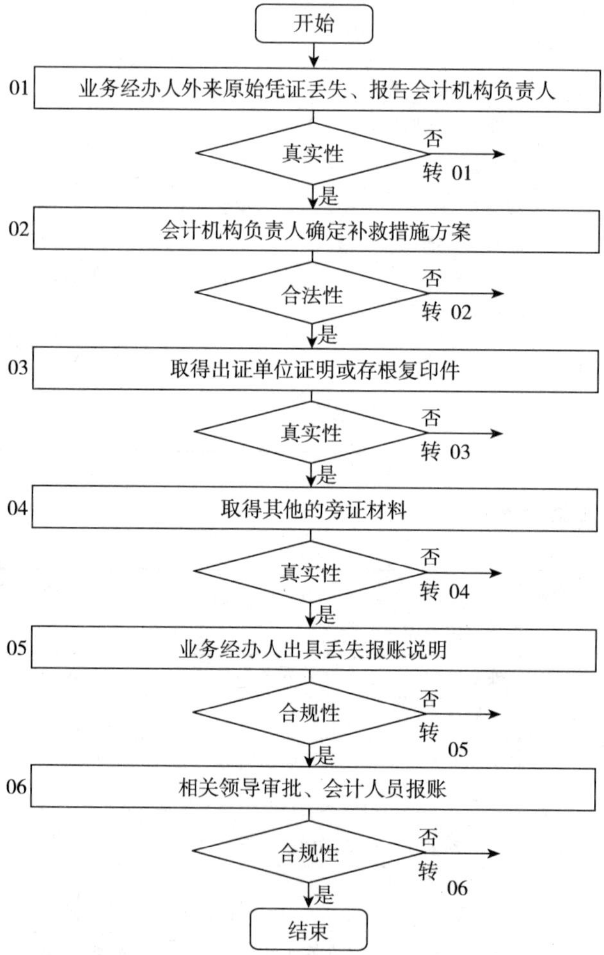

2.2.5　记账凭证编制工作标准

标准编码：0201

标准名称：记账凭证编制工作标准

工作标准名称释义

记账凭证编制工作标准是指审核制证岗位根据经济活动发生的业务事项及相关原始凭证进行会计处理、编制记账凭证的工作规范。

工作标准基本表格

工作核心目标	编制记账凭证	
工作开始时间	会计人员受理业务事项、取得原始凭证及其他资料时	
工作结束时间	记账凭证编制完成时	
相关工作地点	业务部门办公地	财务部门办公地
相关工作单位	财务部门	业务经办单位
相关工作人员	审核制证岗位 业务经办单位负责人	业务经办人 会计机构负责人
备　　注		

工作标准所需资料

资料类型	编码	资料名称	单位	原件数	复印数
事前准备资料	01	相关业务资料	份	1	0
	02	原始凭证	份	1	0
事中产生资料	03	原始凭证业务审核资料	份	1	0
	04	原始凭证财务审核资料	份	1	0
事后结果资料	05	记账凭证	份	1	0
技术要求资料	06	会计法	份	1	0
	07	会计基础工作规范	份	1	0
	08	企业会计准则	份	1	0

相关工作标准

标准编码	标准名称
0206	原始凭证审核工作标准

工作标准流程图

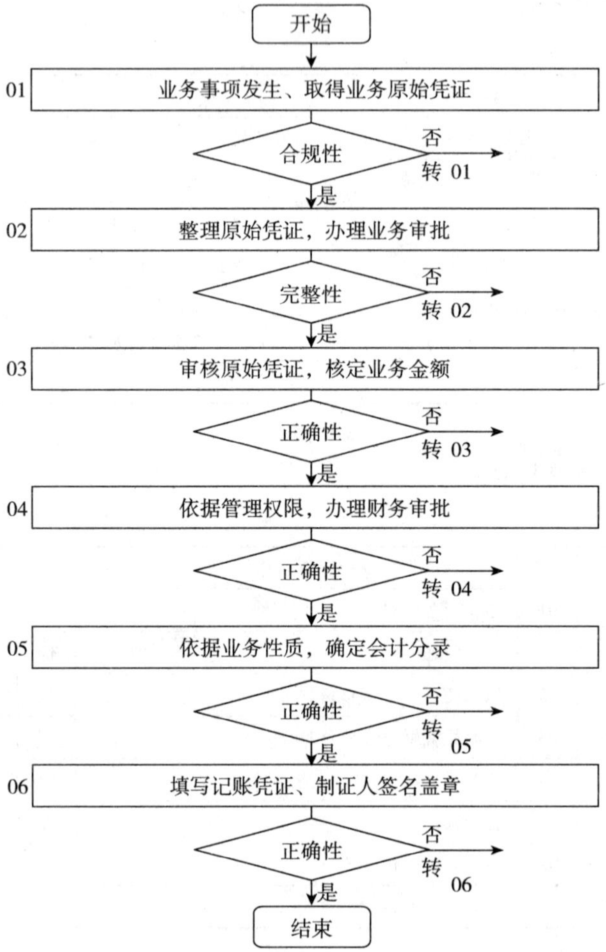

2.2.6　记账凭证更正工作标准

标准编码：0202

标准名称：记账凭证更正工作标准

工作标准名称释义

记账凭证更正工作标准是指审核制证岗位或复核岗位发现记账凭证错误时进行更正的工作规范。

工作标准基本表格

工作核心目标	更正错误记账凭证	
工作开始时间	发现错误记账凭证	
工作结束时间	更正的记账凭证经复核无误	
相关工作地点	财务部门办公地	
相关工作单位	财务部门	
相关工作人员	审核制证岗位	复核岗位
备　注		

工作标准所需资料

资料类型	编码	资料名称	单位	原件数	复印数
事前准备资料	01	错误记账凭证	份	1	0
事中产生资料	02	红字冲销凭证	份	1	0
	03	补充记账凭证	份	1	0
事后结果资料	04	更正后的记账凭证	份	1	0
技术要求资料	05	会计法	份	1	0
	06	会计基础工作规范	份	1	0

相关工作标准

标准编码	标准名称
0201	记账凭证编制工作标准

工作标准流程图

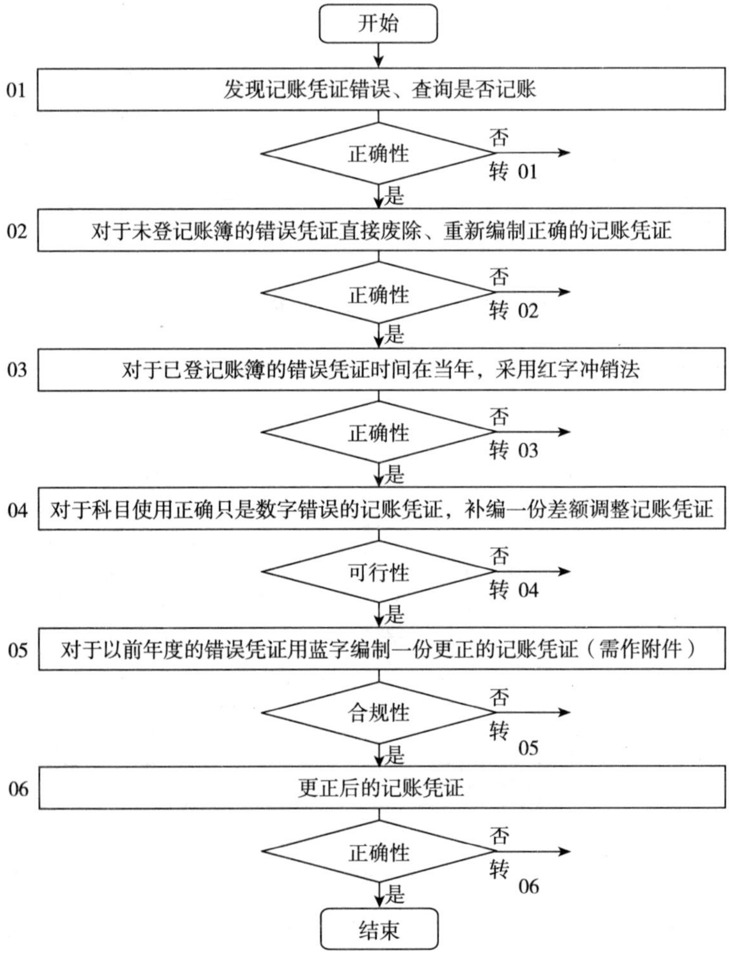

2.2.7　记账凭证装订工作标准

标准编码：0210

标准名称：记账凭证装订工作标准

工作标准名称释义

记账凭证装订工作标准是指企业财务部门在每月会计核算结束后，对已记账的会计记账凭证收集、整理、装订成册、登记保管的工作规范。

工作标准基本表格

工作核心目标	完成会计记账凭证装订	
工作开始时间	月末15日内时	
工作结束时间	记账凭证装订成册编号登记时	
相关工作地点	财务部门办公地	
相关工作单位	财务部门	
相关工作人员	审核制证岗位	相关会计工作岗位
备　　注		

工作标准所需资料

资料类型	编码	资料名称	单位	原件数	复印数
事前准备资料	01	会计记账凭证封面	份	1	0
	02	待装订记账凭证	份	1	0
	03	科目汇总表	份	1	0
事中产生资料	04	编号整理成册、核对无误待装订的记账凭证	份	1	1
事后结果资料	05	装订成册填写封面的记账凭证	份	1	0
技术要求资料	06	会计基础工作规范	份	1	0
	07	会计档案管理办法	份	1	0

相关工作标准

标准编码	标准名称
1003	会计凭证收集与立卷工作标准

工作标准流程图

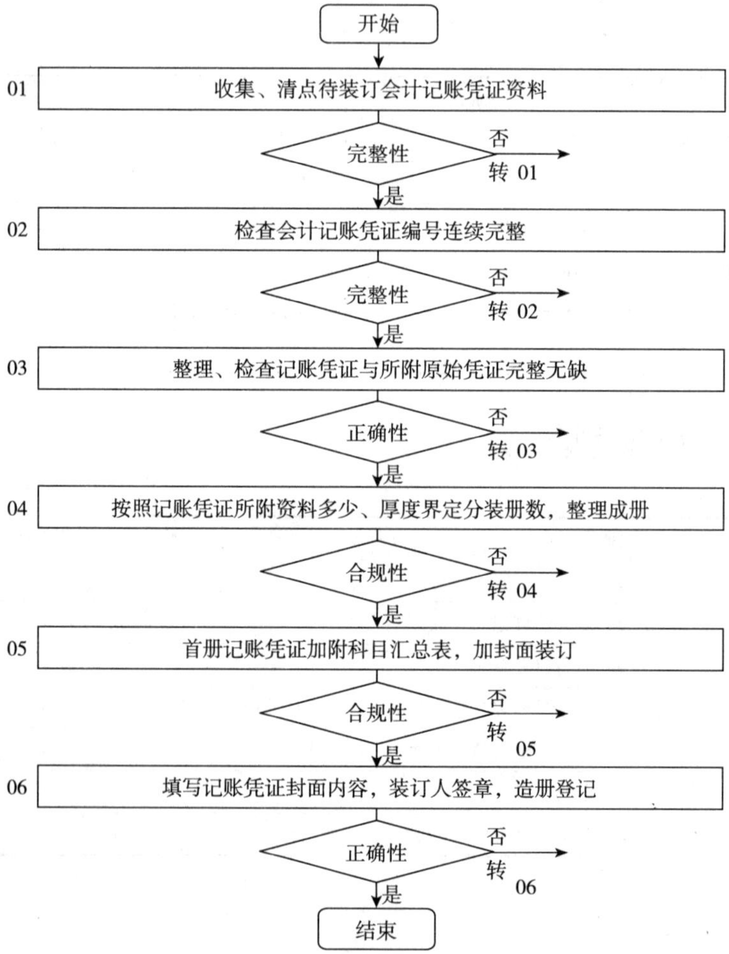

第3章　复核工作标准

复核工作是基于企业财务部内部工作基础之上的，为了防范财务部内部工作差错而设立的。完成对记账凭证及其所附原始凭证、账簿记录及会计报表的真实性、合规性、合法性、正确性、完整性核对工作。由于审核制证工作是财会人员将记载经济事项及经济信息的原始凭证转换为会计业务及会计信息的记账凭证的转换点，既是登记账簿、编制会计报表等工作的基础，又是企业财务管理与会计核算工作的前提。因此，为了防范发生差异，大型单位、生产比较复杂、会计工作量较大的单位，一般单独设置复核岗位，负责复核工作。单位会计核算比较简单、规模较小的企业，不单独设置复核岗位，通常由财会部门负责人兼任。

复核工作既然是对审核制证、账簿登记及报表编制等工作的验证和监督检查工作，因此，复核工作者必然需要熟悉财会部门的各项工作标准。

3.1 复核岗位基础工作

3.1.1 复核工作岗位

复核工作岗位是企业财会部门设立的，检查财会部门原始凭证、记账凭证及其所附原始凭证、账簿记录是否合规的工作岗位。生产比较复杂、规模比较大的企业，与审核制证岗位相反，一般要单独设置复核岗位；对所有审核制证人员编制的收入、成本、资产、负债、所有者权益等原始凭证、记账凭证及会计报表一一进行复核。要求对处理错误的凭证或记录，查明原因，要求审核制证人员或记账人员进行更正。

复核工作岗位的职责还有：从合法性、真实性、手续是否完备等方面对原始凭证进行认真复核；复核记账凭证是否真实地反映了原始凭证的内容，会计科目及金额、记账是否正确；复核账簿登记是否符合规定，内容是否与原始凭证、记账凭证相符；对各项财务收支进行稽核，审核其是否符合财务收支计划，对严重超计划者要审核其合理性；从数字衔接性方面定期对财务报表进行稽核；对复核中发现的问题，要及时汇报主管采取措施进行解决，妥善处理；在已复核的会计资料上盖章，并随时作好复核记录。

本工作岗位工作标准适用于资产类岗位、负债类岗位、收入类岗位、成本类岗位、权益类岗位的日常会计核算业务处理工作。

3.1.2 复核工作人员

复核岗位工作全面、难度大，对会计人员基本业务素质和工作能力要求很高。既然要求复核人员能够检查发现审核制证人员及账务处理人员工作中的差错，自然其业务能力要优于审核制证岗位工作人员。因此，当单位复核者非常熟悉国家有关财经法律法规和单位财会制度，熟悉单位基本情况和经营业务内容，就会发现和杜绝单位会计核算及业务中的差错和问题，防范企业会计风险和经营风险。

根据企业情况，该岗位应由具有会计、财务管理等相关专业本科以上学历，系统掌握会计核算知识，熟悉会计准则及财务会计管理制度，会计师职称，思维清晰、敏捷，逻辑分析能力强，具备高度的工作责任感和敬业精神，有良好的职业操守、掌握审核制证岗位工作标准和复核岗位工作标准的同志担任。

3.1.3 复核工作的主要内容

（1）原始凭证复核工作。复核工作的主要内容是从合法性、真实性、手续是否完备等方面对原始凭证进行认真复核。

（2）记账凭证复核工作。复核记账凭证是否真实地反映了原始凭证的内容，会计科目及金额、记账是否正确；一般未经复核的凭证不得做记账等处理。

（3）账簿复核工作。复核账簿登记是否符合规定，内容是否与原始凭证、记账凭证相符。

（4）会计报表复核工作。从数字衔接性方面定期对财务报表进行复核；关注账、证、表相互对应关系验证工作。

（5）经济业务事项审核工作。对各项财务收支进行稽核，审核其是否符合财务收支计划，对严重超计划者要审核其合理性。

（6）在记账凭证、账簿、会计报表等复核栏签名。记账凭证除审核制证人员、记账人员姓名可由计算机打印外，复核人员应签名或盖章；财务经理应定期查阅记账凭证，并签名或盖章；收款和付款记账凭证还应当由出纳人员签名或盖章。审核制证人员应严密保管上机登录密码，因失密造成他人操作打印出的记账凭证出现问题的，审核制证人员应对此负责。

（7）对复核中发现的问题，要及时汇报并采取措施进行解决，妥善处理；在已复核的会计资料上盖章，并随时作好复核记录。

3.1.4 复核工作思路导图

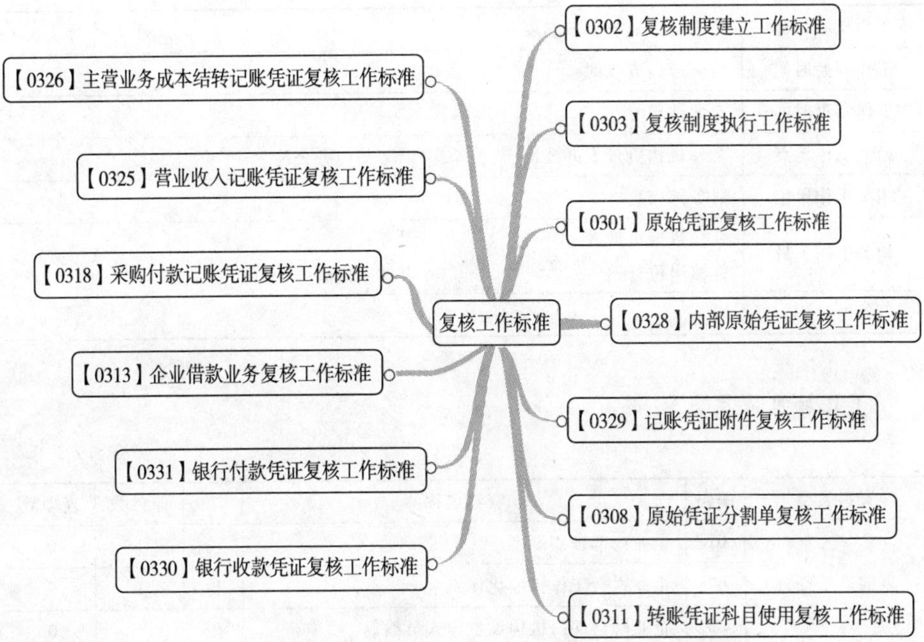

图3－1 复核工作思路导图

3.2 复核工作标准

3.2.1 复核制度建立工作标准

标准编码：0302

标准名称：复核制度建立工作标准

工作标准名称释义

复核制度建立工作标准是指企业财务部为了加强内部财务控制，保证财会人员每笔会计处理与财务核算工作合法合规、正确无误而建立业务复核制度的工作规范。

工作标准基本表格

工作核心目标	建立会计业务复核制度	
工作开始时间	财务部门成立时	
工作结束时间	企业注销时	
相关工作地点	会计机构负责人办公地	财务部门办公地
相关工作单位	财务部门	
相关工作人员	会计机构负责人 复核岗位	财务总监 审核制证岗位
备　　注		

工作标准所需资料

资料类型	编码	资料名称	单位	原件数	复印数
事前准备资料	01	企业内部控制制度	份	1	0
	02	企业财会工作标准化体系	份	1	0
	03	企业财会部门机构设置与人员编制	份	1	0
事中产生资料	04	会计复核制度（草案）	份	1	0
事后结果资料	05	会计复核制度（试行）	份	1	0
技术要求资料	06	会计法	份	1	0
	07	会计基础工作规范	份	1	0
	08	企业内部控制基本规范	份	1	0

相关工作标准

标准编码	标准名称
0303	复核制度执行工作标准

工作标准流程图

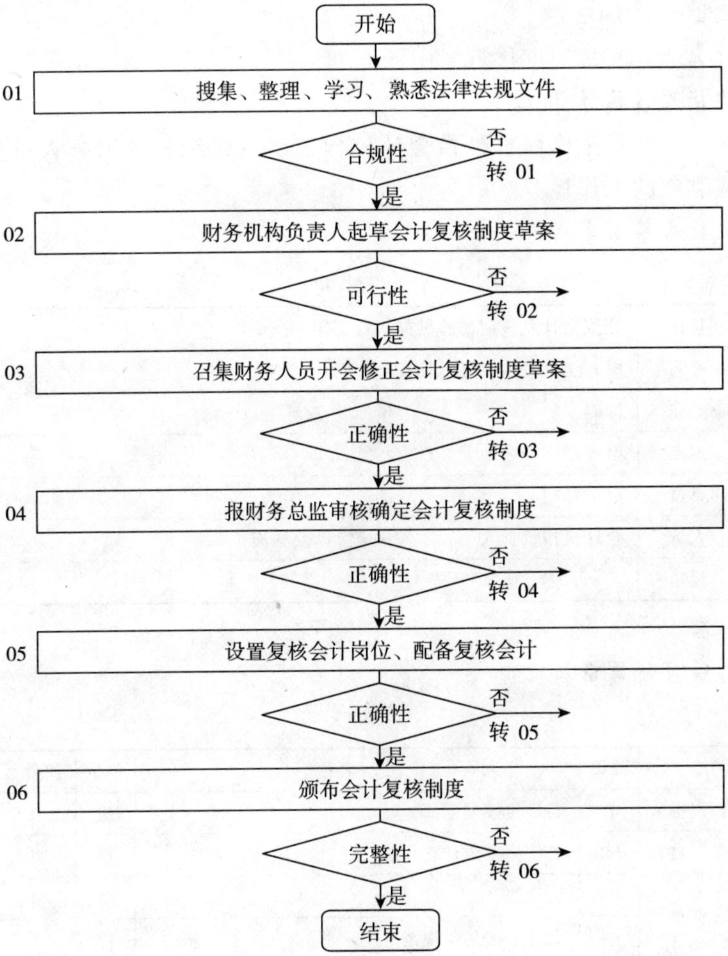
开始
01
搜集、整理、学习、熟悉法律法规文件
合规性
否
转 01
是
02
财务机构负责人起草会计复核制度草案
可行性
否
转 02
是
03
召集财务人员开会修正会计复核制度草案
正确性
否
转 03
是
04
报财务总监审核确定会计复核制度
正确性
否
转 04
是
05
设置复核会计岗位、配备复核会计
正确性
否
转 05
是
06
颁布会计复核制度
完整性
否
转 06
是
结束

3.2.2 复核制度执行工作标准

标准编码：0303

标准名称：复核制度执行工作标准

工作标准名称释义

复核制度执行工作标准是指会计机构负责人组织相关财务人员贯彻执行会计复核制度的工作规范。

工作标准基本表格

工作核心目标	完成会计复核制度的贯彻执行工作	
工作开始时间	颁布学习“会计复核制度”	
工作结束时间	即时	
相关工作地点	财务部门办公地	
相关工作单位	财务部门	
相关工作人员	会计机构负责人	复核岗位
备　　注		

工作标准所需资料

资料类型	编码	资料名称	单位	原件数	复印数
事前准备资料	01	会计复核制度	份	1	0
事后结果资料	02	复核岗位会计责任制	份	1	0
技术要求资料	03	会计法	份	1	0
	04	会计基础工作规范	份	1	0

相关工作标准

标准编码	标准名称
01	复核制度建立工作标准

工作标准流程图

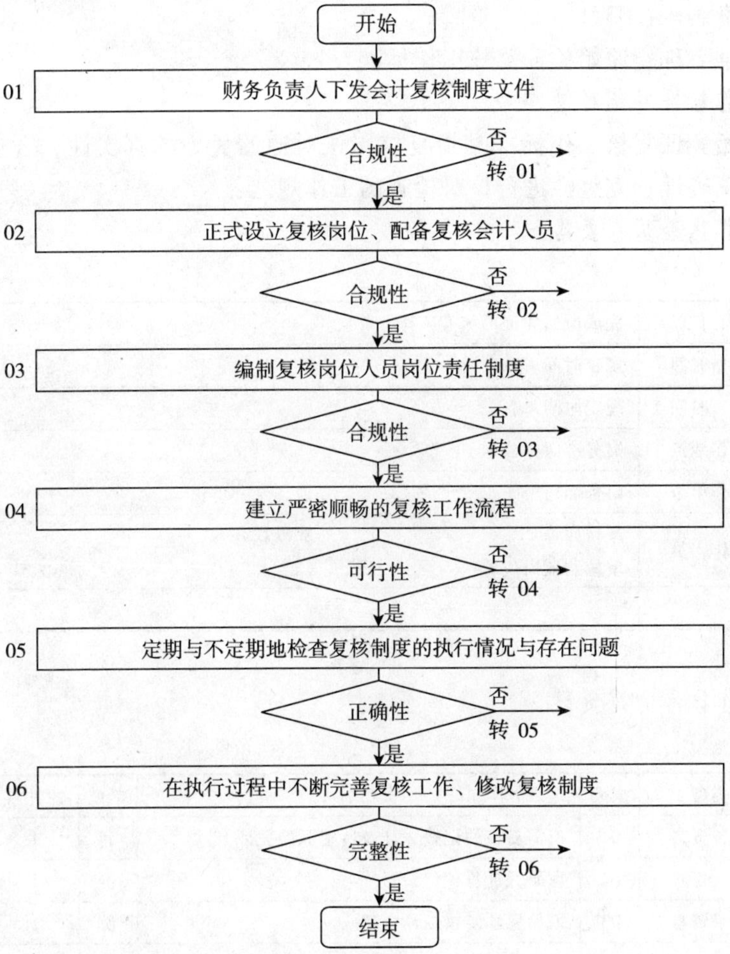
开始
01
财务负责人下发会计复核制度文件
合规性
否
转 01
是
02
正式设立复核岗位、配备复核会计人员
合规性
否
转 02
是
03
编制复核岗位人员岗位责任制度
合规性
否
转 03
是
04
建立严密顺畅的复核工作流程
可行性
否
转 04
是
05
定期与不定期地检查复核制度的执行情况与存在问题
正确性
否
转 05
是
06
在执行过程中不断完善复核工作、修改复核制度
完整性
否
转 06
是
结束

3.2.3 原始凭证复核工作标准

标准编码：0301

标准名称：原始凭证复核工作标准

工作标准名称释义

原始凭证复核工作标准是指复核岗位对原始凭证的真实性、合规性、合法性、正确性、完整性进行核对检查的工作规范。

工作标准基本表格

工作核心目标	完成原始凭证的核实工作	
工作开始时间	规定时间	
工作结束时间	规定时间	
相关工作地点	财务部门办公地	
相关工作单位	财务部门	业务经办单位
相关工作人员	复核岗位 审核制证岗位	业务经办人
备　　注		

工作标准所需资料

资料类型	编码	资料名称	单位	原件数	复印数
事前准备资料	01	所需复核的记账凭证及所附原始凭证	套	1	0
事中产生资料	02	原始凭证复核记录	份	1	0
事后结果资料	03	原始凭证复核结论资料	份	1	0
技术要求资料	04	会计基础工作规范	份	1	0
	05	复核制度	份	1	0

相关工作标准

标准编码	标准名称
0305	原始凭证填制工作标准
0306	原始票据完整性复核工作标准
0307	原始凭证金额复核工作标准

工作标准流程图

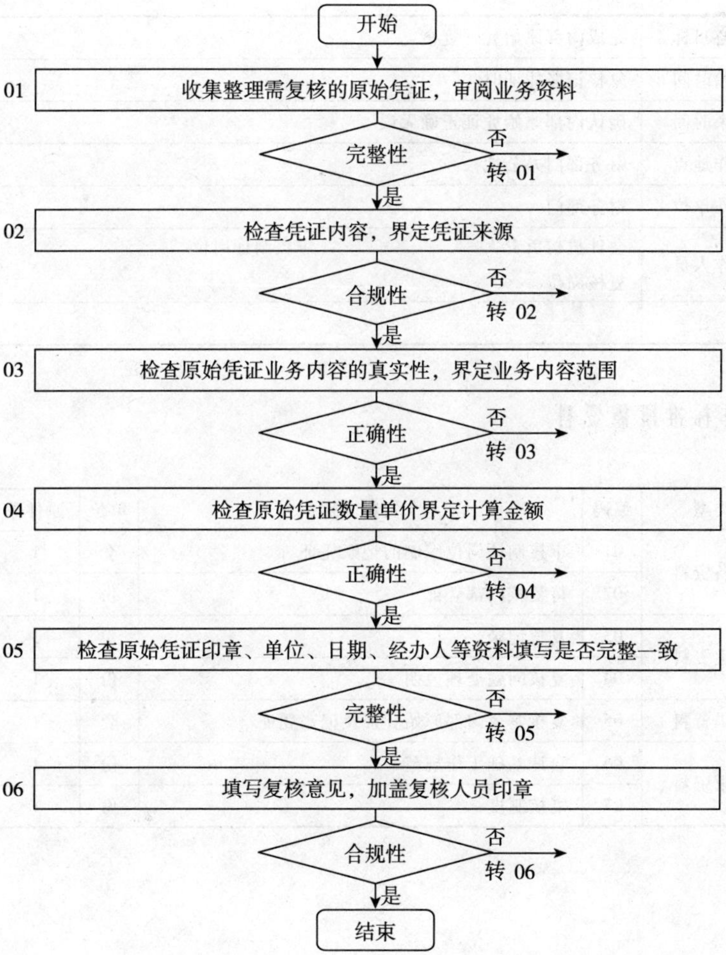

3.2.4 内部原始凭证复核工作标准

标准编码：0328

标准名称：内部原始凭证复核工作标准

工作标准名称释义

内部原始凭证复核工作标准是指复核岗位对会计记账凭证附件中企业内部自制的原始凭证的合法性、真实性和准确性进行核对检查的工作规范。

工作标准基本表格

工作核心目标	完成内部原始凭证复核
工作开始时间	复核记账凭证时
工作结束时间	确认内部原始凭证正确无误
相关工作地点	财务部门办公地
相关工作单位	财务部门
相关工作人员	会计机构负责人　审核制证岗位 复核岗位
备　注	

工作标准所需资料

资料类型	编码	资料名称	单位	原件数	复印数
事前准备资料	01	审核制证岗位编制的记账凭证	套	1	0
	02	待复核内部凭证	份	1	0
事中产生资料	03	复核记录	份	1	0
	04	复核问题处理说明	份	1	0
事后结果资料	05	复核签名内部原始凭证及记账凭证	套	1	0
技术要求资料	06	会计基础工作规范	份	1	0
	07	复核制度	份	1	0

相关工作标准

标准编码	标准名称
0301	原始凭证复核工作标准

工作标准流程图

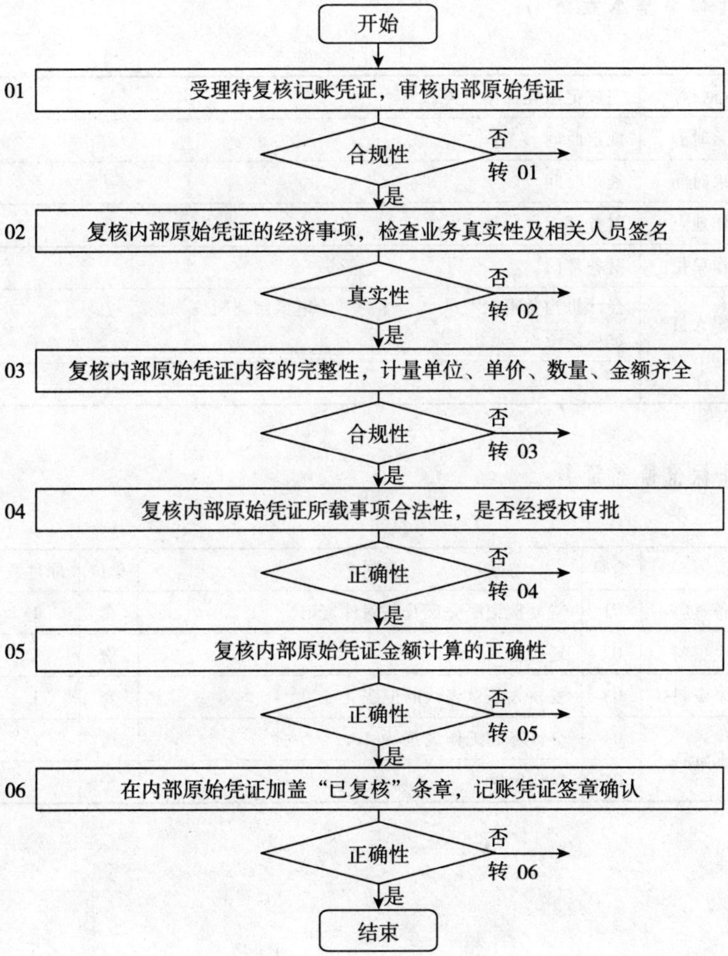

3.2.5 记账凭证附件复核工作标准

标准编码：0329

标准名称：记账凭证附件复核工作标准

工作标准名称释义

记账凭证附件复核工作标准是指复核岗位对记账凭证履行复核程序时，同时对记账凭证的原始凭证附件进行核对检查的工作规范。

工作标准基本表格

工作核心目标	完成记账凭证附件复核
工作开始时间	规定时间
工作结束时间	规定时间
相关工作地点	财务部门办公地
相关工作单位	财务部门
相关工作人员	会计机构负责人　审核制证岗位 复核岗位
备　注	

工作标准所需资料

资料类型	编码	资料名称	单位	原件数	复印数
事前准备资料	01	待复核记账凭证及其附件资料	套	1	0
事中产生资料	02	复核记录	份	1	0
事后结果资料	03	复核人签章确认的记账凭证	套	1	0
技术要求资料	04	会计基础工作规范	册	1	0
	05	复核制度	份	1	0

相关工作标准

标准编码	标准名称
0301	原始凭证复核工作标准
0328	内部原始凭证复核工作标准

工作标准流程图

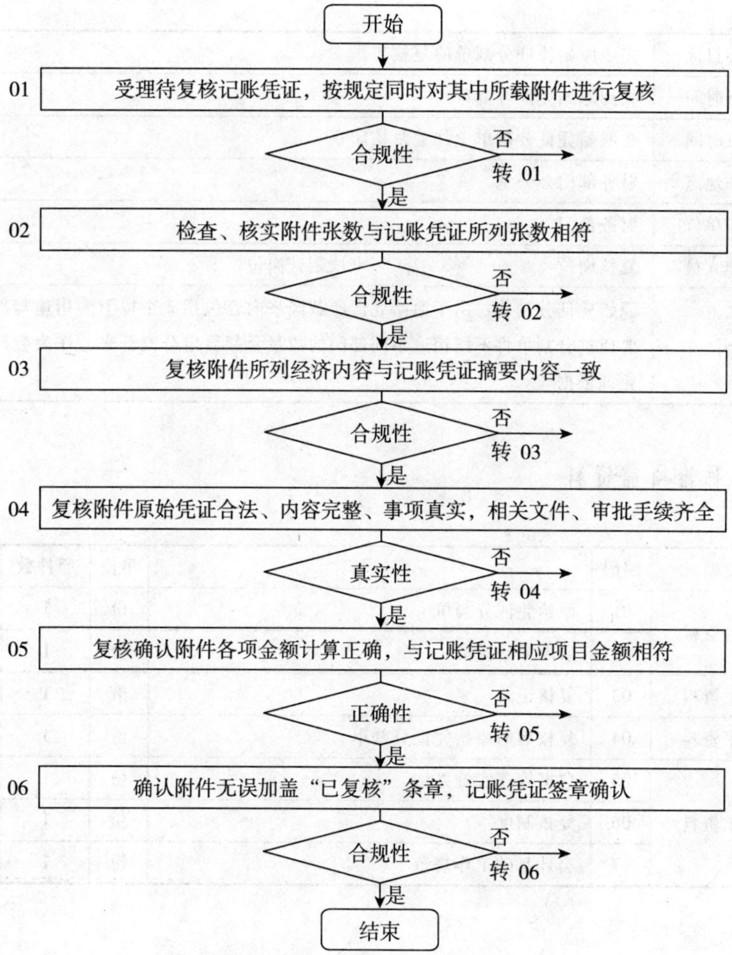

3.2.6 原始凭证分割单复核工作标准

标准编码：0308

标准名称：原始凭证分割单复核工作标准

工作标准名称释义

原始凭证分割单复核工作标准是指复核岗位对原始凭证分割单及其发生的业务事项进行检查核对的工作规范。

工作标准基本表格

工作核心目标	完成原始凭证分割单的复核工作
工作开始时间	收到原始凭证分割单
工作结束时间	在原始凭证分割单上加盖复核印章
相关工作地点	财务部门办公地
相关工作单位	财务部门
相关工作人员	复核岗位　　审核制证岗位
备　注	原始凭证分割单：由于原始凭证所载经济内容包括2个以上的用途与部门、需要通过分割单将不同用途不同部门的数量金额界定分割开来，作为会计处理的凭证依据

工作标准所需资料

资料类型	编码	资料名称	单位	原件数	复印数
事前准备资料	01	原始凭证分割单	份	1	0
	02	所附原始凭证	份	1	0
事中产生资料	03	复核记录	份	1	0
事后结果资料	04	复核后的原始凭证分割单	份	1	0
技术要求资料	05	票据管理实施办法	份	1	0
	06	复核制度	份	1	0
	07	会计基础工作规范	份	1	0

相关工作标准

标准编码	标准名称
0303	复核制度执行工作标准
0329	记账凭证附件复核工作标准

工作标准流程图

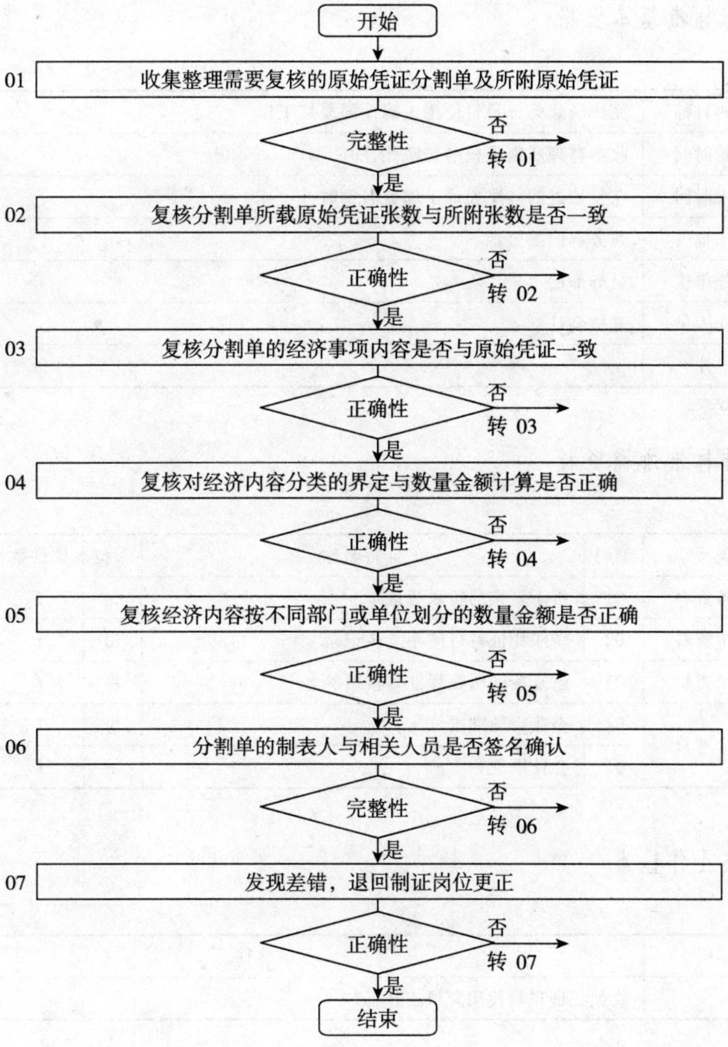

3.2.7 转账凭证科目使用复核工作标准

标准编码：0311

标准名称：转账凭证科目使用复核工作标准

工作标准名称释义

转账凭证科目使用复核工作标准是指财务部复核岗位会计对于转账凭证科目使用正确与否进行复核的工作规范。

工作标准基本表格

工作核心目标	完成转账凭证科目使用正确性的复核工作
工作开始时间	收集整理所需复核的转账凭证时
工作结束时间	在复核过的转账凭证上加盖名章时
相关工作地点	财务部门办公地
相关工作单位	财务部门
相关工作人员	复核会计
备　　注	

工作标准所需资料

资料类型	编码	资料名称	单位	原件数	复印数
事前准备资料	01	所需复核的转账凭证	份	1	0
事中产生资料	02	转账凭证科目使用复核记录	份	1	0
事后结果资料	03	已复核的转账凭证复核栏签名	份	1	0
技术要求资料	04	企业会计准则	份	1	0
	05	会计原理	份	1	0

相关工作标准

标准编码	标准名称
01	收款凭证科目使用复核工作标准

工作标准流程图

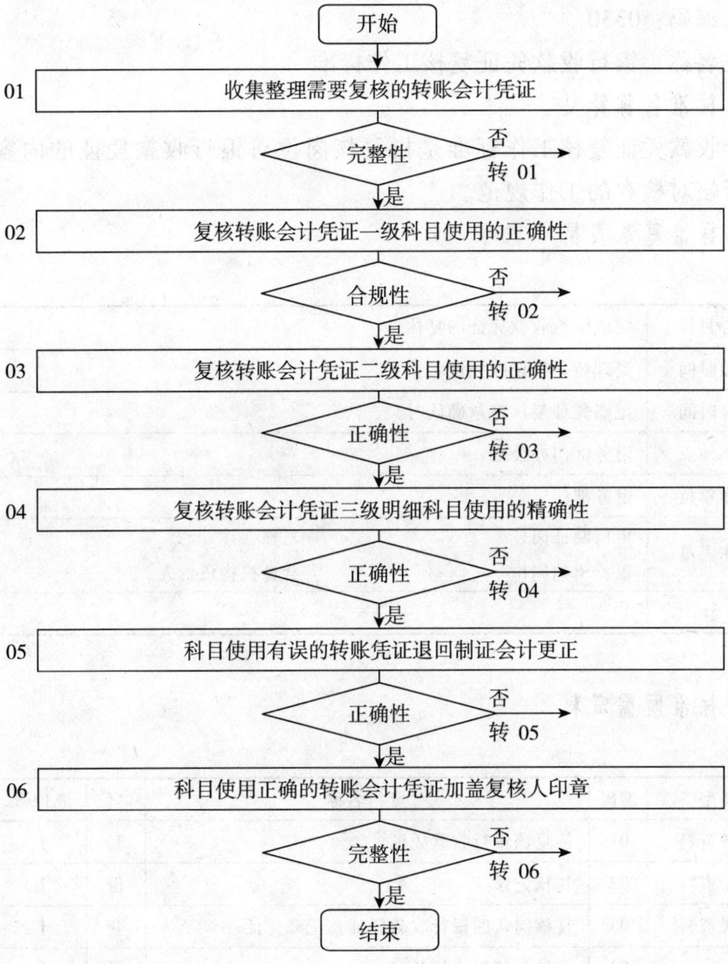
开始
01
收集整理需要复核的转账会计凭证
完整性
否
转 01
是
02
复核转账会计凭证一级科目使用的正确性
合规性
否
转 02
是
03
复核转账会计凭证二级科目使用的正确性
正确性
否
转 03
是
04
复核转账会计凭证三级明细科目使用的精确性
正确性
否
转 04
是
05
科目使用有误的转账凭证退回制证会计更正
正确性
否
转 05
是
06
科目使用正确的转账会计凭证加盖复核人印章
完整性
否
转 06
是
结束

3.2.8 银行收款凭证复核工作标准

标准编码：0330

标准名称：银行收款凭证复核工作标准

工作标准名称释义

银行收款凭证复核工作标准是指复核岗位对银行收款凭证的内容与业务内容进行核对检查的工作规范。

工作标准基本表格

工作核心目标	完成银行收款凭证的复核	
工作开始时间	受理待复核记账凭证时	
工作结束时间	记账凭证复核签章确认时	
相关工作地点	财务部门办公地	
相关工作单位	财务部门	
相关工作人员	审核制证岗位 银行出纳岗位	复核会计 会计机构负责人
备　　注		

工作标准所需资料

资料类型	编码	资料名称	单位	原件数	复印数
事前准备资料	01	待复核银行收款凭证	套	1	0
事中产生资料	02	复核记录	份	1	0
事后结果资料	03	复核确认的银行收款凭证及记账凭证	套	1	0
技术要求资料	04	会计基础工作规范	册	1	0
	05	复核制度	份	1	0

相关工作标准

标准编码	标准名称
0301	原始凭证复核工作标准
0327	记账凭证复核工作标准

工作标准流程图

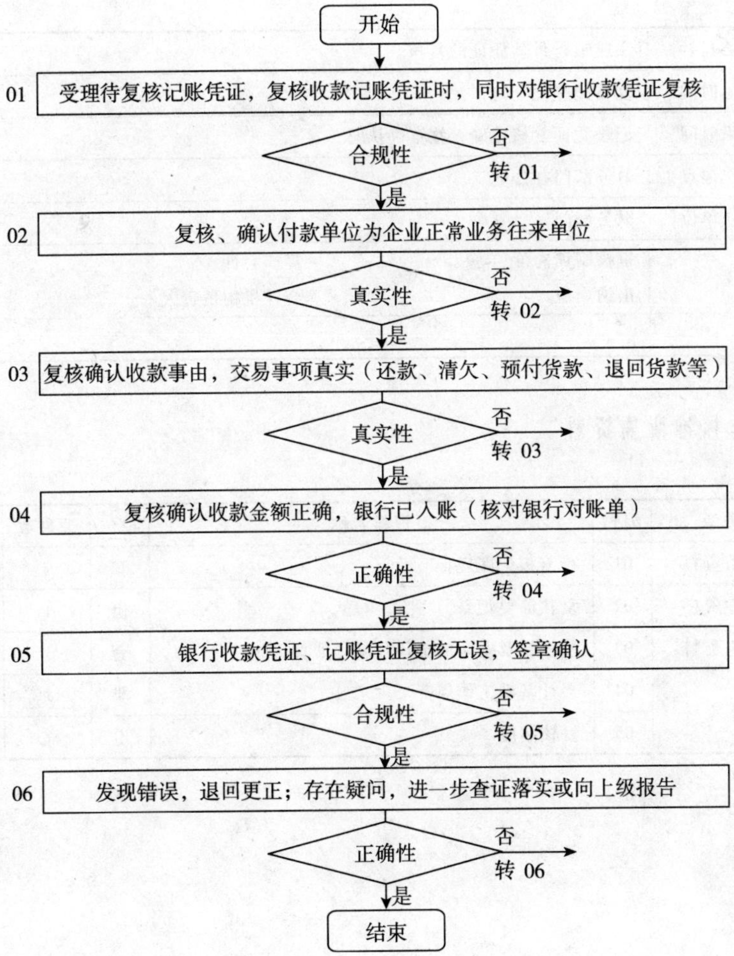

3.2.9 银行付款凭证复核工作标准

标准编码：0331

标准名称：银行付款凭证复核工作标准

工作标准名称释义

银行付款凭证复核工作标准是指复核岗位对银行付款凭证及其业务的真实性、合法性和正确性进行检查核对的工作规范。

工作标准基本表格

工作核心目标	完成银行付款凭证的复核	
工作开始时间	复核记账凭证时	
工作结束时间	记账凭证复核正确，签章确认时	
相关工作地点	财务部门办公地	
相关工作单位	财务部门	
相关工作人员	审核制证岗位 出纳岗位	复核会计 会计机构负责人
备　注		

工作标准所需资料

资料类型	编码	资料名称	单位	原件数	复印数
事前准备资料	01	待复核记账凭证	套	1	0
事中产生资料	02	复核简要记录	份	1	0
事后结果资料	03	复核签章确认的银行付款记账凭证	套	1	0
技术要求资料	04	会计基础工作规范	册	1	0
	05	复核制度	份	1	0

相关工作标准

标准编码	标准名称
0327	记账凭证复核工作标准
0330	银行收款凭证复核工作标准

工作标准流程图

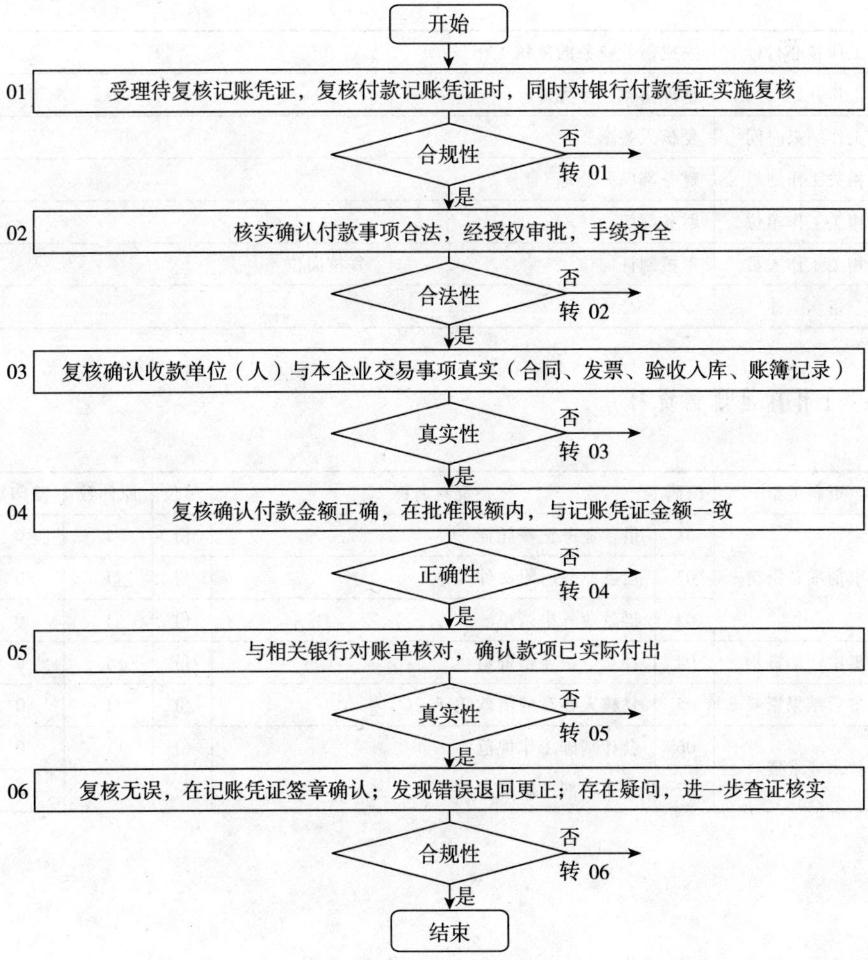

3.2.10 企业借款业务复核工作标准

标准编码：0313

标准名称：企业借款业务复核工作标准

工作标准名称释义

企业借款业务复核工作标准是指复核岗位对反映记录借款业务的记账凭证，原始凭证进行复核的工作规范。

工作标准基本表格

工作核心目标	完成借款业务的复核工作	
工作开始时间	整理借款业务凭证	
工作结束时间	复核人签章	
相关工作地点	财务部门办公地	
相关工作单位	财务部门	
相关工作人员	审核制证岗位	复核岗位
备　　注		

工作标准所需资料

资料类型	编码	资料名称	单位	原件数	复印数
事前准备资料	01	借款业务记账凭证	份	1	0
	02	借款业务所附文件	份	1	0
	03	借款业务申请单	份	1	0
事中产生资料	04	补充更正差错资料	份	1	0
事后结果资料	05	复核人签章的借款凭证	份	1	0
技术要求资料	06	会计基础工作规范	份	1	0
	07	企业内部控制基本规范	份	1	0

相关工作标准

标准编码	标准名称
0301	原始凭证复核工作标准
0302	复核制度建立工作标准

工作标准流程图

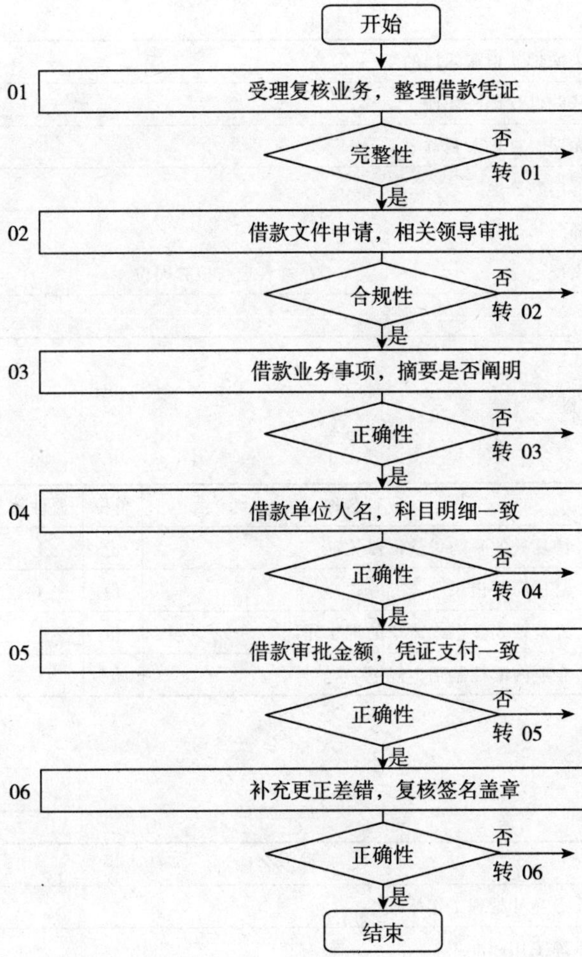

3.2.11　采购付款记账凭证复核工作标准

标准编码：0318

标准名称：采购付款记账凭证复核工作标准

工作标准名称释义

采购付款记账凭证复核工作标准是指复核岗位对审核制证岗位转来的采购付款记账凭证实施复核程序的工作规范。

工作标准基本表格

工作核心目标	完成采购付款记账凭证的复核	
工作开始时间	收到采购付款记账凭证	
工作结束时间	复核无误、复核人签章	
相关工作地点	财务部门办公地	
相关工作单位	财务部门	
相关工作人员	复核岗位	存货管理与核算岗位
备　　注		

工作标准所需资料

资料类型	编码	资料名称	单位	原件数	复印数
事前准备资料	01	待复核的采购付款记账凭证	份	1	0
事中产生资料	02	复核简要记录	份	1	0
事后结果资料	03	经复核人签字或盖章的记账凭证	份	1	0
技术要求资料	04	企业内部控制基本规范	份	1	0

相关工作标准

标准编码	标准名称
01	采购业务会计处理工作标准
02	采购入库工作标准

工作标准流程图

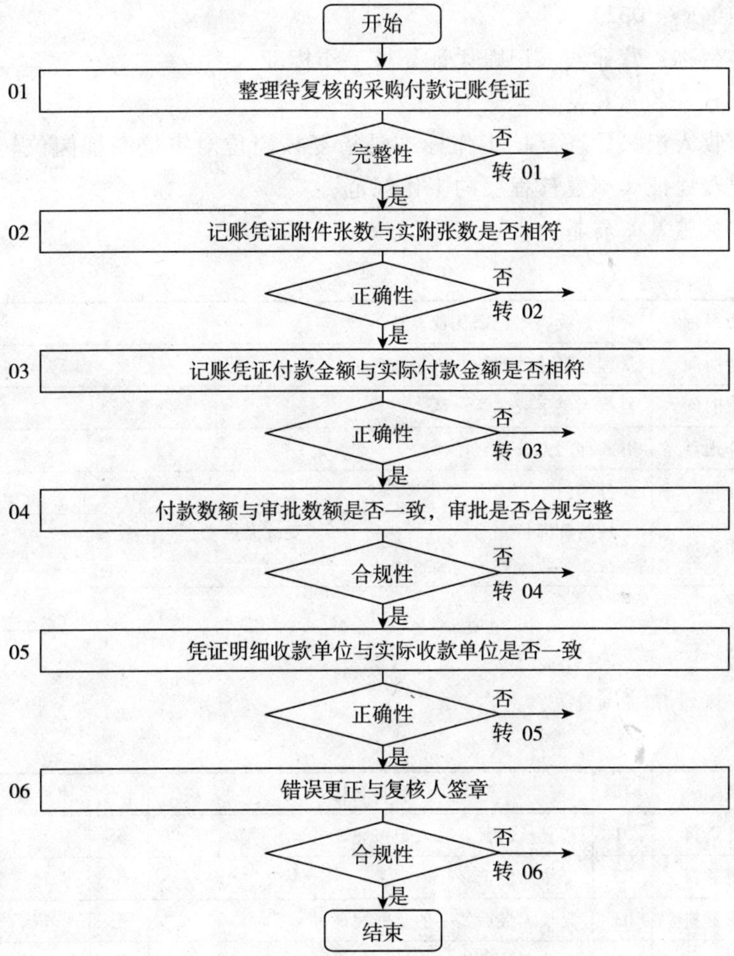
开始
01
整理待复核的采购付款记账凭证
完整性
否
转 01
是
02
记账凭证附件张数与实附张数是否相符
正确性
否
转 02
是
03
记账凭证付款金额与实际付款金额是否相符
正确性
否
转 03
是
04
付款数额与审批数额是否一致，审批是否合规完整
合规性
否
转 04
是
05
凭证明细收款单位与实际收款单位是否一致
正确性
否
转 05
是
06
错误更正与复核人签章
合规性
否
转 06
是
结束

3.2.12 营业收入记账凭证复核工作标准

标准编码：0325

标准名称：营业收入记账凭证复核工作标准

工作标准名称释义

营业收入记账凭证复核工作标准是指复核岗位对审核制证岗位转来的营业收入记账凭证实施复核程序的工作规范。

工作标准基本表格

工作核心目标	完成营业收入记账凭证复核
工作开始时间	受理待复核的营业收入记账凭证
工作结束时间	复核人签字或盖章确认
相关工作地点	财务部门办公地
相关工作单位	财务部门
相关工作人员	审核制证岗位　　复核岗位 主营业务收入管理与核算岗位
备　注	

工作标准所需资料

资料类型	编码	资料名称	单位	原件数	复印数
事前准备资料	01	待复核的营业收入记账凭证	份	1	0
事中产生资料	02	复核简要记录	份	1	0
事后结果资料	03	复核无误后签字的记账凭证	份	1	0
技术要求资料	04	企业会计准则	份	1	0
	05	企业财务通则解读	份	1	0

相关工作标准

标准编码	标准名称
01	主营业务收入确认工作标准

工作标准流程图

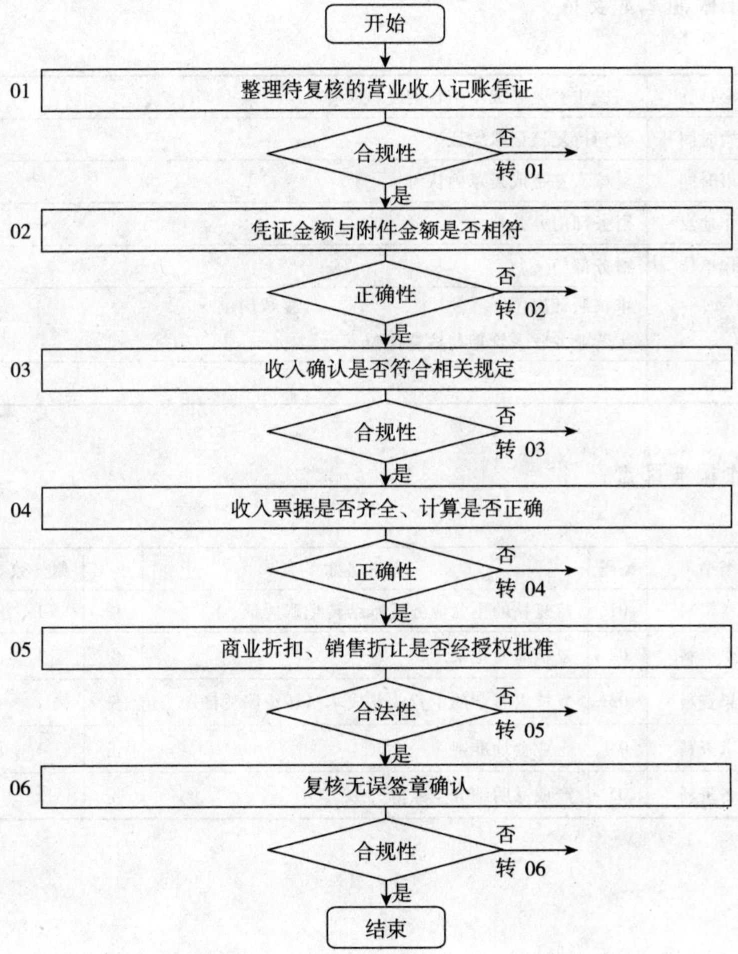

3.2.13 主营业务成本结转记账凭证复核工作标准

标准编码：0326

标准名称：主营业务成本结转记账凭证复核工作标准

工作标准名称释义

主营业务成本结转记账凭证复核工作标准是指复核岗位对审核制证岗位转来的结转主营业务成本记账凭证实施复核程序的工作规范。

工作标准基本表格

工作核心目标	完成主营业务成本结转的复核工作
工作开始时间	接到待复核记账凭证
工作结束时间	复核人签字或盖章确认时
相关工作地点	财务部门办公地
相关工作单位	财务部门
相关工作人员	审核制证岗位　　复核岗位 主营业务收入管理与核算岗位
备　　注	

工作标准所需资料

资料类型	编码	资料名称	单位	原件数	复印数
事前准备资料	01	待复核的主营业务成本结转记账凭证	份	1	0
事中产生资料	02	复核简要记录	份	1	0
事后结果资料	03	复核人签章的主营业务成本结转记账凭证	份	1	0
技术要求资料	04	企业会计准则	份	1	0
事前准备资料	05	产成品明细分类账簿	份	1	0

相关工作标准

标准编码	标准名称
1203	存货实际成本核算工作标准

工作标准流程图

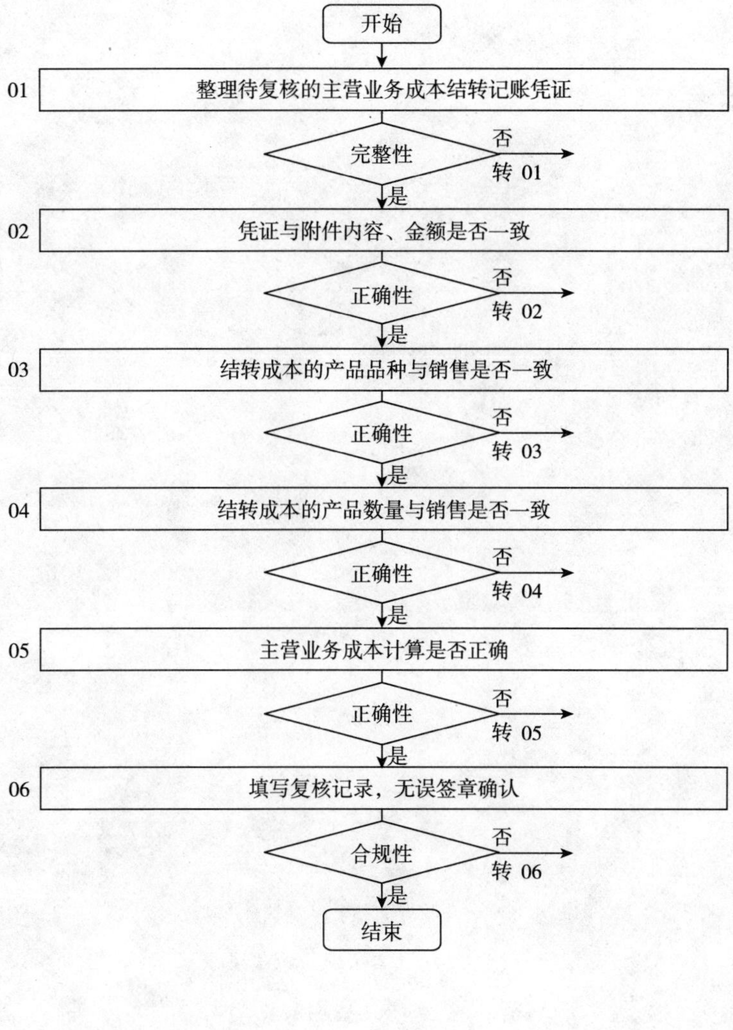

第4章　总账与报表工作标准

总账与报表工作标准是指根据审核制证岗位编制的记账凭证，完成账簿登记和会计报表编制以及对外报出财务报告的工作规范。为了提高总账与报表工作质量，必须加强建设总账与报表工作标准。建立总账与报表工作标准，对于做好总账与报表的各项具体工作具有重要的指导意义。

4.1　总账与报表基础工作

4.1.1　总账与报表工作岗位

总账与报表工作岗位是在财务部门设立的依据记账凭证完成账簿登记、期末结账、对账、会计报表编制、定期对外报出财务报告的工作岗位。无论企业生产过程复杂还是简单、规模大还是小，企业一般都应设置总账与报表岗位。

基于会计手工业务处理模式来说，企业财会部门账务处理工作和报表编制工作差别很大，无论是工作内容还是工作形式都有很大差别，是两个不同的岗位；而基于会计电算化处理模式来说，账务处理工作和报表编制工作差别已经很小了，或者说由于计算机的应用，两者工作内容都由计算机处理，可以合并为一个岗位。

4.1.2　总账与报表工作人员

总账与报表工作业务全面、对总账与报表人员基本业务素质和工作能力要求很高。既然要求总账与报表人员能够总体把握和反映企业经营工作，就要要求其通晓企业会计核算知识，具有组织协调能力、公文报告编写能力、报表分析能力，熟悉统计报表的填报规则，熟悉国家财经法律法规和税收政策及相关账务的处理方法，才能保证总账登记及时率、总账登记准确率、财务报表编制差错率、结账与对账工作差错率、产权登记年检资料上报及时率以及财务报告出现核算误差的项目及项目数、重要信息遗失情况（否决性指标）、统计报表出现系统认可外的统计误差率、财务报表编制与报送及时率等等都在许可范围之内。

根据企业情况，该岗位应由具有管理、财经等相关专业本科以上学历，系统掌握会计核算知识，熟悉会计准则及财会制度，熟悉企业经营内容和目标，具有高级会计师职称，思维清晰、敏捷，逻辑分析能力强，具备高度的工作责任感和敬业精神，有良好的职业操守、掌握总账和报表岗位工作标准的同志担任。

4.1.3 总账与报表工作的主要内容

总账与报表工作涉及的内容比较多，但是归纳起来包括涉及总账的相关内容和涉及报表的相关内容两方面。总账与报表工作的主要内容包括：

登记账簿工作是指审核记账凭证，编制转账凭证工作，负责汇总并据实登记各类明细账；根据审核无误的记账凭证汇总表登记总账；月底负责结转各项期间费用及损益类凭证，负责企业管理费用、销售费用、财务费用的明细核算与控制；负责登记主营业务收入、主营业务成本、主营业务税金及附加明细账，并核对手工账与财务电脑账并保证一致；定期对总账与各类明细账进行结账，并进行总账与明细账的对账，保证账账相符。

报表工作内容包括每月分析企业生产费用、管理费用、销售费用、财务费用的支出情况，分析销售收入、补贴收入情况以及各项经营指标的完成情况，编制各种会计报表，编写会计报表附注，正确核算与反映企业经营活动成果，参与编制企业内部控制报表，进行财务报表分析，上报高层管理人员及报表应用部门，为企业持续改进管理提供依据，为高层领导的经营决策提供依据；编制财务报告和相关财经文件，完成企业税金申报表的编制和审核，按期申报；为企业投融资及企业基础资料汇编工作提供财务数据、合并会计报表等，为企业预算编制及管理提供财务数据，为统计人员提供相关财务数据，为外部审计工作提供各明细账情况表及相关审计资料，收集资产产权登记年检数据，填制资产产权登记年检相关资料并按时上报，参与建立企业工作标准体系和企业内部控制制度等。

4.1.4　总账与报表工作思路导图

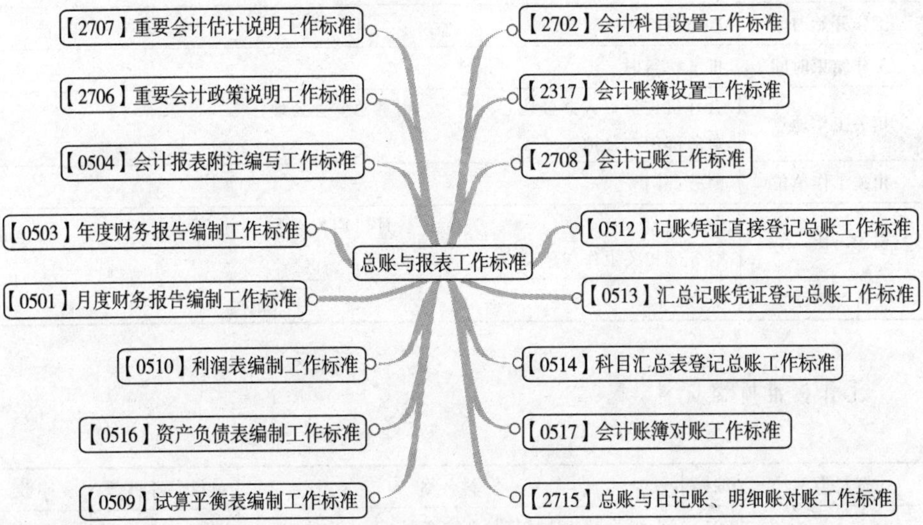

图4－1　总账与报表工作思路导图

4.2　总账与报表岗位工作标准

4.2.1　会计科目设置工作标准

标准编码：2702

标准名称：会计科目设置工作标准

工作标准名称释义

会计科目设置工作标准是指：会计机构负责人依据《企业会计准则》、《企业财务通则》相关规定，结合企业内部核算及管理需要，进行会计科目设置，建立核算账套的工作规范。

工作标准基本表格

工作核心目标	完成企业会计科目的设置
工作开始时间	准备资料
工作结束时间	批准执行时
相关工作地点	会计机构负责人办公地　　财务总监办公地 财务部门办公地
相关工作单位	财务部门
相关工作人员	财务总监　　会计机构负责人 财务部相关工作岗位
备　　注	

工作标准所需资料

资料类型	编码	资料名称	单位	原件数	复印数
事前准备资料	01	上级关于会计核算的要求资料	份	1	0
	02	企业经营核算需求调查资料	份	1	0
事中产生资料	03	会计科目设置方案	份	1	0
事后结果资料	04	经过审批的会计科目明细表	份	1	0
技术要求资料	05	企业会计准则	份	1	0
	06	企业会计基础工作规范	份	1	0

工作标准流程图

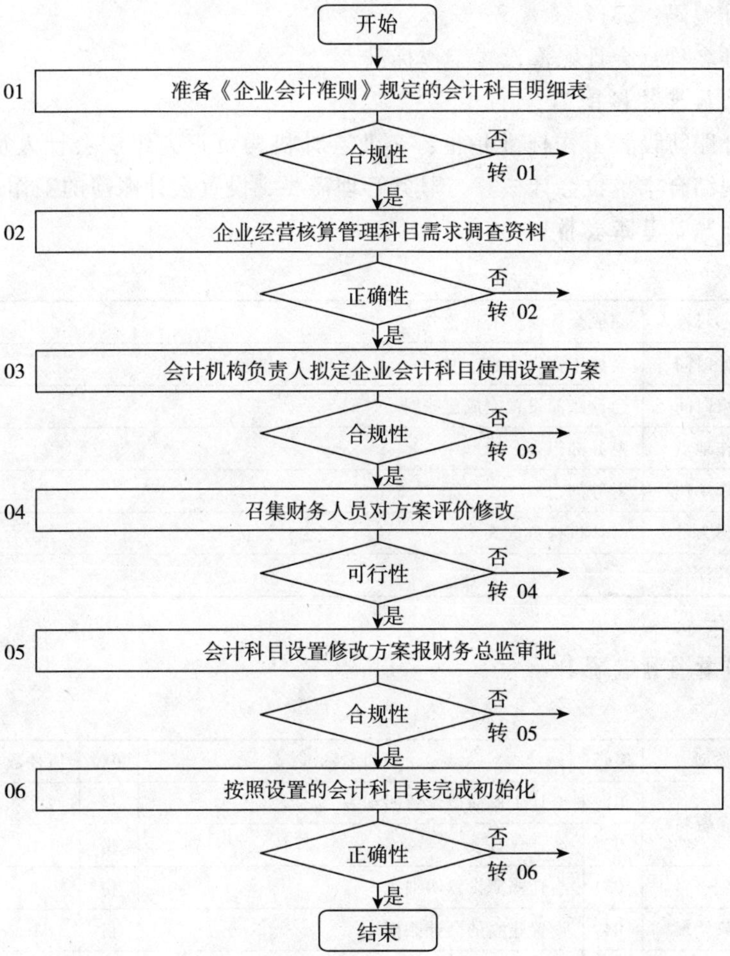
开始
01
准备《企业会计准则》规定的会计科目明细表
合规性
否
转 01
是
02
企业经营核算管理科目需求调查资料
正确性
否
转 02
是
03
会计机构负责人拟定企业会计科目使用设置方案
合规性
否
转 03
是
04
召集财务人员对方案评价修改
可行性
否
转 04
是
05
会计科目设置修改方案报财务总监审批
合规性
否
转 05
是
06
按照设置的会计科目表完成初始化
正确性
否
转 06
是
结束

4.2.2 会计账簿设置工作标准

标准编码：2317

标准名称：会计账簿设置工作标准

工作标准名称释义

会计账簿设置工作标准是指：企业会计机构负责人组织会计人员，依据会计法规结合本单位会计核算与财务管理需要、设置会计账簿的工作规范。

工作标准基本表格

工作核心目标	完成会计账簿的设置
工作开始时间	会计工作岗位确定时
工作结束时间	会计账簿设置完成建账时
相关工作地点	财务部门办公地
相关工作单位	财务部门
相关工作人员	会计机构负责人　　　　　会计人员
备　注	

工作标准所需资料

资料类型	编码	资料名称	单位	原件数	复印数
事前准备资料	01	会计工作岗位设置明细表	份	1	0
	02	会计科目表	份	1	0
事中产生资料	03	会计账簿设置明细表	份	1	0
事后结果资料	04	设置建立的会计账簿	份	1	0
技术要求资料	05	会计法	份	1	0
	06	会计基础工作规范	份	1	0

相关工作标准

标准编码	标准名称
01	会计工作岗位设置工作标准

工作标准流程图

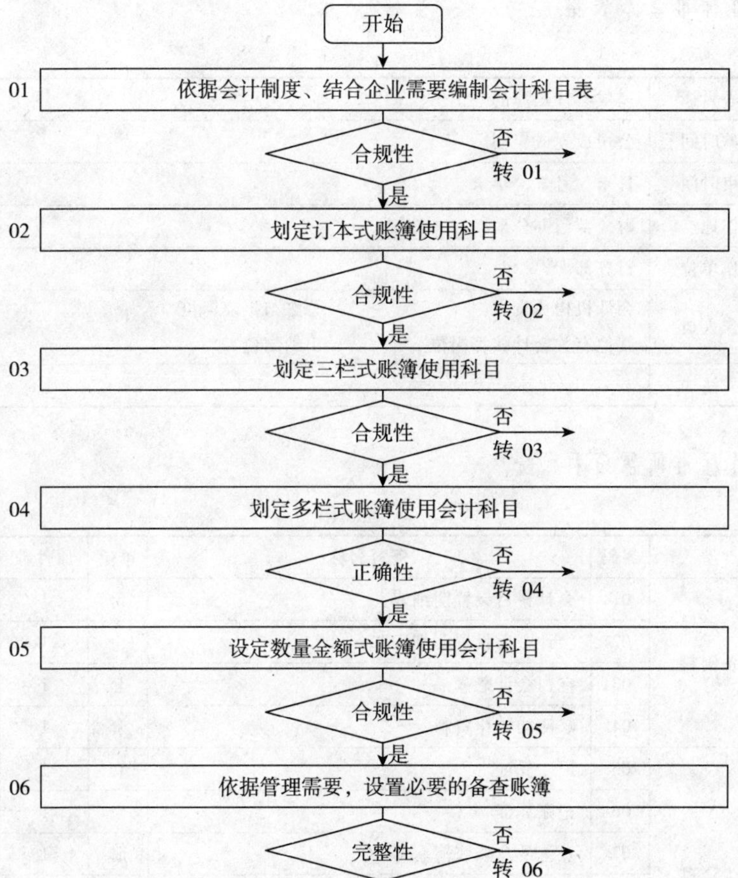

4.2.3 会计记账工作标准

标准编码：2708

标准名称：会计记账工作标准

工作标准名称释义

会计记账工作标准是指：相关会计岗位依照会计制度与企业核算需要设置及启用会计账簿、编制及复核记账凭证、登账、结账的工作规范。

工作标准基本表格

工作核心目标	完成会计账簿的登记工作	
工作开始时间	公司成立或年初	
工作结束时间	日末、月末、年末	
相关工作地点	财务部门办公地	
相关工作单位	财务部	
相关工作人员	会计机构负责人 其他有关会计核算岗位	总账与报表岗位 出纳岗位
备　　注		

工作标准所需资料

资料类型	编码	资料名称	单位	原件数	复印数
事前准备资料	01	会计科目设置明细表	份	1	1
	02	会计账簿设置明细表	份	1	1
	03	空白会计账簿	套	1	1
	04	账簿初始化资料	套	1	1
事中产生资料	05	原始凭证	套	1	1
	06	记账凭证	份	1	0
	07	登记的总账账簿	册	1	0
	08	登记的明细账簿	套	1	0
	09	登记的现金日记账簿	本	1	0
	10	登记的银行存款日记账簿	册	1	0

续表

资料类型	编码	资料名称	单位	原件数	复印数
事后结果资料	11	登记结转的总账账簿	册	1	0
	12	登记结转的明细账簿	套	1	0
	13	登记结转的现金日记账簿	册	1	0
	14	登记结转的银行存款日记账簿	册	1	0
技术要求资料	15	企业会计准则	本	1	0
	16	会计基础工作规范	册	1	0

相关工作标准

标准编码	标准名称
01	会计科目设置工作标准

工作标准流程图

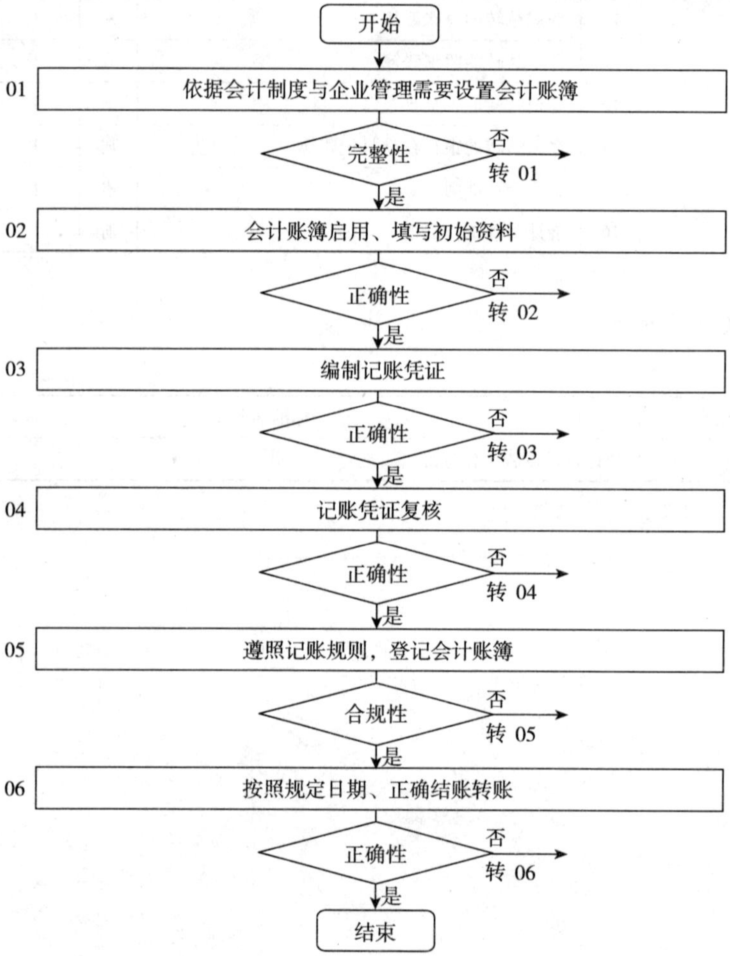
开始
01
依据会计制度与企业管理需要设置会计账簿
完整性
否
转 01
是
02
会计账簿启用、填写初始资料
正确性
否
转 02
是
03
编制记账凭证
正确性
否
转 03
是
04
记账凭证复核
正确性
否
转 04
是
05
遵照记账规则，登记会计账簿
合规性
否
转 05
是
06
按照规定日期、正确结账转账
正确性
否
转 06
是
结束

4.2.4　记账凭证直接登记总账工作标准

标准编码：0512

标准名称：记账凭证直接登记总账工作标准

工作标准名称释义

记账凭证直接登记总账工作标准是指总账与报表岗位根据企业记账凭证量等核算规模选用记账凭证直接登记总分类账的工作规范。

工作标准基本表格

工作核心目标	完成总分类账的登记	
工作开始时间	记账凭证编制并经复核后	
工作结束时间	总分类账登记完成时	
相关工作地点	财务部门办公地	
相关工作单位	财务部门	
相关工作人员	审核制证岗位 总账与报表岗位	会计机构负责人 复核岗位
备　　注		

工作标准所需资料

资料类型	编码	资料名称	单位	原件数	复印数
事前准备资料	01	总分类账	份	1	0
	02	记账凭证	份	1	0
	03	经复核人签章确认的记账凭证	份	1	0
事中产生资料	04	总账登记记录	份	1	0
事后结果资料	05	登记正确的总分类账	册	1	0
技术要求资料	06	会计基础工作规范	份	1	0
	07	企业会计制度	份	1	0

相关工作标准

标准编码	标准名称
0513	选用汇总记账凭证登记总账工作标准

工作标准流程图

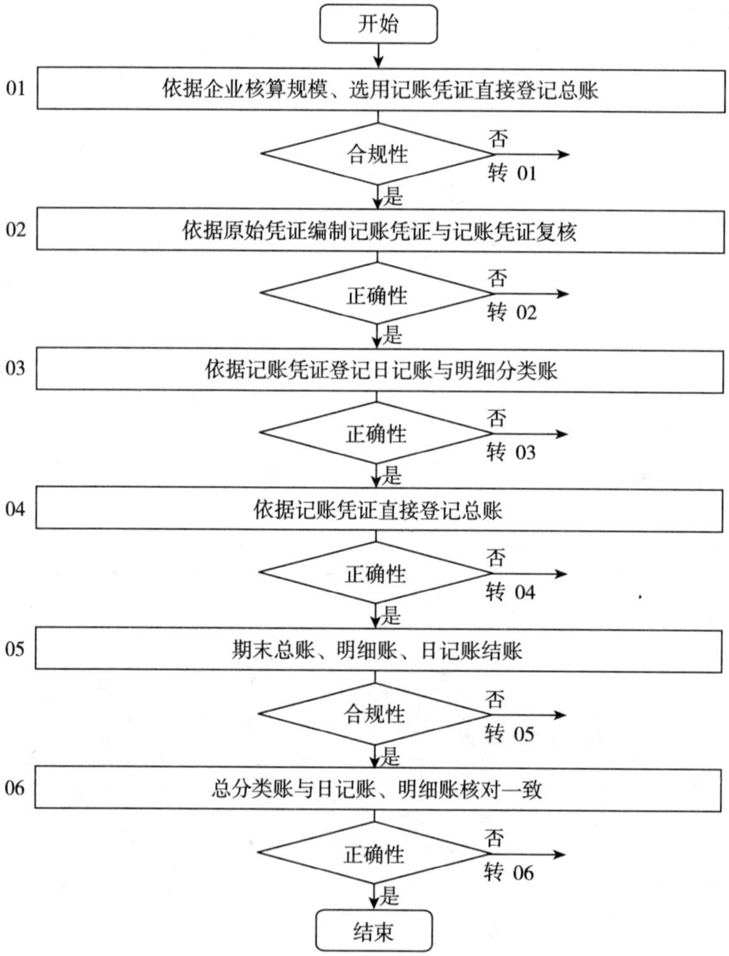

4.2.5　汇总记账凭证登记总账工作标准

标准编码：0513

标准名称：汇总记账凭证登记总账工作标准

工作标准名称释义

汇总记账凭证登记总账工作标准是指总账与报表岗位根据企业核算规模，选用汇总记账凭证登记总分类账的工作规范。

工作标准基本表格

工作核心目标	完成总分类账的登记
工作开始时间	编制汇总记账凭证
工作结束时间	总分类账与明细账、日记账核对相符
相关工作地点	财务部门办公地
相关工作单位	财务部门
相关工作人员	审核制证岗位　　复核岗位 总账与报表岗位
备　注	

工作标准所需资料

资料类型	编码	资料名称	单位	原件数	复印数
事前准备资料	01	总分类账簿	册	1	0
	02	明细分类账簿与日记账簿	册	3	1
事中产生资料	03	记账凭证	份	1	1
	04	汇总记账凭证	份	1	0
事后结果资料	05	已登记的总分类账	份	1	0
技术要求资料	06	会计基础工作规范	份	1	0
	07	企业会计制度	份	1	0

相关工作标准

标准编码	标准名称
0512	选用记账凭证登记总账工作标准
0514	选用科目汇总表登记总账工作标准

工作标准流程图

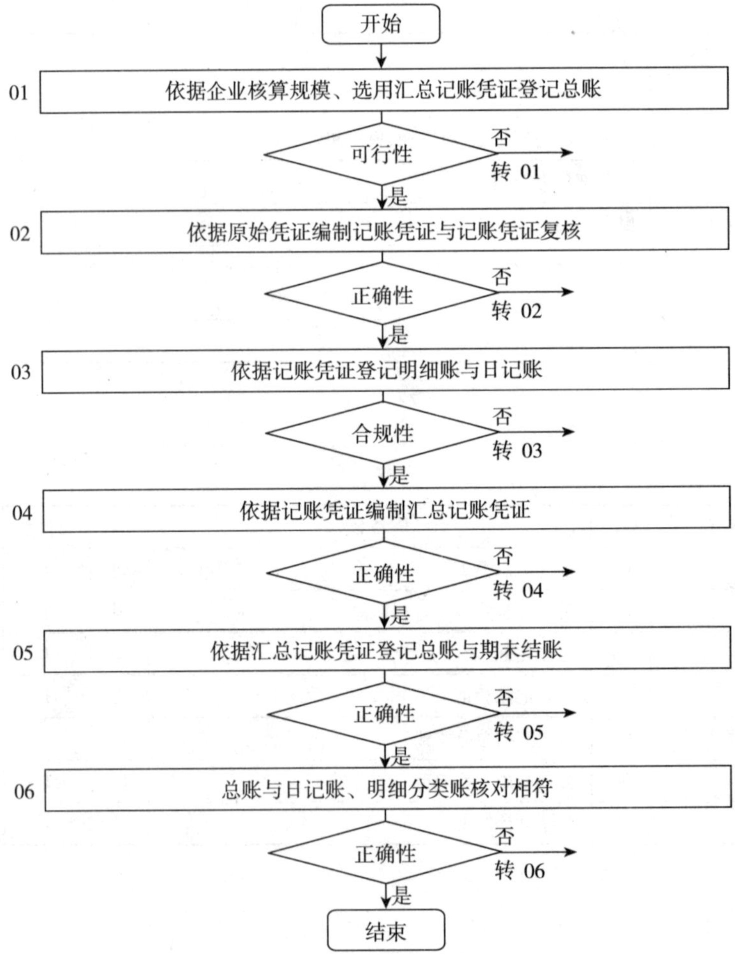

4.2.6 科目汇总表登记总账工作标准

标准编码：0514

标准名称：科目汇总表登记总账工作标准

工作标准名称释义

科目汇总表登记总账工作标准是指总账与报表岗位根据企业核算规模选用科目汇总表登记总分类账的工作规范。

工作标准基本表格

工作核心目标	完成总分类账登记	
工作开始时间	编制记账凭证	
工作结束时间	总分类账与日记账、明细分类账核对相符	
相关工作地点	财务部门办公地	
相关工作单位	财务部门	
相关工作人员	审核制证岗位 总账与报表岗位	复核岗位
备　　注		

工作标准所需资料

资料类型	编码	资料名称	单位	原件数	复印数
事前准备资料	01	明细分类账簿与日记账簿	册	3	0
	02	总分类账簿	册	1	0
事中产生资料	03	编制并经复核的记账凭证	套	1	0
	04	编制的科目汇总表	份	1	0
事后结果资料	05	登记的总分类账	份	1	0
技术要求资料	06	会计基础工作规范	份	1	0
	07	企业会计制度			

相关工作标准

标准编码	标准名称
0512	记账凭证直接登记总分类账工作标准
0513	汇总记账凭证登记总分类账工作标准

工作标准流程图

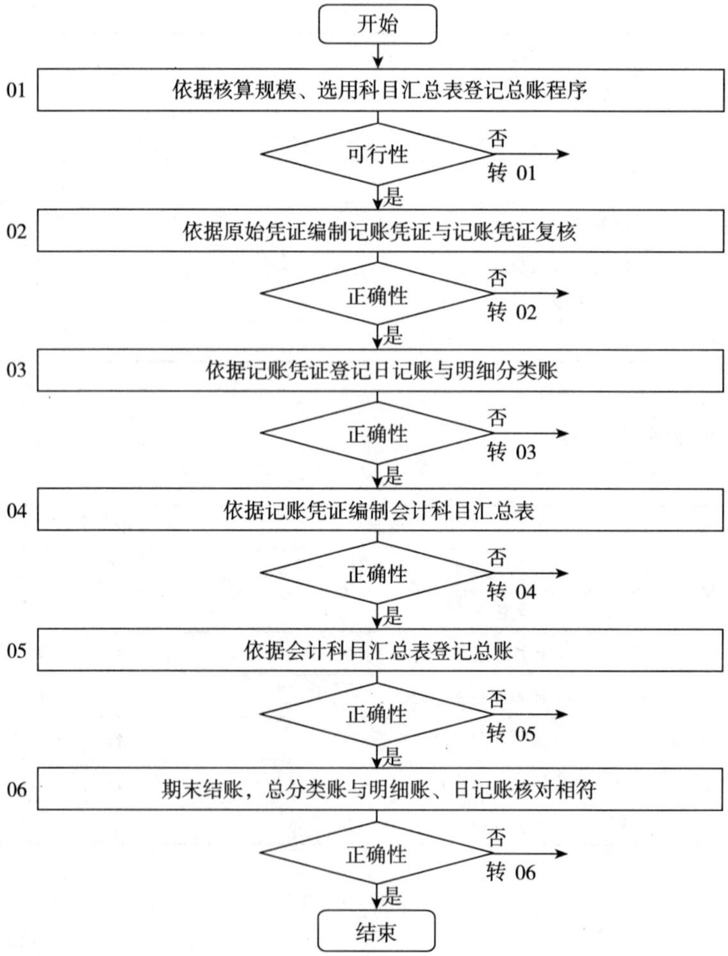

4.2.7 会计账簿对账工作标准

标准编码：0517

标准名称：会计账簿对账工作标准

工作标准名称释义

会计账簿对账工作标准是指财会人员在企业会计核算中，为保证账簿记录正确可靠，在一定会计期间（日、周、月、季、年）对总账、明细账、辅助账、日记账等账簿记录有关数据进行检查核对的工作规范。

工作标准基本表格

工作核心目标	完成会计账簿对账
工作开始时间	期末
工作结束时间	对账完毕，账证、账账、账实相符
相关工作地点	存货管理部门办公地　固定资产使用部门办公地 固定资产管理部门办公地　无形资产管理部门办公地 财务部门办公地
相关工作单位	存货管理部门　固定资产管理部门 固定资产使用部门　无形资产管理部门 财务部门
相关工作人员	会计机构负责人　总账与报表岗位 银行出纳岗位　明细账管理与核算岗位 固定资产管理与核算岗位　资产管理员　辅助账管理与核算岗位
备　注	

工作标准所需资料

资料类型	编码	资料名称	单位	原件数	复印数
事前准备资料	01	会计记账凭证	套	1	0
	02	会计记账凭证汇总表	套	1	1
	03	总分类账	套	1	0
	04	现金日记账	套	1	0
	05	银行存款日记账	套	1	0

续表

资料类型	编码	资料名称	单位	原件数	复印数
事前准备资料	06	往来明细账	套	1	0
	07	资产明细账	套	1	0
	08	辅助明细账	套	1	0
	09	资产负债表	份	1	1
事中产生资料	10	账簿核对记录	套	1	0
事后结果资料	11	账簿核对表及差错处理记录	份	1	0
技术要求资料	12	会计基础工作规范	本	1	1

相关工作标准

标准编码	标准名称
0515	总账与日记账、明细账对账工作标准

工作标准流程图

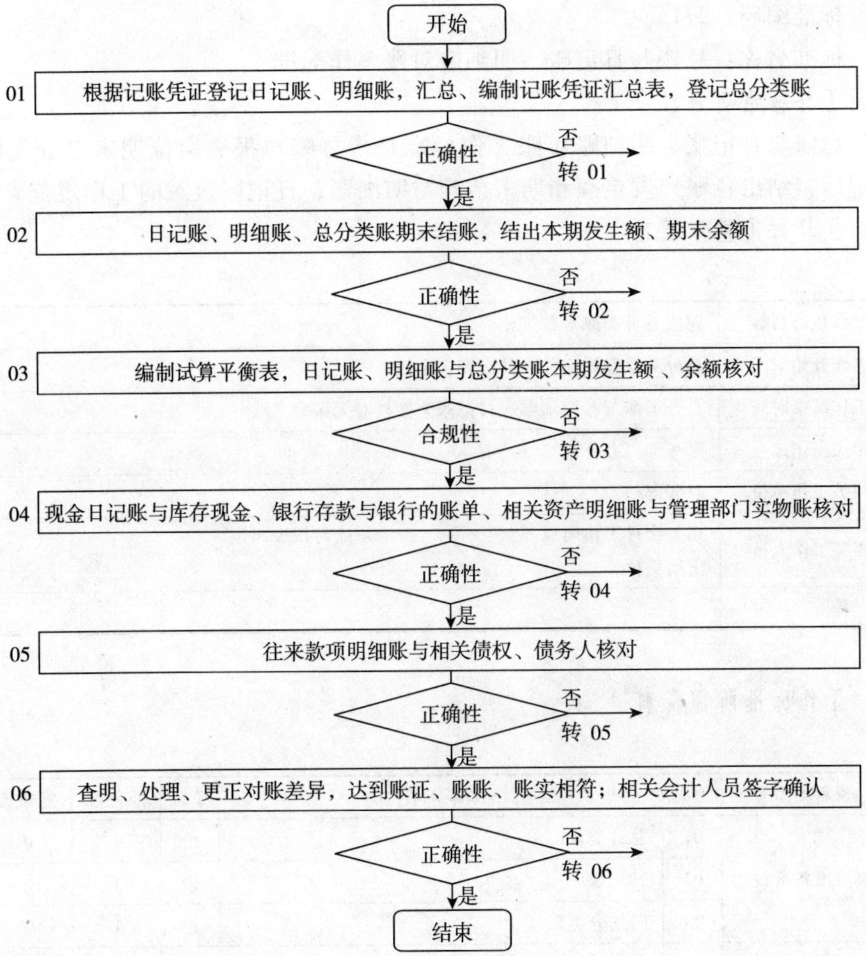
开始
01
根据记账凭证登记日记账、明细账，汇总、编制记账凭证汇总表，登记总分类账
正确性
否
转 01
是
02
日记账、明细账、总分类账期末结账，结出本期发生额、期末余额
正确性
否
转 02
是
03
编制试算平衡表，日记账、明细账与总分类账本期发生额、余额核对
合规性
否
转 03
是
04
现金日记账与库存现金、银行存款与银行的账单、相关资产明细账与管理部门实物账核对
正确性
否
转 04
是
05
往来款项明细账与相关债权、债务人核对
正确性
否
转 05
是
06
查明、处理、更正对账差异，达到账证、账账、账实相符；相关会计人员签字确认
正确性
否
转 06
是
结束

4.2.8 总账与日记账、明细账对账工作标准

标准编码：2715

标准名称：总账与日记账、明细账对账工作标准

工作标准名称释义

总账与日记账、明细账对账工作标准是指总账与报表岗位期末总分类账登记后，结出各账户发生额和期末余额与明细账、日记账核对的工作规范。

工作标准基本表格

工作核心目标	完成总分类账对账工作
工作开始时间	总分类账登记完成，结出期末余额
工作结束时间	总分类账与各明细账、日记账余额核对无误时
相关工作地点	财务部门办公地
相关工作单位	财务部门
相关工作人员	相关会计工作岗位　　总账与报表岗位 出纳岗位
备　　注	

工作标准所需资料

资料类型	编码	资料名称	单位	原件数	复印数
事前准备资料	01	总分类账	份	1	0
	02	日记账	份	1	0
	03	明细分类账	份	1	0
事中产生资料	04	试算平衡表	份	1	0
事后结果资料	05	期末核对相符的总分类账、明细账、日记账	套	1	0
	06	核对相符相关会计岗位签章的试算平衡表	份	1	0
技术要求资料	07	会计基础工作规范	份	1	0
	08	企业会计制度	份	1	0

相关工作标准

标准编码	标准名称
01	选用记账凭证登记总账工作标准
02	选用汇总记账凭证登记总账工作标准
03	选用科目汇总表登记总账工作标准

工作标准流程图

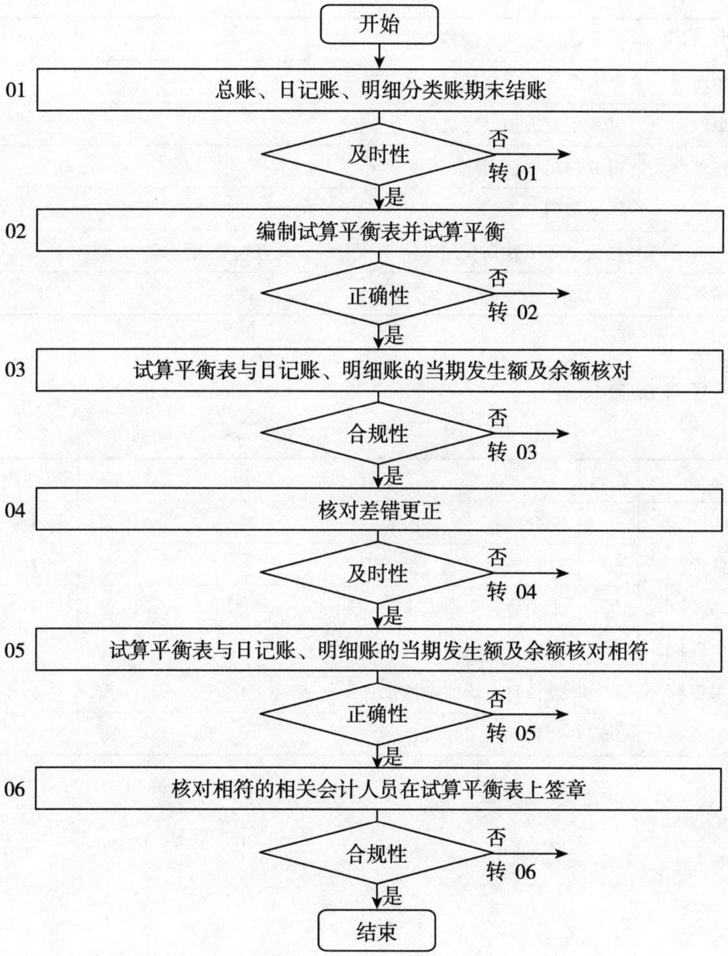

4.2.9 试算平衡表编制工作标准

标准编码：0509

标准名称：试算平衡表编制工作标准

工作标准名称释义

试算平衡表编制工作标准是指总账与报表岗位月末编制会计试算平衡表的工作规范。

工作标准基本表格

工作核心目标	完成试算平衡表的编制	
工作开始时间	月末账簿登记完毕	
工作结束时间	试算平衡表编制完成时	
相关工作地点	财务部门办公地	
相关工作单位	财务部门	
相关工作人员	相关会计工作岗位	总账与报表岗位
备　注		

工作标准所需资料

资料类型	编码	资料名称	单位	原件数	复印数
事前准备资料	01	总分类账	册	1	0
	02	日记账与明细分类账簿	套	1	0
	03	上期试算平衡表	份	1	0
事中产生资料	04	本期试算平衡表	份	1	0
事后结果资料	05	经核对正确的本期试算平衡表	份	1	0
技术要求资料	06	会计基础工作规范	份	1	0

相关工作标准

标准编码	标准名称
0503	年度财务报告编制工作标准

工作标准流程图

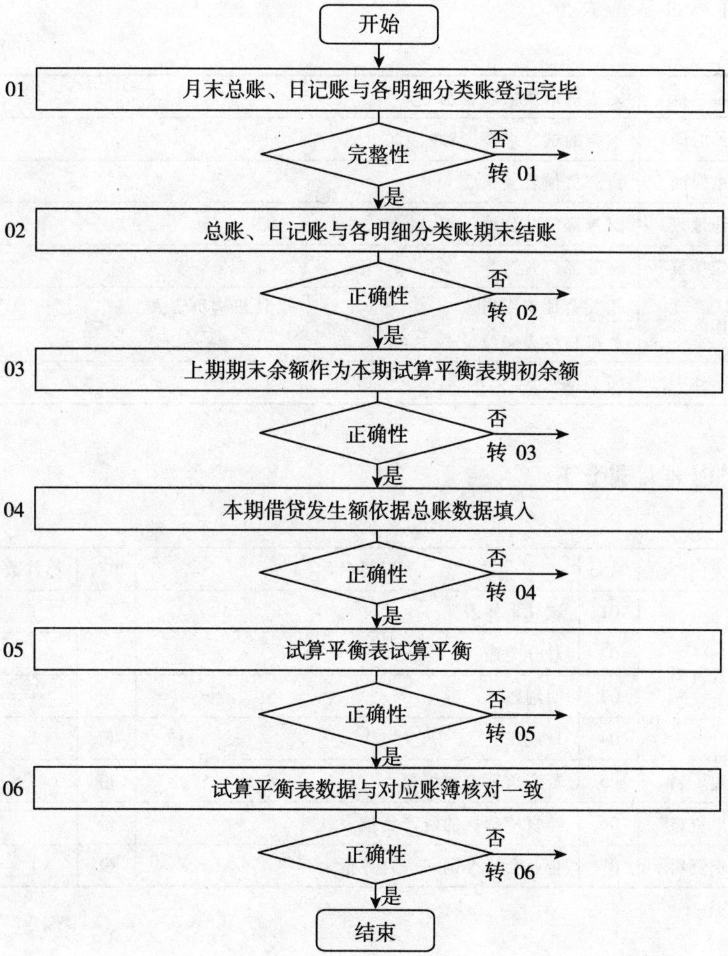

4.2.10 资产负债表编制工作标准

标准编码：0516

标准名称：资产负债表编制工作标准

工作标准名称释义

资产负债表编制工作标准是指总账与报表岗位在期末登记总账、结账、对账后，在编制试算平衡表基础上编制资产负债表的工作规范。

工作标准基本表格

工作核心目标	完成资产负债表编制	
工作开始时间	编制的试算平衡表对账无误时	
工作结束时间	资产负债表复核后	
相关工作地点	财务部门办公地	
相关工作单位	财务部门	
相关工作人员	相关会计工作岗位 总账与报表岗位	会计机构负责人
备　注		

工作标准所需资料

资料类型	编码	资料名称	单位	原件数	复印数
事前准备资料	01	试算平衡表	份	1	0
	02	总分类账	份	1	0
	03	明细账	份	1	0
	04	日记账	份	1	0
事中产生资料	05	资产负债表初稿	份	1	0
事后结果资料	06	经复核确认的资产负债表	份	1	0
技术要求资料	07	企业会计准则——财务报表列报	份	1	0

相关工作标准

标准编码	标准名称
0501	月度财务报告编制工作标准
0503	年度财务报告编制工作标准

工作标准流程图

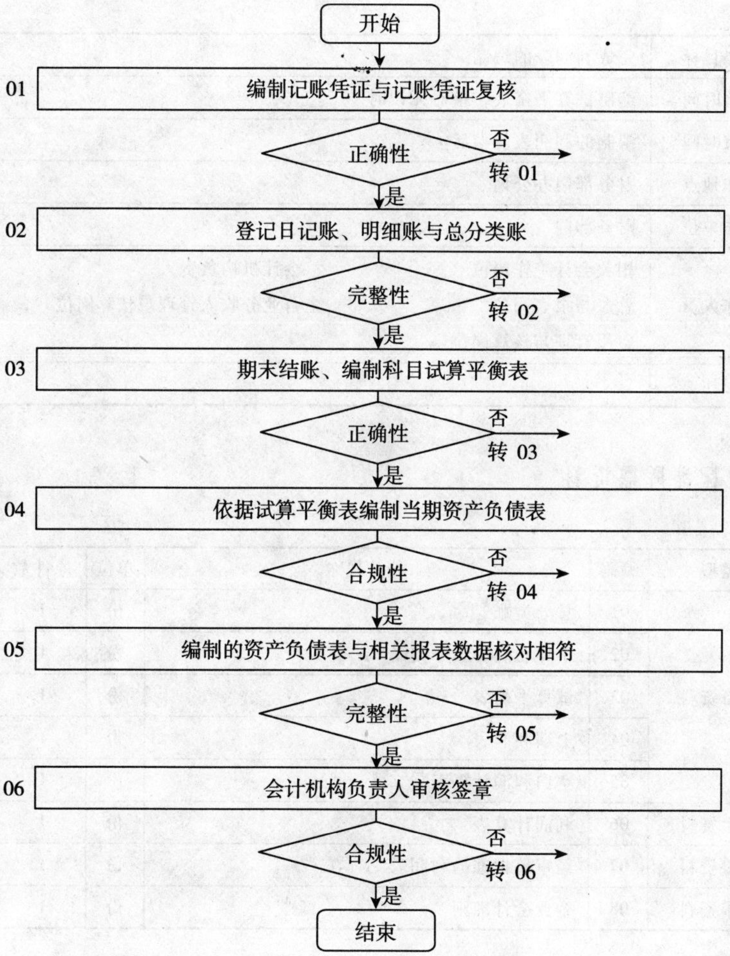

4.2.11 利润表编制工作标准

标准编码：0510

标准名称：利润表编制工作标准

工作标准名称释义

利润表编制工作标准是指总账与报表岗位在期末登记总账、结账、对账无误的基础上编制利润表的工作规范。

工作标准基本表格

工作核心目标	完成利润表的编制
工作开始时间	编制试算平衡表，核对无误时
工作结束时间	编制的利润表复核后
相关工作地点	财务部门办公地
相关工作单位	财务部门
相关工作人员	相关会计工作岗位　会计机构负责人 总账与报表岗位　主营业务收入管理与核算岗位 费用管理与核算岗位
备　注	

工作标准所需资料

资料类型	编码	资料名称	单位	原件数	复印数
事前准备资料	01	总分类账	份	1	0
	02	本年利润明细分类账	份	1	0
	03	试算平衡表	份	1	0
	04	上期利润表	份	1	0
	05	空白利润计算表	份	1	1
事中产生资料	06	利润计算表	份	1	0
事后结果资料	07	经审核批准的利润表	份	1	0
技术要求资料	08	企业会计准则	份	1	0

相关工作标准

标准编码	标准名称
0501	月度财务报告编制工作标准
0503	年度财务报告编制工作标准

工作标准流程图

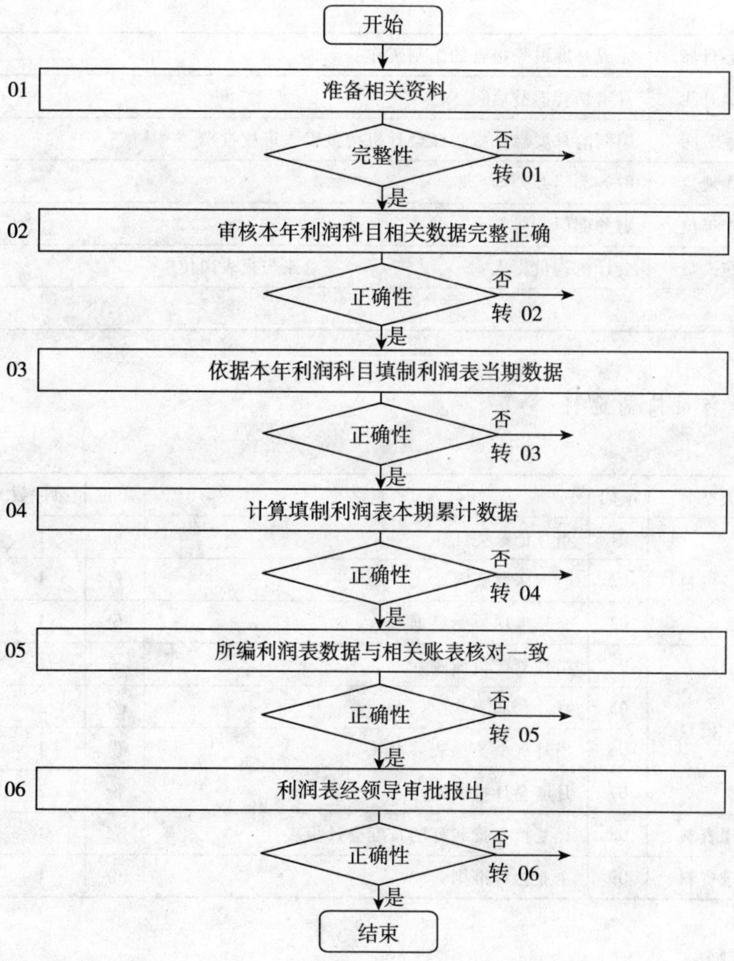

4.2.12 月度财务报告编制工作标准

标准编码：0501

标准名称：月度财务报告编制工作标准

工作标准名称释义

月度财务报告编制工作标准是指总账与报表岗位在月末完成月度总账登记及记账工作后，根据会计制度规定编制月度财务报告的工作规范。

工作标准基本表格

工作核心目标	完成月度财务报告的编制工作	
工作开始时间	月末结转损益后	
工作结束时间	编制的月度会计报表经会计机构负责人审核批准	
相关工作地点	财务部门办公地	
相关工作单位	财务部门	
相关工作人员	会计机构负责人	总账与报表岗位
备　注		

工作标准所需资料

资料类型	编码	资料名称	单位	原件数	复印数
事前准备资料	01	当月记账凭证	份	1	0
	02	会计账簿资料	份	1	0
	03	交易事项原始票据	份	1	0
事中产生资料	04	当月资产负债表	份	1	0
	05	当月利润表	份	1	0
	06	当月现金流量表	份	1	0
	07	月度会计报表附注	份	1	1
事后结果资料	08	经复核审批装订的月度会计报表	套	1	0
技术要求资料	09	企业会计准则	份	1	0

相关工作标准

标准编码	标准名称
0503	年度财务报告编制工作标准
0504	会计报表附注编写工作标准
0505	财务情况说明书编写工作标准

工作标准流程图

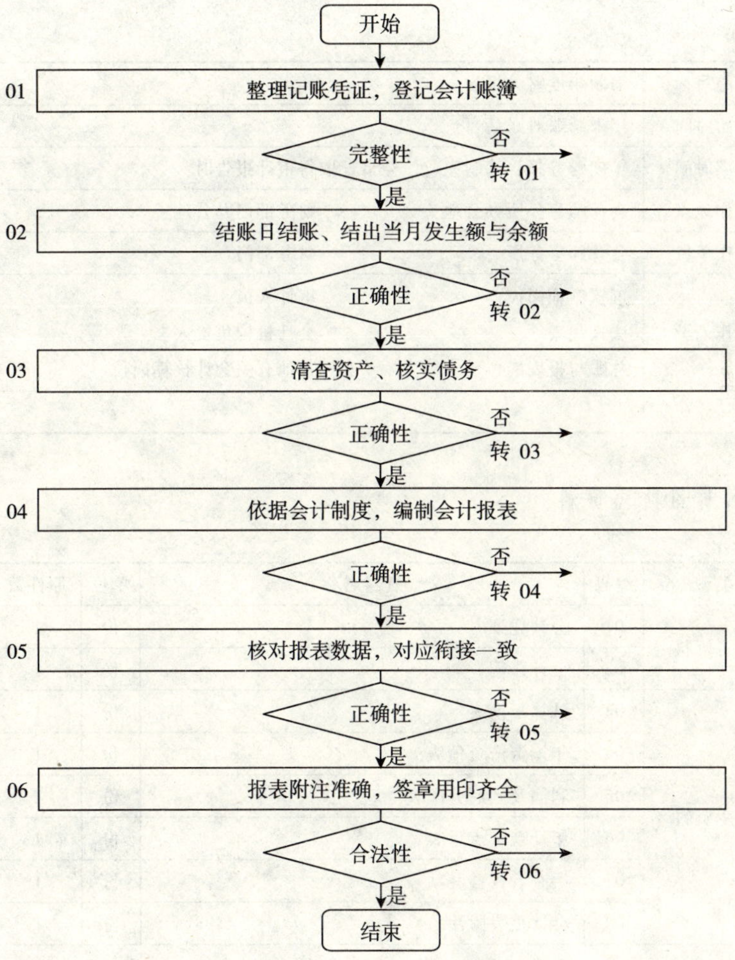

4.2.13 年度财务报告编制工作标准

标准编码：0503

标准名称：年度财务报告编制工作标准

工作标准名称释义

年度财务报告编制工作标准是指总账与报表岗位年末编制反映企业年度资产状况，经营成果、现金流量、所有者权益变动等情况财务报告的工作规范。

工作标准基本表格

工作核心目标	编制年度财务报告	
工作开始时间	年末结账对账后	
工作结束时间	年度财务报告编制完成，经审计取得审计报告时	
相关工作地点	会计师事务所办公地	财务部门办公地
相关工作单位	会计师事务所	财务部门
相关工作人员	审核制证岗位 法人代表 总账与报表岗位	审计人员 会计机构负责人 其他有关会计核算岗位
备　　注		

工作标准所需资料

资料类型	编码	资料名称	单位	原件数	复印数
事前准备资料	01	会计凭证	份	1	0
	02	会计账簿	份	1	0
事中产生资料	03	试算平衡表	份	1	0
	04	年末资产负债表	份	1	1
	05	利润及利润分配表	份	1	1
	06	年度现金流量表	份	1	1
	07	所有者权益变动表	份	1	1
	08	会计报表附注	份	1	1

续表

资料类型	编码	资料名称	单位	原件数	复印数
事中产生资料	09	财务报表附表	套	1	0
	10	财务情况说明书	份	1	0
事后结果资料	11	年度财务报告	份	1	0
技术要求资料	12	会计法	份	1	0
	13	企业会计准则	份	1	0

相关工作标准

标准编码	标准名称
0501	月度财务报告编制工作标准

工作标准流程图

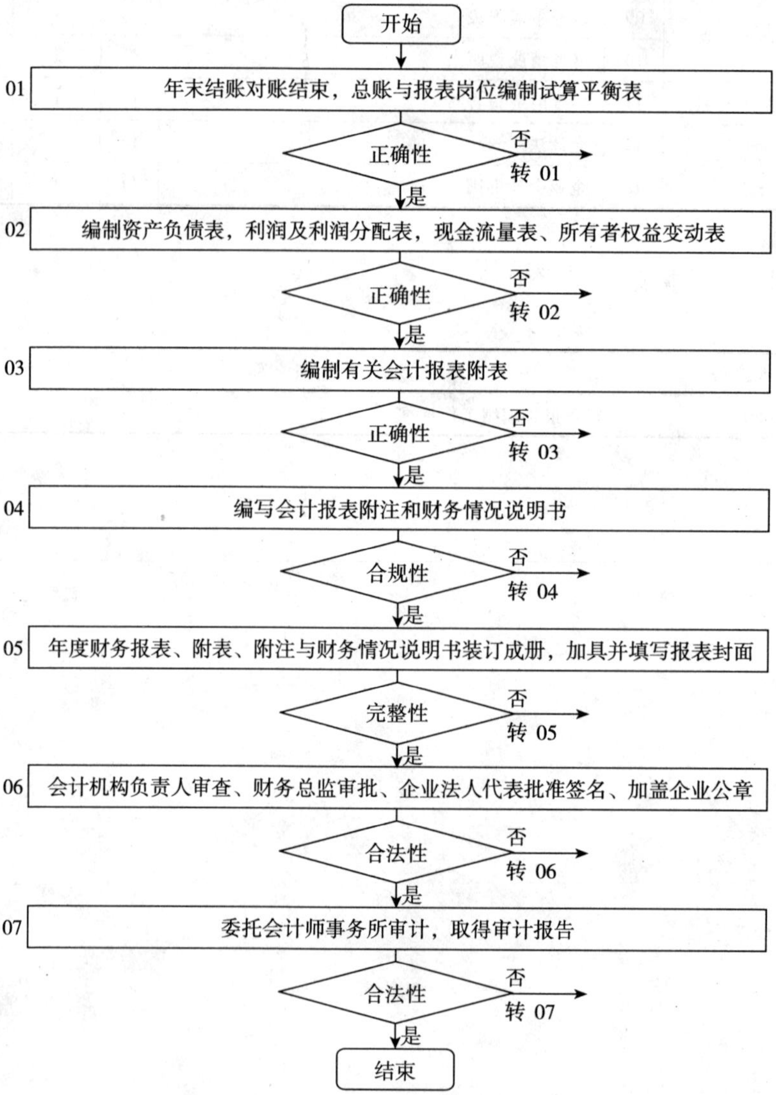
开始
01 年末结账对账结束，总账与报表岗位编制试算平衡表
正确性
否 转 01
是
02 编制资产负债表，利润及利润分配表，现金流量表、所有者权益变动表
正确性
否 转 02
是
03 编制有关会计报表附表
正确性
否 转 03
是
04 编写会计报表附注和财务情况说明书
合规性
否 转 04
是
05 年度财务报表、附表、附注与财务情况说明书装订成册，加具并填写报表封面
完整性
否 转 05
是
06 会计机构负责人审查、财务总监审批、企业法人代表批准签名、加盖企业公章
合法性
否 转 06
是
07 委托会计师事务所审计，取得审计报告
合法性
否 转 07
是
结束

4.2.14　会计报表附注编写工作标准

标准编码：0504

标准名称：会计报表附注编写工作标准

工作标准名称释义

会计报表附注编写工作标准是指总账与报表岗位在完成会计报表编制后，对会计报表中主要数据需要进一步文字说明以及对未能在报表中列示的项目所作出说明的工作规范。

工作标准基本表格

工作核心目标	完成会计报表附注的编写
工作开始时间	会计报表编制完成时
工作结束时间	编写的会计报表附注经会计机构负责人审核通过
相关工作地点	财务部门办公地
相关工作单位	财务部门
相关工作人员	会计机构负责人　　总账与报表岗位 其他有关会计核算岗位
备　　注	

工作标准所需资料

资料类型	编码	资料名称	单位	原件数	复印数
事前准备资料	01	会计核算明细账簿	套	1	0
	02	期末资产负债表	份	1	0
	03	利润表	份	1	0
	04	期末所有者权益变动表	份	1	0
事中产生资料	05	会计报表附注初稿	份	1	1
事后结果资料	06	会计报表附注	份	1	0
技术要求资料	07	企业会计准则	份	1	0
	08	会计基础工作规范	份	1	0

相关工作标准

标准编码	标准名称
0501	月度财务报告编制工作标准
0503	年度财务报告编制工作标准

工作标准流程图

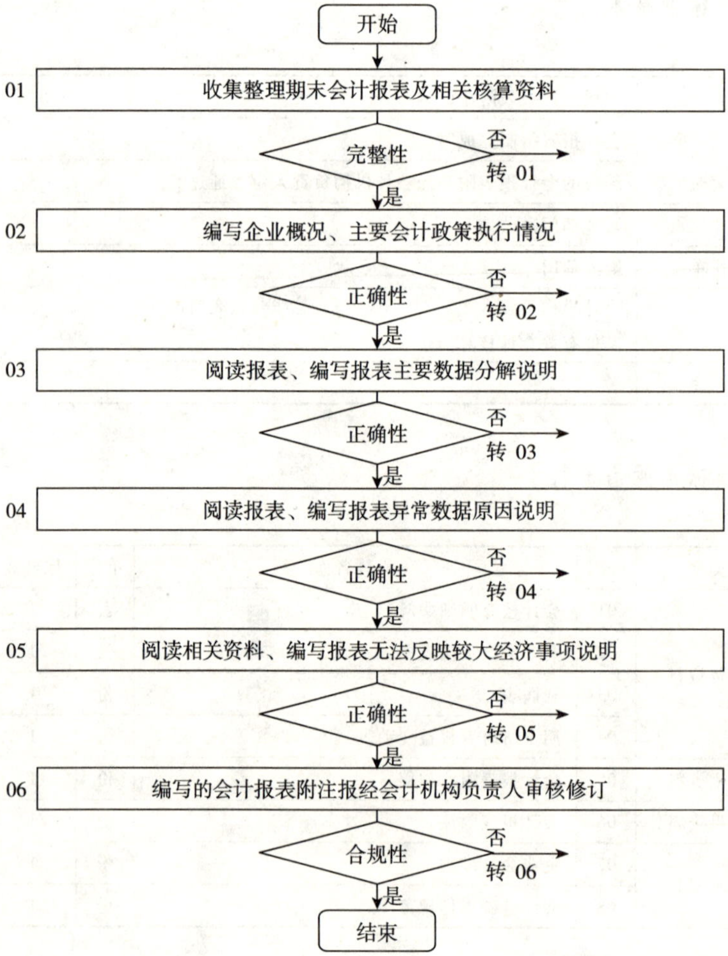

4.2.15　重要会计政策说明工作标准

标准编码：2706

标准名称：重要会计政策说明工作标准

工作标准名称释义

重要会计政策说明工作标准是指总账与报表岗位在编写年度会计报表附注时，对企业在会计确认、计量和报告中所采用的原则、基础和会计处理方法等重要会计政策进行说明和披露的工作规范。

工作标准基本表格

工作核心目标	对重要会计事项作出说明	
工作开始时间	编写会计报表附注时	
工作结束时间	完成对重要会计政策的说明时	
相关工作地点	财务部门办公地	
相关工作单位	财务部门	
相关工作人员	会计机构负责人	总账与报表岗位
备　注		

工作标准所需资料

资料类型	编码	资料名称	单位	原件数	复印数
事前准备资料	01	期末会计报表	份	1	0
	02	年末会计报表附表	份	1	0
事后结果资料	02	重要会计政策说明	份	1	0
	04	会计报表附注	份	1	0
技术要求资料	05	企业会计准则	份	1	0
	06	会计基础工作规范	份	1	0

相关工作标准

标准编码	标准名称
01	年度财务报告编制工作标准
02	财务情况说明书编写工作标准

工作标准流程图

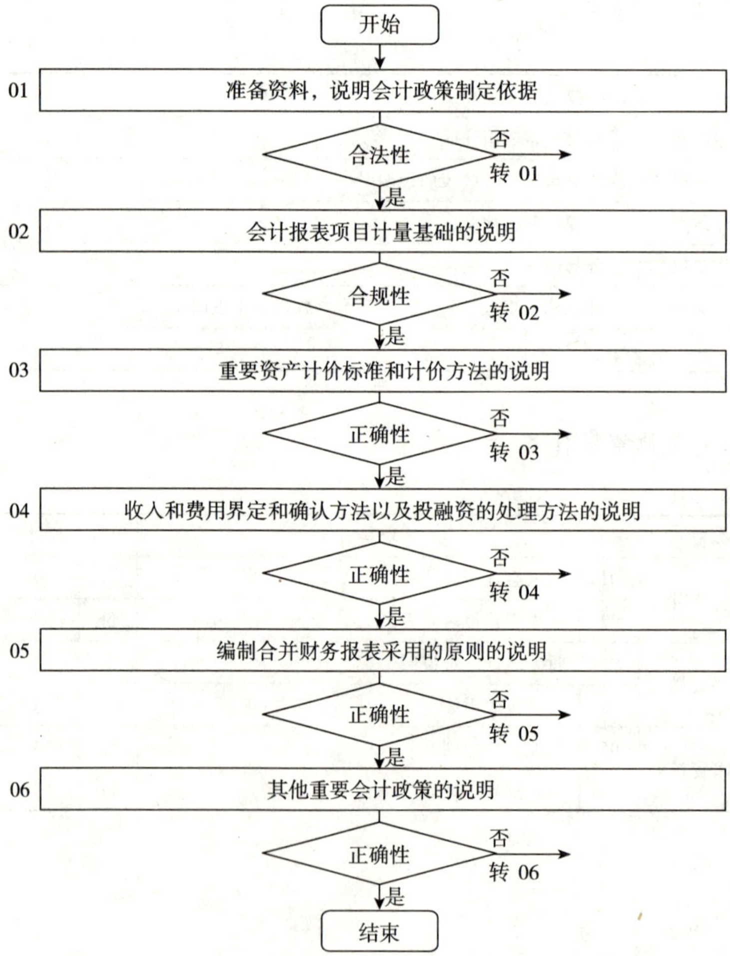

4.2.16 重要会计估计说明工作标准

标准编码：2707

标准名称：重要会计估计说明工作标准

工作标准名称释义

重要会计估计说明工作标准是指总账与报表岗位在编写会计报表附注时，对报表编制中的重要会计估计作出进一步说明的工作规范。

工作标准基本表格

工作核心目标	对会计估计作出说明	
工作开始时间	编写会计报表附注时	
工作结束时间	完成会计估计说明时	
相关工作地点	财务部门办公地	
相关工作单位	财务部门	
相关工作人员	会计机构负责人	总账与报表岗位
备　注		

工作标准所需资料

资料类型	编码	资料名称	单位	原件数	复印数
事前准备资料	01	期末会计报表	份	1	0
	02	期末会计报表附表	份	1	0
事后结果资料	02	重要会计估计说明	份	1	0
	04	会计报表附注	份	1	0
技术要求资料	05	企业会计准则	份	1	0
	06	会计基础工作规范	份	1	0
事中产生资料	07	重要会计估计说明初稿	份	1	1

相关工作标准

标准编码	标准名称
01	年度财务报告编制工作标准
02	财务情况说明书编写工作标准

工作标准流程图

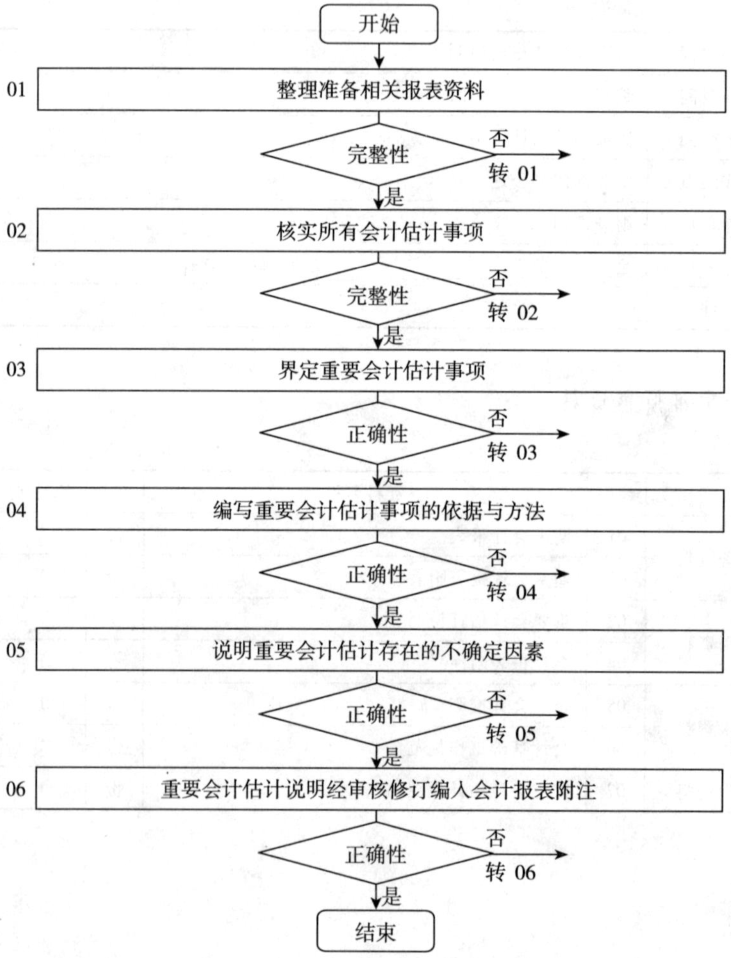

第 5 章　稽核与内部控制工作标准

稽核与内部控制工作是为了落实现代企业内部控制制度，实现合理保证企业经营管理合法合规、资产安全、财务报告及相关信息真实完整、提高经营效率和效果、促进企业实现发展战略等内部控制目标，基于财会部门工作基础之上而开展的一系列管理活动。

在激烈的市场经济竞争中，企业经营管理活动是动态的，企业执行的国家法律法规及各种管理制度既相对稳定，也在不断完善变动之中，让企业经营管理者和执行者适时了解制度的变化和制度的内容，就能有效预防企业经营管理者或执行者违反制度或法律的风险发生。

复核岗位是为杜绝企业财务部内部工作差错而设立的，稽核与内部控制岗位是为杜绝企业内部工作差错而设立的，两者既相关联，又有区别。稽核与内部控制岗位管理工作内容相对宏观、全面，可以触及企业的方方面面和各个层级。

稽核与内部控制岗位工作是通过财务部门审核制证、账簿登记及报表编制等工作来对企业行政、人事、财务、生产、营销、安全等活动进行验证和监督检查工作，因此稽核与内部控制工作者必然需要熟悉了解企业的工作标准体系。

5.1　稽核与内部控制岗位基础工作

5.1.1　稽核与内部控制岗位

稽核与内部控制岗位是企业设立在财会部门，通过财会部门审核制证、账簿登记及报表编制等工作，检查和发现企业经营差错和风险的工作岗位。

根据财政部等五部委关于企业全面实施企业内部控制制度的规定，上市公司及大型企业，都要建立企业内部控制体系，因此都要设立稽核与内部控制岗位。

企业规模大，内部机构和分子公司众多，内部控制管理难度大的企业应当设立内部控制管理委员会和内部控制管理部门，开展内部控制工作。

中小型企业根据企业财会部门实际，应当设置稽核与内部控制岗位；对复核岗位发现收入、成本、资产、负债、所有者权益等等有问题的原始凭证、记账凭证及会计报表一一进行审核，通过错误的凭证或记录，进行分析和研究，发现问题和风险，为公司总经理办公会议或董事会提交报告。

5.1.2　稽核与内部控制工作人员

稽核与内部控制岗位工作涉及面广、难度大，对稽核与内部控制人员基本业务素质和工作能力要求很高。既然要求稽核与内部控制人员能够检查发现企业经营工作过程中的差错，自然其业务能力要优于复核岗位工作人员。不仅要熟悉企业会计核算工作，更要熟悉企业管理工作，因此，只有稽核与内部控制工作者非常熟悉国家有关财经法律法规和单位财会制度，熟悉单位基本情况和经营业务内容，才会发现和杜绝单位经营过程中的差错和问题，防范企业经营风险。

根据企业情况，该岗位应由具有管理、财经等相关专业本科以上学历，系统掌握会计核算知识，熟悉会计准则及财会制度，熟悉企业经营内容和目标，具有高级会计师职称，思维清晰、敏捷，逻辑分析能力强，具备高度的工作责任感和敬业精神，由良好的职业操守、掌握复核岗位工作标准、总账和报表岗位工作标准以及稽核与内部控制岗位工作标准的同志担任。

5.1.3 稽核与内部控制工作的主要内容

稽核与内部控制工作的核心是建设与维护企业工作标准体系。稽核与内部控制工作的主要内容是从可行性、合法性、真实性等方面对经营业务工作立项、团队整合、工作标准编制、工作实施、工作评价以及原始凭证、记账凭证、账簿登记、报表编制等进行验证和评价。

具体包括督导以下几方面工作：

（1）企业发展战略经济目标的制定及实施工作。

（2）企业财会综合管理工作标准体系建设与维护工作。

（3）企业资产管理工作标准体系建设与维护工作。

（4）企业负债管理工作标准体系建设与维护工作。

（5）企业收入管理工作标准体系建设与维护工作。

（6）企业成本管理工作标准体系建设与维护工作。

（7）企业所有者权益管理工作标准体系建设与维护工作。

5.1.4 稽核与内部控制工作思路导图

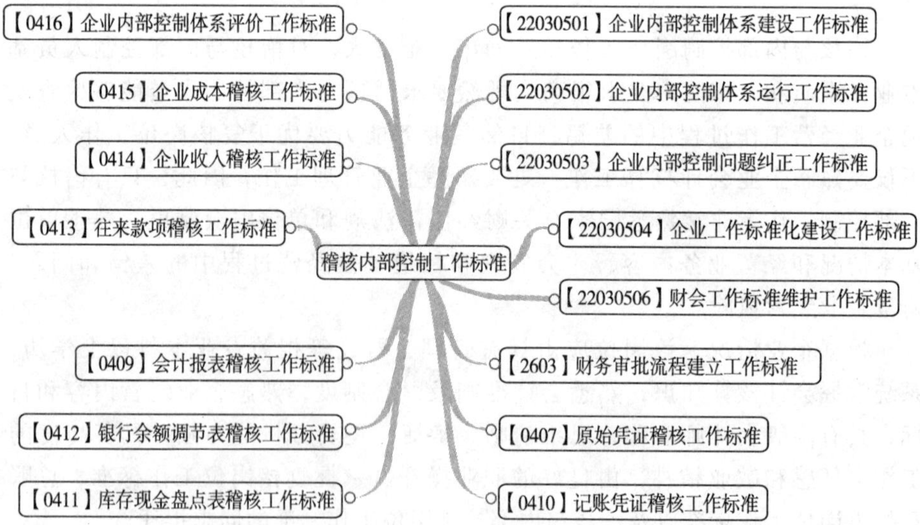

图 5－1 稽核与内部控制工作思路导图

5.2 稽核与内部控制岗位工作标准

5.2.1 企业内部控制体系建设工作标准

标准编码：22030501

标准名称：企业内部控制体系建设工作标准

工作标准名称释义

企业内部控制体系建设工作标准是指企业建立保证企业经营管理合法合规、资产安全、财务报告及相关信息真实完整，提高经营效率和效果，促进企业实现发展战略等制度体系的工作规范。

工作标准基本表格

工作核心目标	建立企业内部控制制度	
工作开始时间	企业成立后	
工作结束时间	企业注销时	
相关工作地点	办公室	会议室
相关工作单位	董事会 总经理办公会	监事会
相关工作人员	决策者 执行者 全体员工	监督者 部门负责人 稽核与内部控制岗位
备　　注		

工作标准所需资料

资料类型	编码	资料名称	单位	原件数	复印数
事前准备资料	01	企业发展战略报告	份	1	1
	02	企业经营计划	份	1	1
	03	企业工作标准体系	份	1	1

续表

资料类型	编码	资料名称	单位	原件数	复印数
事中产生资料	04	企业内部控制标准编制报告	份	1	1
	05	企业内部控制评价标准编制报告	份	1	1
事后结果资料	06	企业内部控制制度	份	1	1
技术要求资料	07	企业内部控制配套指引	份	1	0
	08	政府法律法规	份	0	0

相关工作标准

标准编码	标准名称
220203	企业发展战略制定工作标准
220204	企业发展战略实施工作标准
22030504	企业工作标准化建设工作标准

工作标准流程图

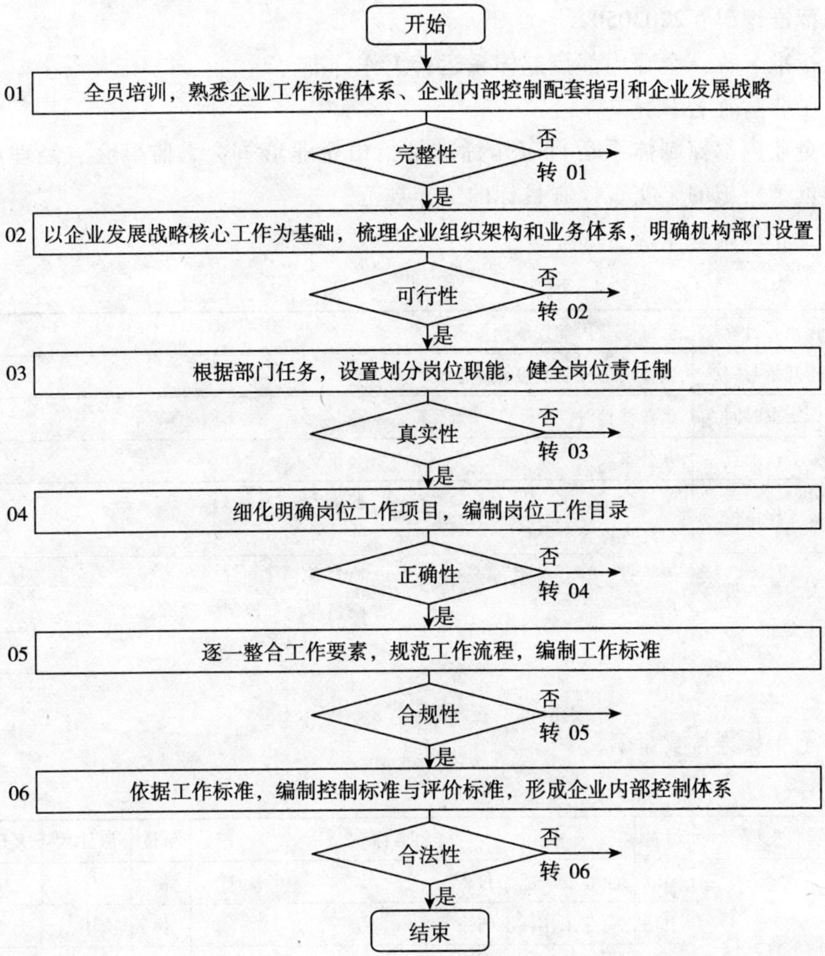
开始
01 全员培训，熟悉企业工作标准体系、企业内部控制配套指引和企业发展战略
完整性
否
转 01
是
02 以企业发展战略核心工作为基础，梳理企业组织架构和业务体系，明确机构部门设置
可行性
否
转 02
是
03 根据部门任务，设置划分岗位职能，健全岗位责任制
真实性
否
转 03
是
04 细化明确岗位工作项目，编制岗位工作目录
正确性
否
转 04
是
05 逐一整合工作要素，规范工作流程，编制工作标准
合规性
否
转 05
是
06 依据工作标准，编制控制标准与评价标准，形成企业内部控制体系
合法性
否
转 06
是
结束

5.2.2 企业内部控制体系运行工作标准

标准编码：22030502

标准名称：企业内部控制体系运行工作标准

工作标准名称释义

企业内部控制体系运行工作标准是指由企业董事会、监事会、经理层和全体员工实施的、实现控制目标的工作规范。

工作标准基本表格

工作核心目标	保证企业内部控制制度落实	
工作开始时间	企业内部控制制度建立后	
工作结束时间	企业注销时	
相关工作地点	办公室	会议室
相关工作单位	董事会 总经理办公会	监事会
相关工作人员	决策者 执行者	监督者 稽核与内部控制岗位
备　注		

工作标准所需资料

资料类型	编码	资料名称	单位	原件数	复印数
事前准备资料	01	企业发展战略报告	份	1	1
	02	企业工作标准体系	份	1	1
	03	企业内部控制标准体系	份	1	1
	04	企业内部控制评价标准体系	份	1	1
事中产生资料	05	企业工作标准体系运行记录	份	1	1
	06	企业内部控制评价记录	份	1	1
事后结果资料	07	企业发展战略和控制目标实现报告	份	1	0
技术要求资料	08	企业内部控制配套指引	份	1	0
	09	圆通制－科学工作原理	份	1	0

相关工作标准

标准编码	标准名称
220204	企业发展战略实施工作标准
22030501	企业内部控制体系建设工作标准
22030504	企业工作标准化建设工作标准

工作标准流程图

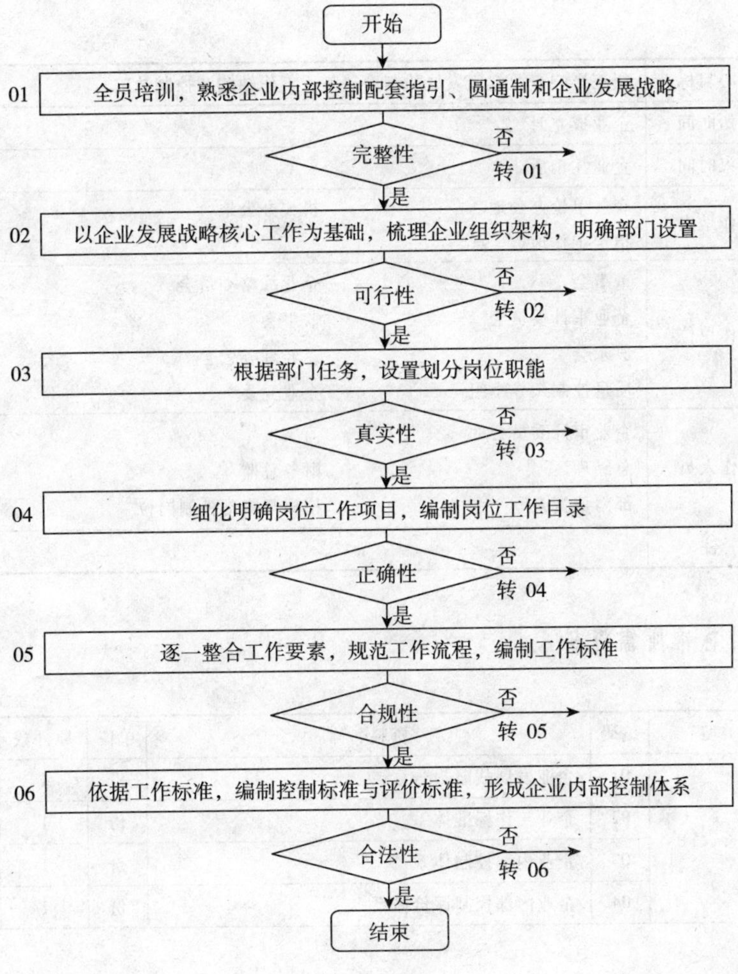

5.2.3 企业内部控制问题纠正工作标准

标准编码：22030503

标准名称：企业内部控制问题纠正工作标准

工作标准名称释义

企业内部控制问题纠正工作标准是指企业对内部控制体系、内部控制评价体系、工作标准体系建立过程及这些体系实施过程中发现问题及时纠正改进的工作规范。

工作标准基本表格

工作核心目标	纠正影响企业健康发展的制度缺陷、工作缺陷和控制缺陷	
工作开始时间	企业成立时	
工作结束时间	企业注销后	
相关工作地点	有关单位办公地 指定工作地点	机关办公地
相关工作单位	董事会 企业审计委员会 股东会 质量控制领导小组	企业战略委员会 监事会 总经理办公会 企业党委
相关工作人员	企业审计委员会 总经理 部门负责人	监事 财务总监 稽核与内部控制岗位
备　注		

工作标准所需资料

资料类型	编码	资料名称	单位	原件数	复印数
事前准备资料	01	企业发展战略报告	份	1	1
	02	企业工作标准体系	份	1	1
	03	企业内部控制体系	份	1	1
	04	企业内部控制评价体系	份	1	1

续表

资料类型	编码	资料名称	单位	原件数	复印数
事前准备资料	05	企业工作业务事件	份	0	0
事中产生资料	06	企业内部控制审计报告	份	1	1
	07	企业内部控制评价报告	份	1	1
事后结果资料	08	企业工作标准体系改进报告	份	1	1
技术要求资料	09	企业内部控制配套指引	份	1	0

相关工作标准

标准编码	标准名称
220305	内部控制制度建设工作
22030501	企业内部控制体系建设工作标准
22030502	企业内部控制体系运行工作标准
22030504	企业工作标准化建设工作标准

工作标准流程图

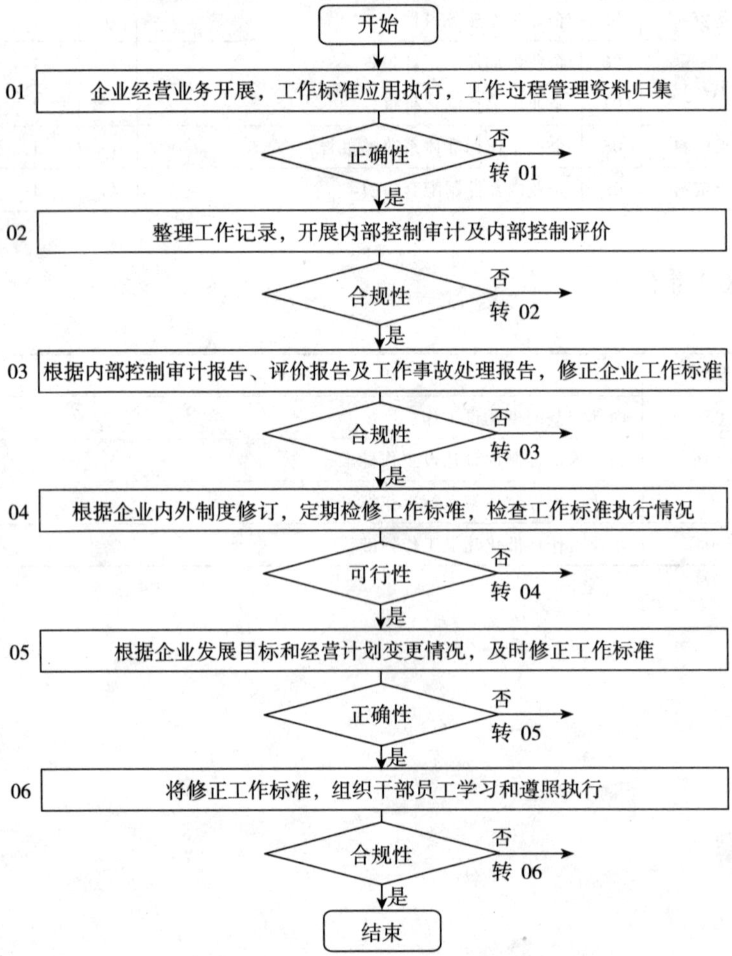
开始
01
企业经营业务开展，工作标准应用执行，工作过程管理资料归集
正确性
否
转 01
是
02
整理工作记录，开展内部控制审计及内部控制评价
合规性
否
转 02
是
03
根据内部控制审计报告、评价报告及工作事故处理报告，修正企业工作标准
合规性
否
转 03
是
04
根据企业内外制度修订，定期检修工作标准，检查工作标准执行情况
可行性
否
转 04
是
05
根据企业发展目标和经营计划变更情况，及时修正工作标准
正确性
否
转 05
是
06
将修正工作标准，组织干部员工学习和遵照执行
合规性
否
转 06
是
结束

5.2.4　企业工作标准化建设工作标准

标准编码：22030504

标准名称：企业工作标准化建设工作标准

工作标准名称释义

企业工作标准化建设工作标准是指企业根据圆通制科学工作原理和方法，明确企业组织架构和岗位设置，科学编制工作目录和工作标准，建立企业工作标准化体系的工作规范。

工作标准基本表格

工作核心目标	建立企业工作标准化体系	
工作开始时间	企业成立时	
工作结束时间	企业注销时	
相关工作地点	办公室	会议室
相关工作单位	董事会 总经理办公会	监事会
相关工作人员	决策者 执行者	监督者 稽核与内部控制岗位
备　　注		

工作标准所需资料

资料类型	编码	资料名称	单位	原件数	复印数
事前准备资料	01	企业发展战略报告	份	1	1
	02	企业组织架构规划	份	1	1
	03	企业生产经营计划	份	1	1
	04	岗位说明书	份	1	1
	05	圆通工作标准软件	份	1	1

续表

资料类型	编码	资料名称	单位	原件数	复印数
事中产生资料	06	企业组织部门结构图	份	1	1
	07	企业部门工作项目	份	1	1
	08	工作标准目录	份	1	1
	09	编制工作标准	份	1	1
事后结果资料	10	企业工作标准体系	份	1	1
技术要求资料	11	相关政府法律法规政策	份	1	1
	12	国家技术标准	份	1	0
	13	国家管理标准	份	1	0
	14	圆通制——科学工作原理	份	1	1

相关工作标准

标准编码	标准名称
220203	企业发展战略制定工作标准
220204	企业发展战略实施工作标准

工作标准流程图

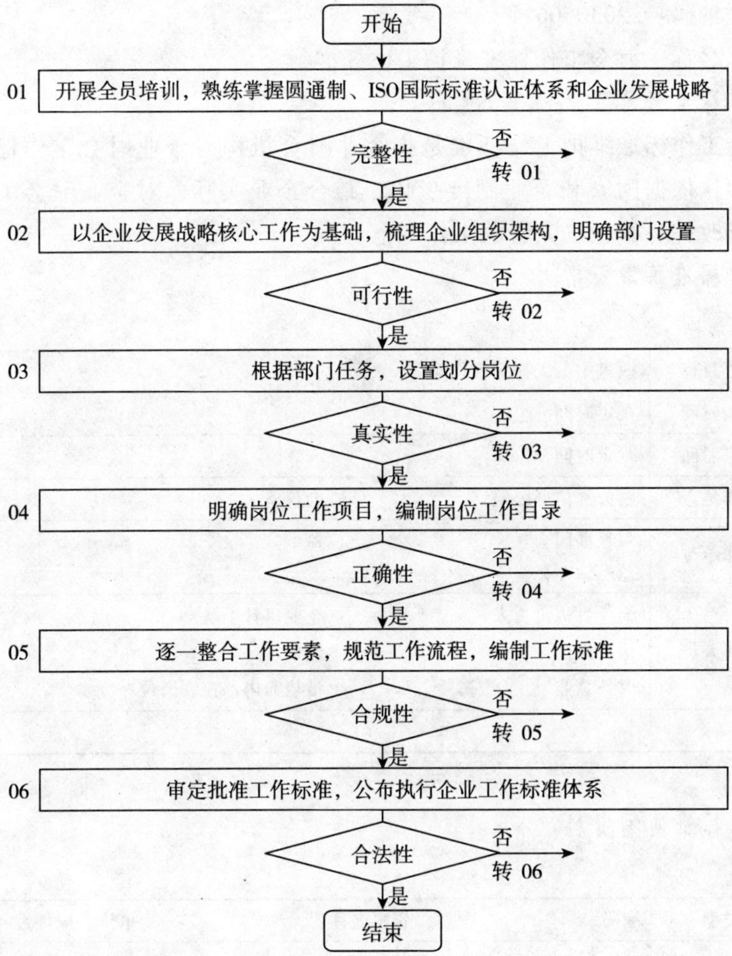
开始
01 开展全员培训，熟练掌握圆通制、ISO国际标准认证体系和企业发展战略
完整性
否
转 01
是
02 以企业发展战略核心工作为基础，梳理企业组织架构，明确部门设置
可行性
否
转 02
是
03 根据部门任务，设置划分岗位
真实性
否
转 03
是
04 明确岗位工作项目，编制岗位工作目录
正确性
否
转 04
是
05 逐一整合工作要素，规范工作流程，编制工作标准
合规性
否
转 05
是
06 审定批准工作标准，公布执行企业工作标准体系
合法性
否
转 06
是
结束

5.2.5 财会工作标准维护工作标准

标准编码：22030506

标准名称：财会工作标准维护工作标准

工作标准名称释义

财会工作标准维护工作标准是指企业财会机构对企业财会工作标准在执行过程中，依据国家和企业制度变化，结合企业实际，对企业财会工作标准体系进行改进、修正、完善的工作规范。

工作标准基本表格

工作核心目标	改进财会工作标准体系	
工作开始时间	规定时间	
工作结束时间	规定时间	
相关工作地点	财务部门办公地	会议室
相关工作单位	财务部门 总经理办公会	监事会
相关工作人员	会计机构负责人 稽核岗位 财务总监	企业审计委员会 监事 稽核与内部控制岗位
备　注		

工作标准所需资料

资料类型	编码	资料名称	单位	原件数	复印数
事前准备资料	01	企业财会工作标准	份	1	1
	02	财会工作标准执行存在问题记录	份	1	0
事中产生资料	03	企业财会工作标准修订稿	份	1	1
事后结果资料	04	改进后的财会工作标准	份	1	0
技术要求资料	05	会计法	份	1	0
	06	企业会计准则	本	0	0
	07	企业内部控制基本规范	份	1	0

相关工作标准

标准编码	标准名称
22	总会计师岗位
2203	制度建设工作
220305	内部控制制度建设工作
22030503	企业内部控制问题纠正工作标准
22030504	企业工作标准化建设工作标准

工作标准流程图

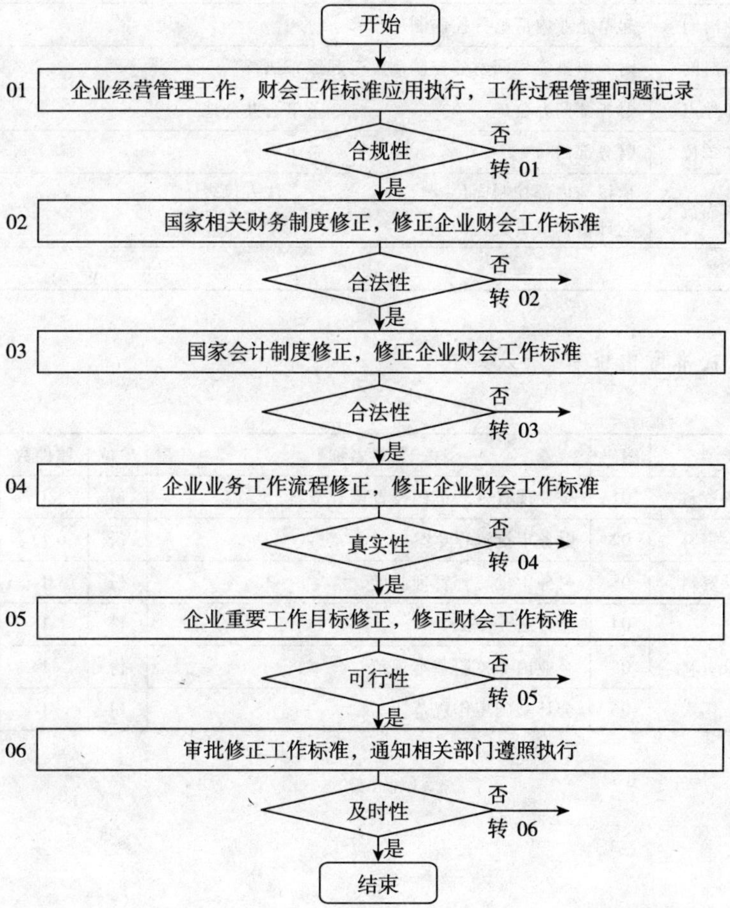

5.2.6 财务审批流程建立工作标准

标准编码：2603

标准名称：财务审批流程建立工作标准

工作标准名称释义

财务审批流程建立工作标准是指：会计机构负责岗位在建立企业内部财务控制制度中，建立财务审批流程的工作规范。

工作标准基本表格

工作核心目标	完成财务审批流程的建立
工作开始时间	起草企业内部财务控制制度
工作结束时间	财务审批流程同财务控制制度一起颁布执行
相关工作地点	财务部门办公地　董事会办公地
相关工作单位	财务部门　董事会
相关工作人员	稽核与内部控制岗位　法人代表 会计机构负责人
备　注	

工作标准所需资料

资料类型	编码	资料名称	单位	原件数	复印数
事前准备资料	01	企业现有管理机构设置调查资料	份	1	1
事中产生资料	02	财务审批流程草案	份	1	0
事后结果资料	03	财务审批流程管理制度	份	1	1
技术要求资料	04	会计法	份	1	0
	05	企业内部控制基本规范	份	1	0
	06	会计基础工作规范	份	1	0

相关工作标准

标准编码	标准名称
01	内部控制制度建立工作标准

工作标准流程图

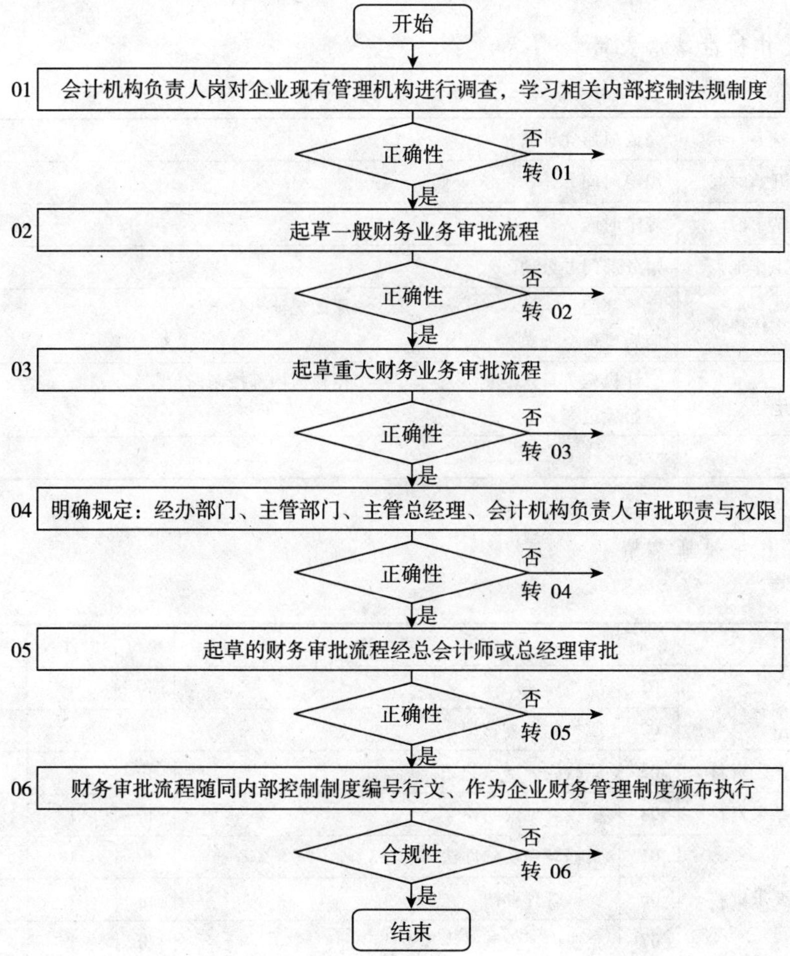

5.2.7 原始凭证稽核工作标准

标准编码：0407

标准名称：原始凭证稽核工作标准

工作标准名称释义

原始凭证稽核工作标准是指稽核与内部控制岗位对原始凭证及其记载的经济业务进行审核，检查其是否符合法律法规和企业财经制度规定的工作规范。

工作标准基本表格

工作核心目标	完成原始凭证稽核	
工作开始时间	规定时间	
工作结束时间	规定时间	
相关工作地点	财务部门办公地	
相关工作单位	财务部门 原始凭证受理单位	原始凭证出具单位
相关工作人员	会计机构负责人 原始凭证经办人	稽核与内部控制岗位
备　　注		

工作标准所需资料

资料类型	编码	资料名称	单位	原件数	复印数
事前准备资料	01	原始凭证	份	1	0
	02	原始凭证复核记录			
事中产生资料	03	原始凭证稽核记录	份	1	0
事后结果资料	04	稽核意见或结论	份	1	0
技术要求资料	05	票据管理实施办法	份	1	0
	06	发票管理办法	份	1	0
	07	企业内部控制基本规范	份	1	0

相关工作标准

标准编码	标准名称
0406	企业内部控制工作标准

工作标准流程图

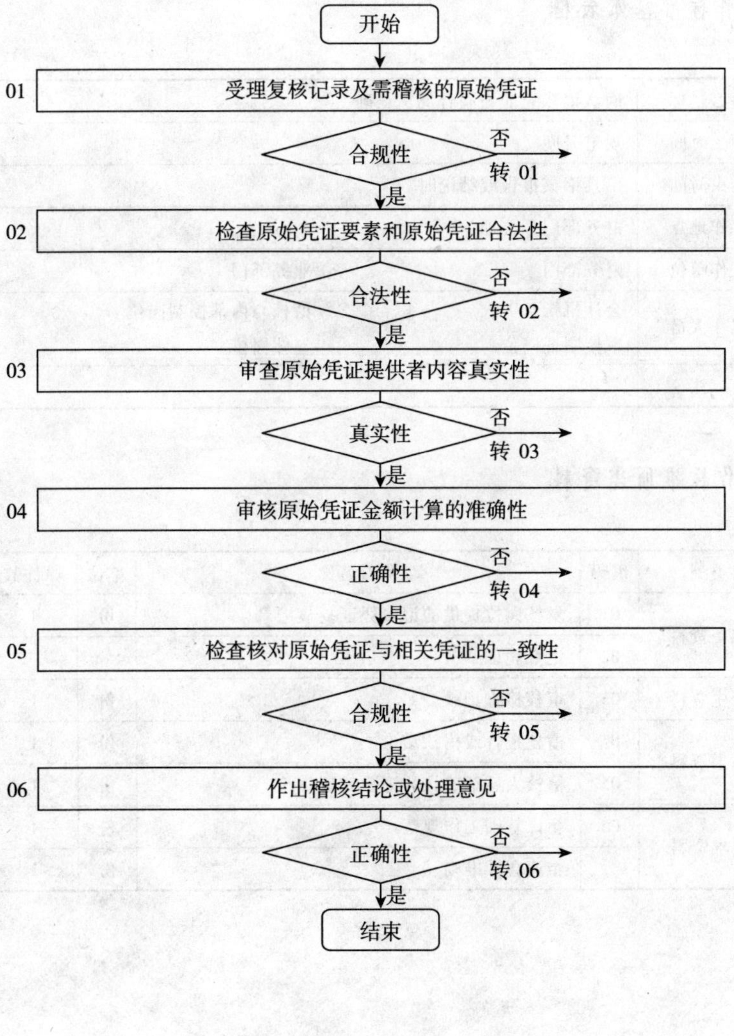

5.2.8 记账凭证稽核工作标准

标准编码：0410

标准名称：记账凭证稽核工作标准

工作标准名称释义

记账凭证稽核工作标准是指稽核与内部控制岗位根据复核岗位对记账凭证的复核记录进行更深入检查核对的工作规范。

工作标准基本表格

工作核心目标	确认记账凭证编制合规、正确	
工作开始时间	规定时间	
工作结束时间	出具稽核报告或结论时	
相关工作地点	财务部门办公地	
相关工作单位	财务部门	业务部门
相关工作人员	会计机构负责人 审核制证岗位	稽核与内部控制岗位 复核岗位
备　　注		

工作标准所需资料

资料类型	编码	资料名称	单位	原件数	复印数
事前准备资料	01	复核岗位提供的记账凭证复核记录	份	1	0
	02	记账凭证			
事中产生资料	03	审核检查记录	份	1	0
事后结果资料	04	稽核报告或稽核结论	份	1	0
	05	稽核人签章确认的记账凭证	份	1	0
技术要求资料	06	会计基础工作规范	份	1	0
		企业会计准则	份	1	0

相关工作标准

标准编码	标准名称
0407	原始凭证稽核工作标准

工作标准流程图

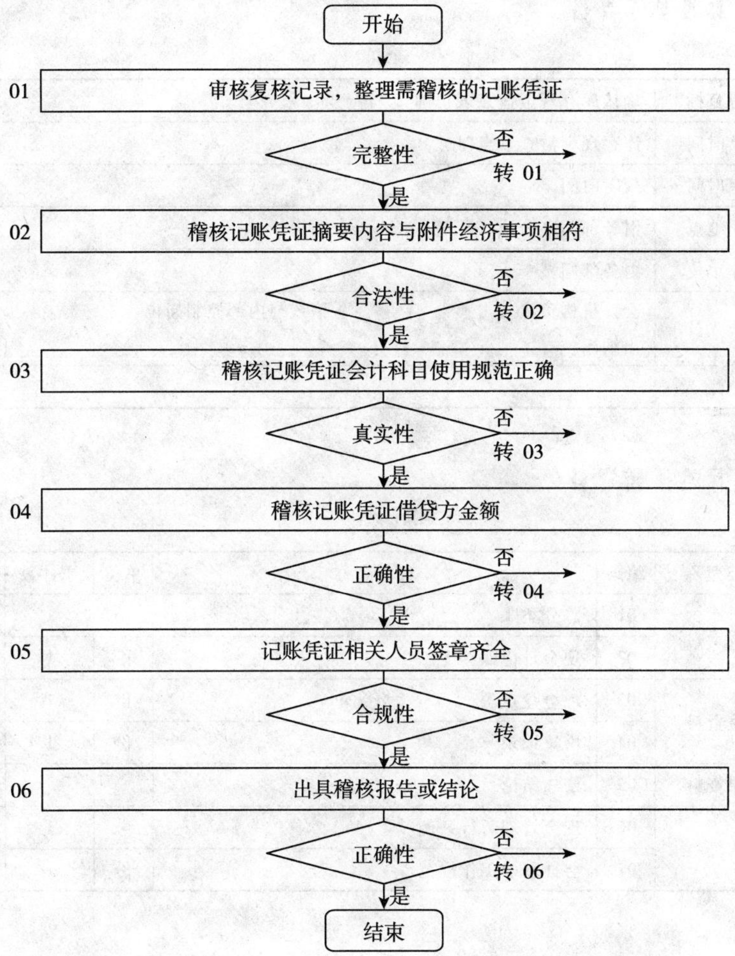

5.2.9 库存现金盘点表稽核工作标准

标准编码：0411

标准名称：库存现金盘点表稽核工作标准

工作标准名称释义

库存现金盘点表稽核工作标准是指稽核与内部控制岗位对出纳编制的现金盘点表进行检查核对的工作规范。

工作标准基本表格

工作核心目标	确认库存现金盘点表正确
工作开始时间	库存现金清查盘点时
工作结束时间	规定时间
相关工作地点	财务部门办公地
相关工作单位	财务部门
相关工作人员	会计机构负责人　稽核与内部控制岗位 出纳岗位
备　注	

工作标准所需资料

资料类型	编码	资料名称	单位	原件数	复印数
事前准备资料	01	总分类账	份	1	0
	02	现金日记账	份	1	0
事中产生资料	03	现金盘点表	份	1	0
	04	稽核记录	份	1	0
事后结果资料	05	稽核结论			
技术要求资料	06	现金管理暂行条例	份	1	0
	07	会计基础工作规范	份	1	0

相关工作标准

标准编码	标准名称
1124	现金日结盘点工作标准
1121	现金盘点表编制工作标准

工作标准流程图

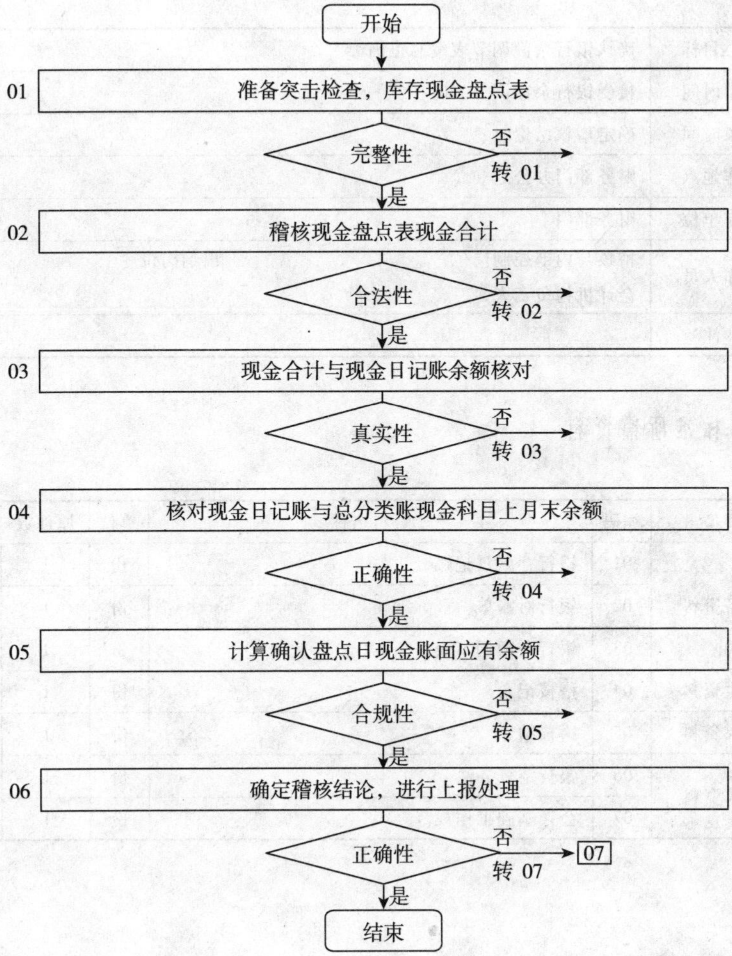

5.2.10 银行余额调节表稽核工作标准

标准编码：0412

标准名称：银行余额调节表稽核工作标准

工作标准名称释义

银行余额调节表稽核工作标准是指稽核岗位对出纳编制的银行余额调节表审核验证的工作规范。

工作标准基本表格

工作核心目标	确认银行余额调节表编制正确
工作开始时间	接受银行余额调节表时
工作结束时间	确定稽核结论时
相关工作地点	财务部门办公地
相关工作单位	财务部门
相关工作人员	稽核与内部控制岗位　　出纳岗位 会计机构负责人
备　　注	

工作标准所需资料

资料类型	编码	资料名称	单位	原件数	复印数
事前准备资料	01	银行存款日记账	份	1	0
	02	银行对账单	份	1	0
	03	银行余额调节表	份	1	0
事中产生资料	04	稽核记录	份	1	0
事后结果资料	05	稽核结论	份	1	0
技术要求资料	06	银行结算办法	份	1	0
	07	会计基础工作规范	份	1	0

相关工作标准

标准编码	标准名称
1111	银行存款余额调节表编制工作标准

工作标准流程图

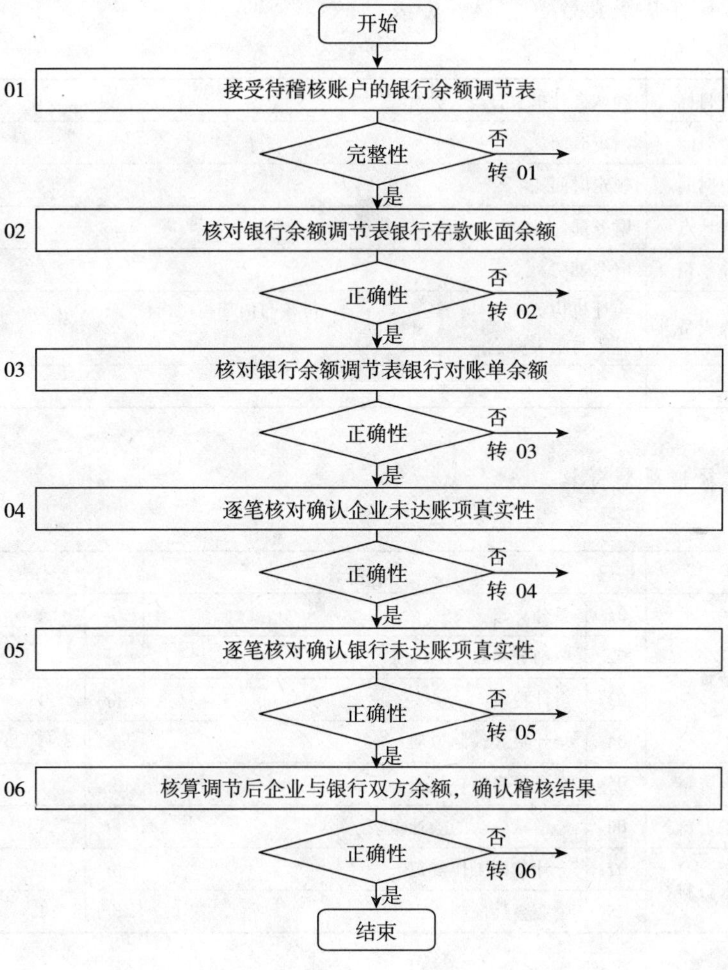

5.2.11 会计报表稽核工作标准

标准编码：0409

标准名称：会计报表稽核工作标准

工作标准名称释义

会计报表稽核工作标准是指稽核与内部控制岗位对总账与报表岗位编制的财务会计报表的完整性、合规性和公允性进行内部审核检查的工作规范。

工作标准基本表格

工作核心目标	确认会计报表合规、公允
工作开始时间	规定时间
工作结束时间	规定时间
相关工作地点	财务部门办公地
相关工作单位	财务部门
相关工作人员	会计机构负责人　稽核与内部控制岗位 总账与报表岗位
备　注	

工作标准所需资料

资料类型	编码	资料名称	单位	原件数	复印数
事前准备资料	01	总分类账	份	1	0
	02	明细分类账	份	1	0
	03	会计报表	份	1	0
	04	会计报表编制说明	份	1	0
事中产生资料	05	会计报表稽核记录	份	1	0
事后结果资料	06	经稽核确认的会计报表	份	1	0
技术要求资料	07	会计基础工作规范	份	1	0
	08	企业会计准则	份	1	0

相关工作标准

标准编码	标准名称
0407	原始凭证合规性稽核工作标准

工作标准流程图

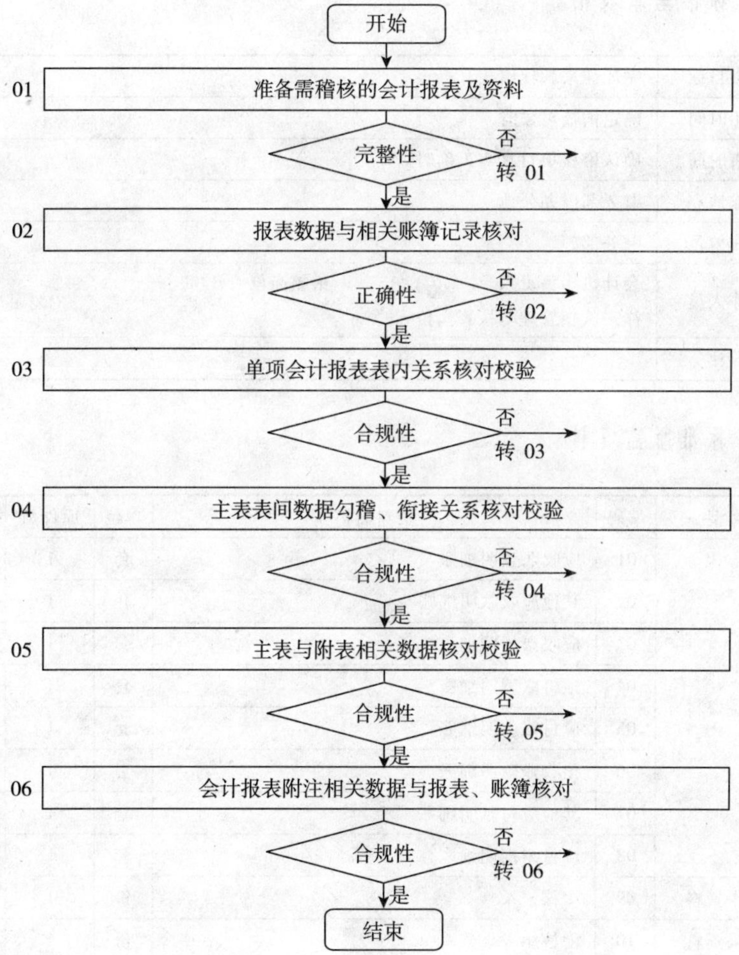

5.2.12 往来款项稽核工作标准

标准编码：0413

标准名称：往来款项稽核工作标准

工作标准名称释义

往来款项稽核工作标准是指稽核与内部控制岗位对往来款项相关账簿上记载的应收应付款项的真实性、金额的正确性进行检查核实的工作规范。

工作标准基本表格

工作核心目标	完成往来款项稽核
工作开始时间	确定稽核对象时
工作结束时间	确认稽核项目真实正确时
相关工作地点	财务部门办公地
相关工作单位	财务部门
相关工作人员	会计机构负责人　稽核岗位 往来款项管理与核算岗位
备　注	

工作标准所需资料

资料类型	编码	资料名称	单位	原件数	复印数
事前准备资料	01	应收账款明细账	套	1	0
	02	其他应收款明细账	套	1	0
	03	应收票据明细账	套	1	0
	04	预付账款明细账	套	1	0
	05	应付账款明细账	套	1	0
	06	预收账款明细账	套	1	0
	07	其他应付款明细账	套	1	0
	08	应付票据明细账	套	1	0
事中产生资料	09	稽核记录	份	1	0
事后结果资料	10	稽核结果报告	份	1	0
技术要求资料	11	会计基础工作规范	本	1	0

相关工作标准

标准编码	标准名称
0406	企业内部控制工作标准

工作标准流程图

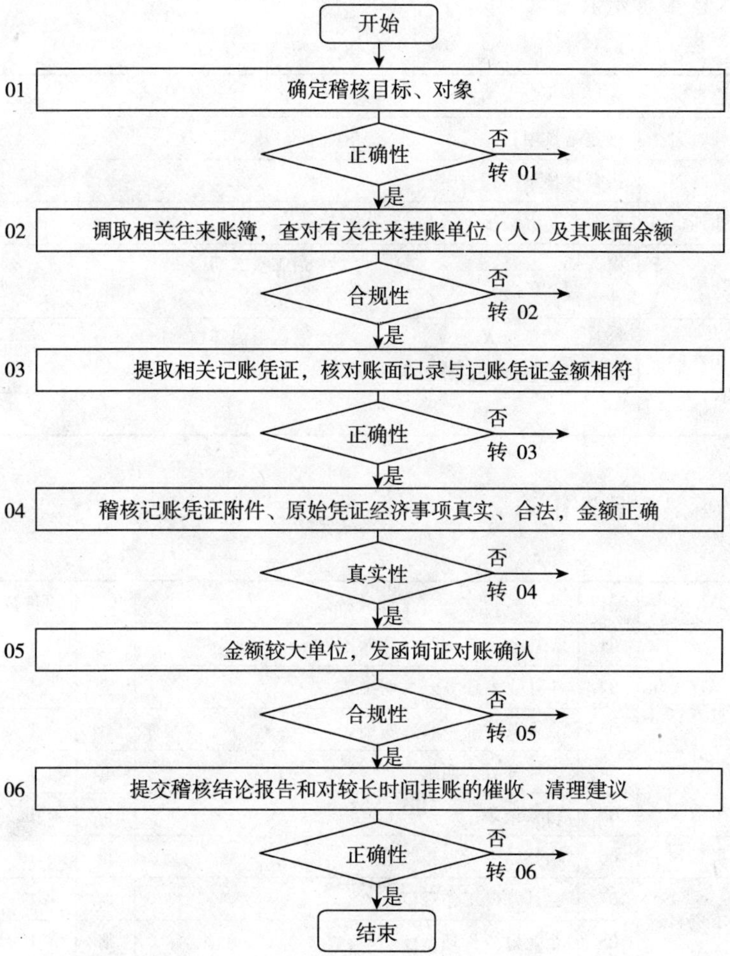

5.2.13 企业收入稽核工作标准

标准编码：0414

标准名称：企业收入稽核工作标准

工作标准名称释义

企业收入稽核工作标准，是指稽核与内部控制岗位对企业的营业收入的真实性、合法性和正确性进行检查核实的工作规范。

工作标准基本表格

工作核心目标	完成企业收入的稽核	
工作开始时间	确定稽核项目时	
工作结束时间	出具稽核结果报告时	
相关工作地点	财务部门办公地	
相关工作单位	财务部 业务部门	企业收入部门
相关工作人员	会计机构负责人 企业收入管理与核算岗位	稽核与内部控制岗位 复核岗位
备　　注		

工作标准所需资料

资料类型	编码	资料名称	单位	原件数	复印数
事前准备资料	01	企业收入管理与核算制度	套	1	0
	02	企业主营业务收入明细账	套	1	0
	03	企业其他业务收入明细账	套	1	0
	04	营业外收入明细账	套	1	0
事中产生资料	05	稽核记录	份	1	0
事后结果资料	06	稽核结果处理报告	份	1	0
技术要求资料	07	会计基础工作规范	册	1	0
	08	企业财务管理制度	册	1	0

相关工作标准

标准编码	标准名称
0406	企业内部控制工作标准

工作标准流程图

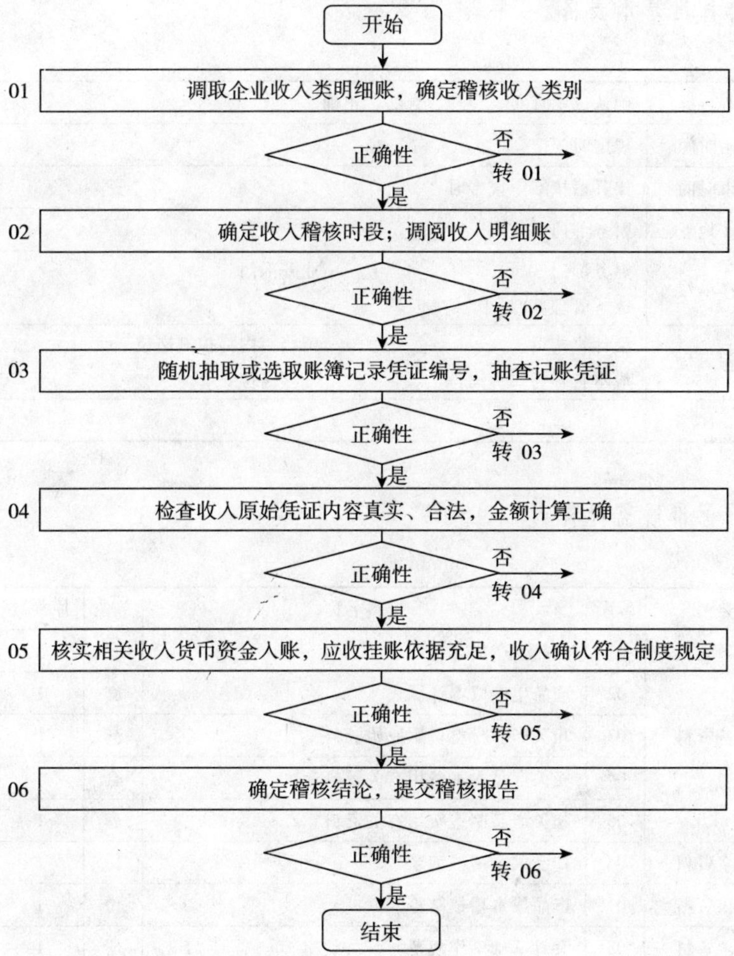

5.2.14 企业成本稽核工作标准

标准编码：0415

标准名称：企业成本稽核工作标准

工作标准名称释义

企业成本稽核工作标准是指稽核与内部控制岗位对企业产品成本的真实性、合理性、正确性进行检查核实的工作规范。

工作标准基本表格

工作核心目标	确认成本真实、合理、合法、正确	
工作开始时间	规定时间	
工作结束时间	出具稽核结论报告时	
相关工作地点	财务部门办公地	
相关工作单位	财务部门 成本管理部门	业务部门
相关工作人员	会计机构负责人 成本管理与核算岗位	稽核与内部控制岗位 复核岗位
备　注		

工作标准所需资料

资料类型	编码	资料名称	单位	原件数	复印数
事前准备资料	01	产品生产成本明细账	套	1	0
	02	产品生产成本计算表	套	1	0
	03	相关产品材料费用原始资料	套	1	0
	04	相关产品人工费用有关资料	套	1	0
	05	相关产品制造费用有关资料	套	1	0
事中产生资料	06	产品成本稽核记录	份	1	0
事后结果资料	07	产品成本稽核结论	份	1	0
技术要求资料	08	会计基础工作规范	册	1	0

相关工作标准

标准编码	标准名称
0406	企业内部控制工作标准

工作标准流程图

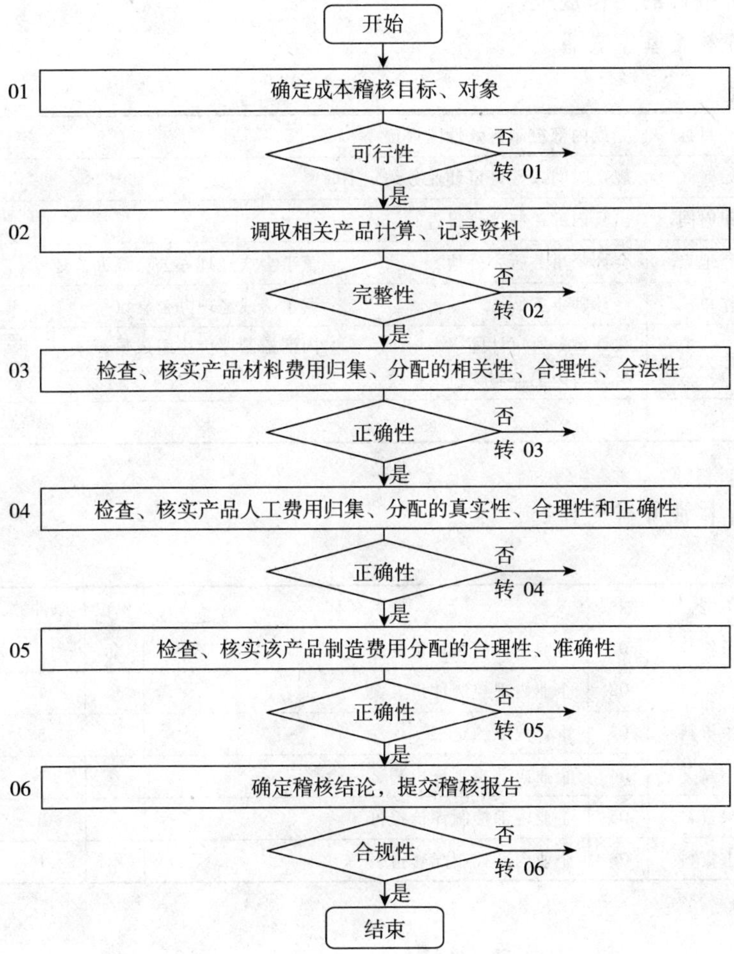

5.2.15 企业内部控制体系评价工作标准

标准编码：0416

标准名称：企业内部控制体系评价工作标准

工作标准名称释义

企业内部控制体系评价工作标准是指企业董事会或外部管理监督机构对企业内部控制的有效性，组织或委托中介机构进行全面评价、形成评价结论、出具评价报告的工作规范。

工作标准基本表格

工作核心目标	完成内部控制有效性的评价	
工作开始时间	规定时间或签订审计业务约定书时	
工作结束时间	出具内部控制评价报告时	
相关工作地点	会计师事务所办公地	董事会或经理办公会议办公地
相关工作单位	会计师事务所	董事会或经理办公会议
相关工作人员	会计事务所审计师 稽核与内部控制岗位	内部控制评价小组成员
备　　注		

工作标准所需资料

资料类型	编码	资料名称	单位	原件数	复印数
事前准备资料	01	企业内部控制评价制度	套	1	0
事中产生资料	02	企业内部控制评价方案	套	1	0
	03	审计业务约定书	份	3	0
	04	企业内部控制评价测试、检查记录	套	1	0
事后结果资料	05	企业内部控制评价报告	份	3	0
技术要求资料	06	企业内部控制配套指引	本	1	0

相关工作标准

标准编码	标准名称
0406	企业内部控制工作标准

工作标准流程图

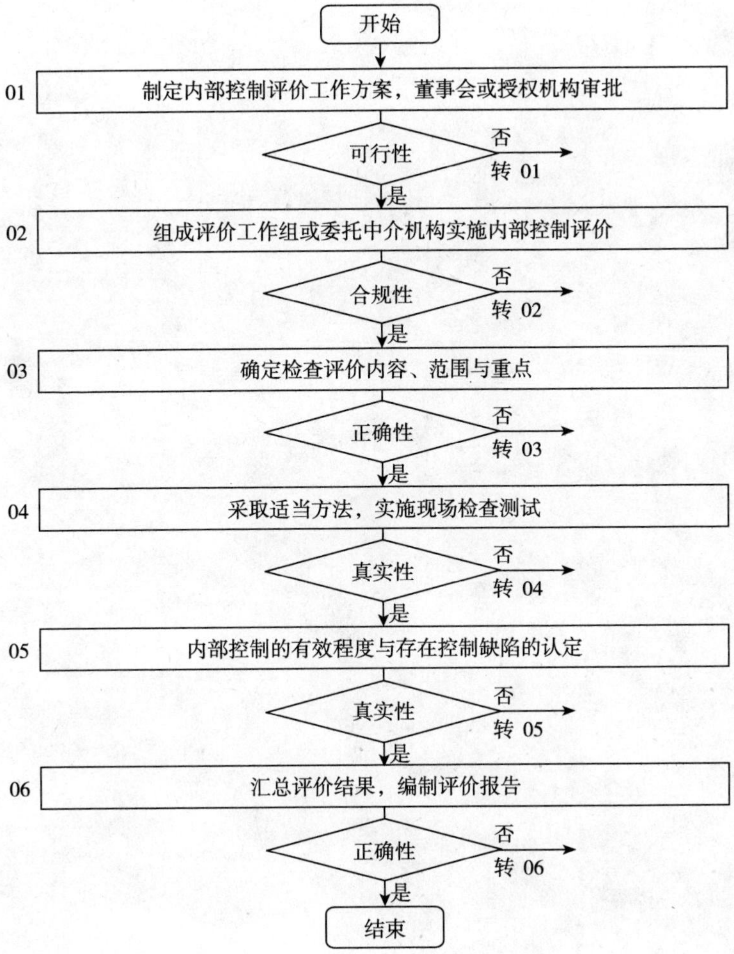

第 6 章　预算管理工作标准

预算是指企业结合整体目标及资源调配能力，经过合理预测、综合计算和全面平衡，对当年或者超过一个年度的生产经营和财务事项进行相关额度指标、经费指标的计划和安排的过程。

全面预算是指企业对一定期间经营活动、投资活动、财务活动等作出的预算安排。其中经营活动预算包括销售预算、生产预算等；投资活动预算包括固定资产投资预算、权益性资本投资预算等；财务预算是落实企业各项预算结果的预算，是全面预算的最终环节。

6.1 预算管理基础工作

6.1.1 预算管理工作岗位

企业开展全面预算，就是“全额、全面、全员”的预算工作。全额是指根据企业战略制定合理的利润目标，将企业所有业务活动，经营活动、投资活动、筹资活动等以价值量的形式表现出来，使管理信息真实地反映业务活动，并提供绩效考评的标准，从而实现企业资源的合理配置。全面是指通过预算经营活动进行全面的计划、组织、协调和控制，使企业战略落实在企业日常活动中。全员是指通过预算来合理设计权责体系，使企业全体员工真正参与到预算管理中来，最大限度地调动他们的工作积极性。

预算管理工作岗位就是各个部门负责完成上述预算工作的人员。如上所述，由于预算内容不同、单位不同、任务不同，负责预算工作的同志要求就有所不同。预算管理工作岗位包括经营活动预算管理岗位或者称为经营计划管理岗位，企业投资活动预算管理工作岗位可称为投资管理与核算岗位，企业财务部门预算管理工作岗位就是负责完成企业财务预算工作的会计岗位。

预算管理工作岗位在财务部门负责组织预算编制、预算监督执行、决算考核等工作。

6.1.2 预算管理工作人员

预算管理工作综合性强，对企业生产经营管理流程需要清晰准确的认识，由于预算管理人员需要深入企业各个部门了解熟悉情况，因此其业务素质和工作沟通能力要求很高。不仅要熟悉企业业务经营管理工作，还要熟悉企业财务管理工作，因此，预算管理工作者需要熟悉企业发展战略和企业经营业务内容，才会指导企业相关人员科学编制预算、执行预算和总结评价预算工作。

根据企业情况，该岗位应由熟悉企业财务管理、预算管理，了解企业预算编制、执行与调整等相关知识，熟悉全面预算制度和企业经营内容和目标，具有高度的工作责任感和敬业精神，具有管理、财经等相关专业本科以上学历，会计师以上职称，掌握预算管理岗位工作标准的同志担任。

预算管理工作岗位的考核指标是：企业年度预算编制及时率、企业各项财务预算达成率、预算控制方案按时编制完成率、各部门预算执行率、预算执行差异分析报告按时完成率、年度预算执行报告书按时完成率等。

企业规模大，内部机构和分子公司众多，管理难度大的企业应当设立预算管理委员会和预算管理部门，开展预算管理工作。

6.1.3 预算管理工作的主要内容

预算管理工作可以划分为预算编制工作、预算执行工作和预算执行结果考核工作三部分，其中编制工作主要包括预算草案编制、预算平衡修正以及预算下达等工作；执行工作主要包括预算执行、预算执行分析和预算调整控制等工作；考核工作主要包括预算审计和预算考核等工作。

预算管理工作核心是建立企业预算工作标准体系，为预算工作建立相应配套的执行、控制机制。

日常具体工作还包括开展市场调查，及时了解相关的财务政策变化，做好预算前期调研工作；根据企业年度经营目标组织编制企业财务预算纲要及财务部应编制的各项预算，包括投资收益预算、资本性收支预算、现金流量预算等。

指导各预算责任部门按统一格式编制各部门预算草案并进行初审，初步形成企业的销售收入预算、成本费用预算、采购预算等相关预算；汇总、平衡企业各部门的预算，就平衡过程中发现的问题进行协调，提出初步调整建议，在此基础上提出企业下一年度预算草案，报财务经理审核后报高层审批。

编制预算控制管理方案，保证成本目标和利润目标的实现；监督企业各项预算的执行情况，审阅预算调整建议案，进行初审、协调与平衡后，及时向管理层进行反馈。

定期汇总、分析各部门编制的预算执行差异分析报告，根据实际经营情况，定期更新已编制的预算，使企业的各项预算更趋合理。

通过预算控制系统，跟踪监督和控制预算责任部门的日常支出和预算执行情况，考核各责任部门的预算执行成果，并提出奖惩建议。对各责任部门的预算编制、执行情况进行考核与评价。

6.1.4 预算管理工作思路导图

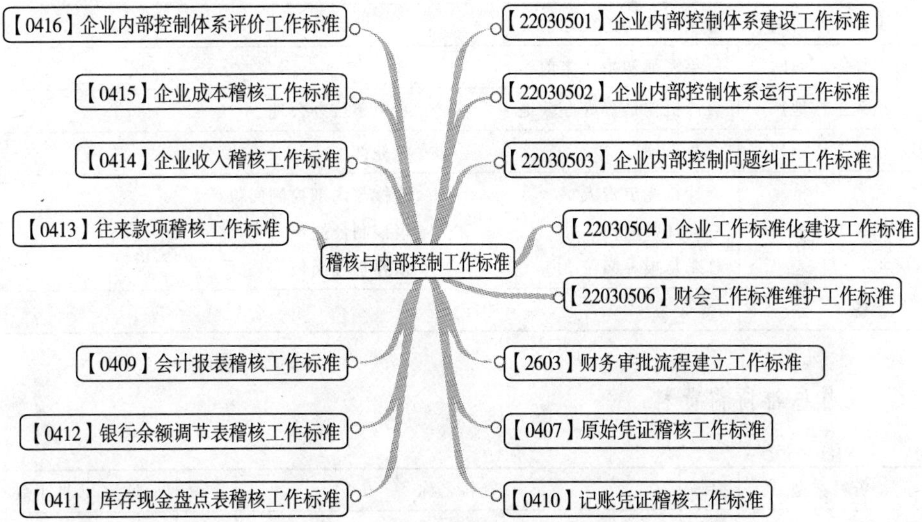

图 6-1 预算管理工作思路导图

6.2 预算管理岗位工作标准

6.2.1 完善会计核算体系工作标准

标准编码：2302

标准名称：完善会计核算体系工作标准

工作标准名称释义

完善会计核算体系工作标准是指企业依据全面预算制度及其他财务管理制度，结合企业实际，对企业会计核算系统进行改进完善的工作规范。

工作标准基本表格

工作核心目标	改进完善会计核算体系	
工作开始时间	每年账簿初始化之前	
工作结束时间	每年账簿初始化之前	
相关工作地点	会计机构负责人办公地	有关单位办公地
相关工作单位	财务部门	财务部
相关工作人员	会计机构负责人 总会计师岗位 总账与报表岗位	稽核与内部控制岗位 审核制证岗位 预算管理岗位
备　　注		

工作标准所需资料

资料类型	编码	资料名称	单位	原件数	复印数
事前准备资料	01	上年末会计科目余额表	份	1	0
	02	集团公司会计制度	份	1	0
	03	审计发现的核算体系问题	份	1	0
事中产生资料	04	会计科目设置方案	份	1	0
	05	会计核算体系修改方案	份	1	0
事后结果资料	06	修改完善后的会计核算体系	份	1	0
	07	年初新建会计科目余额表	份	1	0
技术要求资料	08	会计基础工作规范	份	1	0
	09	企业会计准则	份	1	0
	10	企业内部控制基本规范	份	1	0

相关工作标准

标准编码	标准名称
22030301	会计核算制度规划工作标准

工作标准流程图

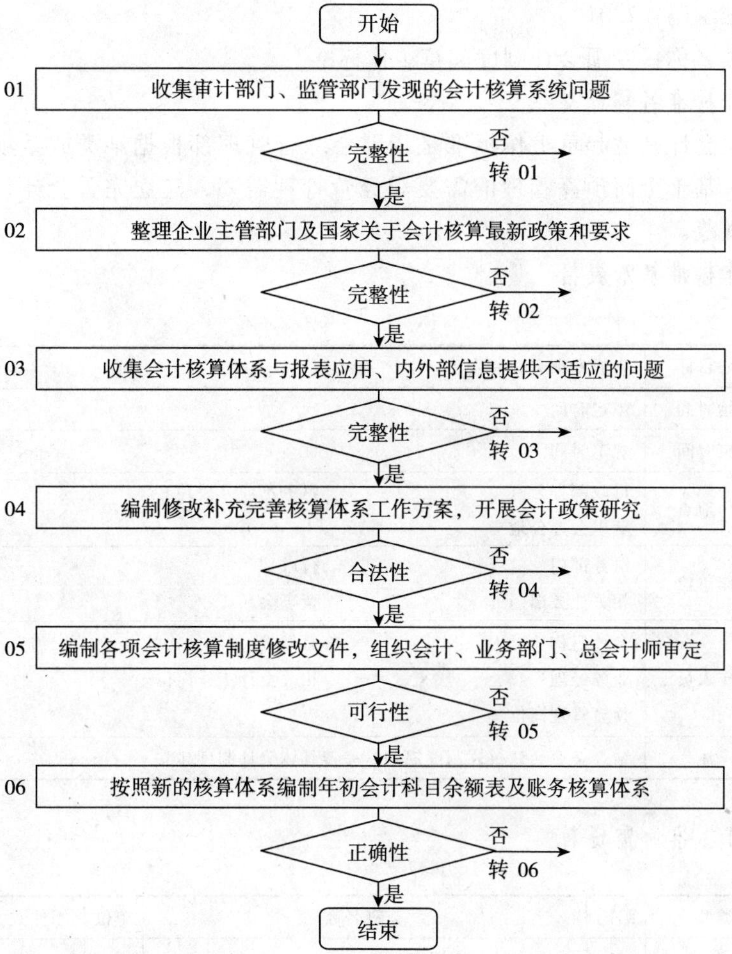
开始
01
收集审计部门、监管部门发现的会计核算系统问题
完整性
否
转 01
是
02
整理企业主管部门及国家关于会计核算最新政策和要求
完整性
否
转 02
是
03
收集会计核算体系与报表应用、内外部信息提供不适应的问题
完整性
否
转 03
是
04
编制修改补充完善核算体系工作方案，开展会计政策研究
合法性
否
转 04
是
05
编制各项会计核算制度修改文件，组织会计、业务部门、总会计师审定
可行性
否
转 05
是
06
按照新的核算体系编制年初会计科目余额表及账务核算体系
正确性
否
转 06
是
结束

6.2.2 专项会计制度起草工作标准

标准编码：2301

标准名称：专项会计制度起草工作标准

工作标准名称释义

专项会计制度起草工作标准是指财会综合管理部根据某类或某项重大业务事项，基于全面预算管理的需要和经营管理需要，建立完善会计核算制度的工作规范。

工作标准基本表格

工作核心目标	完成专项会计制度建立	
工作开始时间	规定时间	
工作结束时间	规定时间	
相关工作地点	行政部办公室 董事会办公地	财务部门办公地
相关工作单位	财务部门 相关业务部门	行政部 董事会
相关工作人员	会计机构负责人 业务经理 预算管理岗位	总经理 相关会计工作岗位
备　　注	结合企业会计核算制度规划，完善具体会计制度建立	

工作标准所需资料

资料类型	编码	资料名称	单位	原件数	复印数
事前准备资料	01	专项会计制度调查报告	份	1	0
	02	专项财务管理问题相关资料	份	1	0
事中产生资料	03	工作流、数据流、审批流分析报告	份	1	0
	04	专项会计制度（草案）	份	1	0
事后结果资料	05	专项会计制度（执行稿）	份	1	0
技术要求资料	06	企业财务管理制度	份	1	0
	07	企业内部控制基本规范	份	1	0

相关工作标准

标准编码	标准名称
22030301	会计核算制度规划工作标准

工作标准流程图

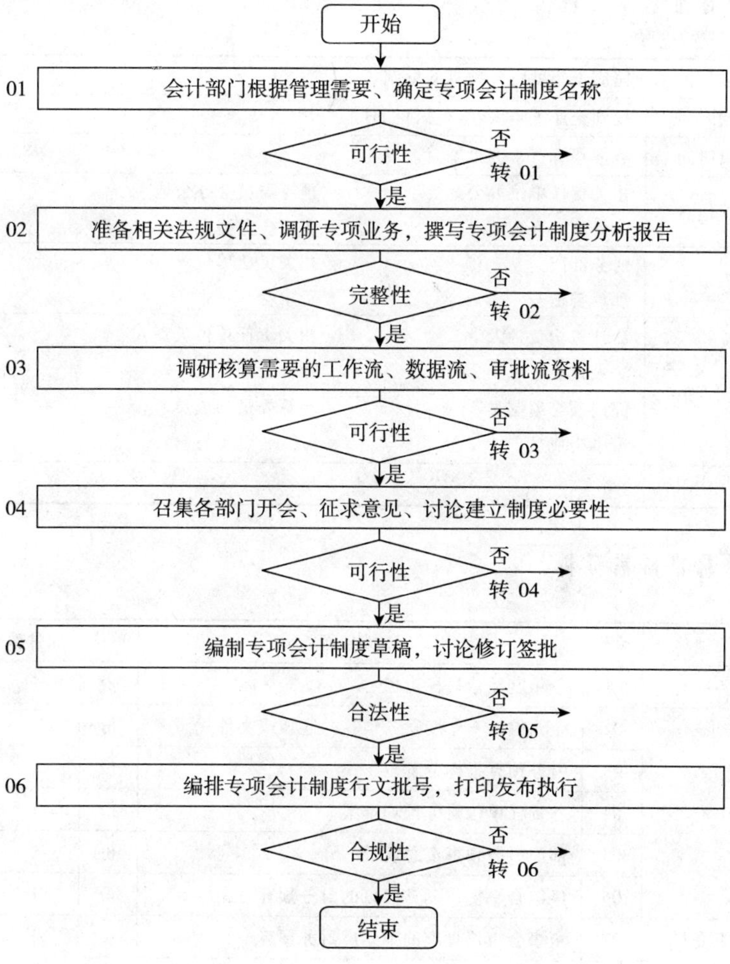

6.2.3 组织编制年度财务预算工作标准

标准编码：2320

标准名称：组织编制年度财务预算工作标准

工作标准名称释义

组织编制年度财务预算工作标准是指会计机构负责人依据企业年度预算经营目标，组织相关部门与人员编制企业年度财务预算的工作规范。

工作标准基本表格

工作核心目标	完成下年度财务预算的编制	
工作开始时间	接到企业下年度经营总目标时	
工作结束时间	财务预算董事会批准时	
相关工作地点	相关责任单位办公地 财务部门办公地	预算委员会办公地 董事会办公地
相关工作单位	财务部门 预算委员会	相关责任单位 董事会
相关工作人员	会计机构负责人 法人代表 部门预算编制员 董事会成员	相关责任单位负责人 预算管理岗位 预算委员会成员
备　　注		

工作标准所需资料

资料类型	编码	资料名称	单位	原件数	复印数
事前准备资料	01	下年度经营目标指标	份	1	1
事中产生资料	02	企业编制下年度财务预算的通知或文件	份	1	0
	03	财务预算指标分解表	份	1	0
	04	各责任单位财务预算草案	份	1	0
	05	部门财务预算汇总表	份	1	0
	06	经综合平衡、调整修订的财务预算方案	份	1	0
事后结果资料	07	董事会审议批准的下年度财务预算	份	1	0
技术要求资料	08	企业财务通则解读	份	1	0

相关工作标准

标准编码	标准名称
01	年度收入预算编制工作标准
02	年度预算编制工作标准
03	年度财务支出预算编制工作标准

工作标准流程图

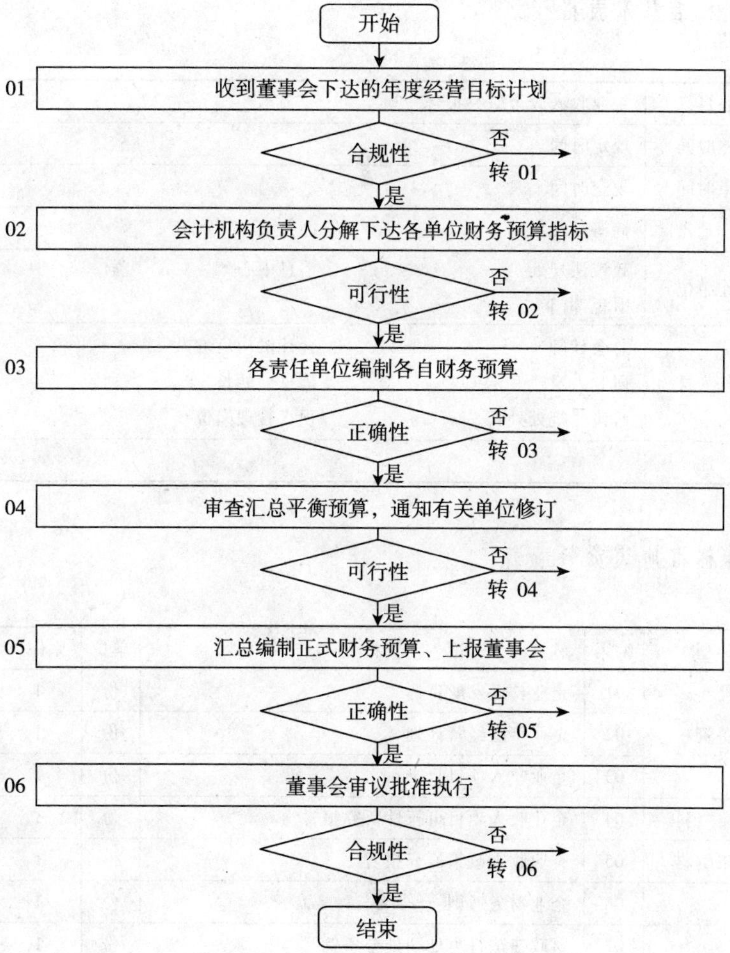

6.2.4 企业收入政策研究工作标准

标准编码：22020109

标准名称：企业收入政策研究工作标准

工作标准名称释义

企业收入政策研究工作标准是指企业根据长远发展目标及年度经营计划，研究确定企业收入项目、收入依据、收入数量、收入环节等相关收入政策的工作规范。

工作标准基本表格

工作核心目标	企业收入政策研究报告	
工作开始时间	规定时间	
工作结束时间	规定时间	
相关工作地点	调研点现场	办公室
相关工作单位	政策法规处 财税部门	信息中心
相关工作人员	总会计师 研究人员 政策法规处处长	会计机构负责人 信息处处长 预算管理岗位
备　　注		

工作标准所需资料

资料类型	编码	资料名称	单位	原件数	复印数
事前准备资料	01	企业长远发展目标	份	1	1
	02	企业年度经营计划	份	1	0
	03	企业收入项目目录	份	1	0
事中产生资料	04	企业收入项目可行性研究报告	份	1	0
事后结果资料	05	企业收入政策研究报告	份	1	0
技术要求资料	06	企业财务通则	份	1	0
	07	财政违法行为处罚处分条例	份	1	0

相关工作标准

标准编码	标准名称
22020110	单位成本政策研究工作标准
220202	财经政策研究成果应用工作标准

工作标准流程图

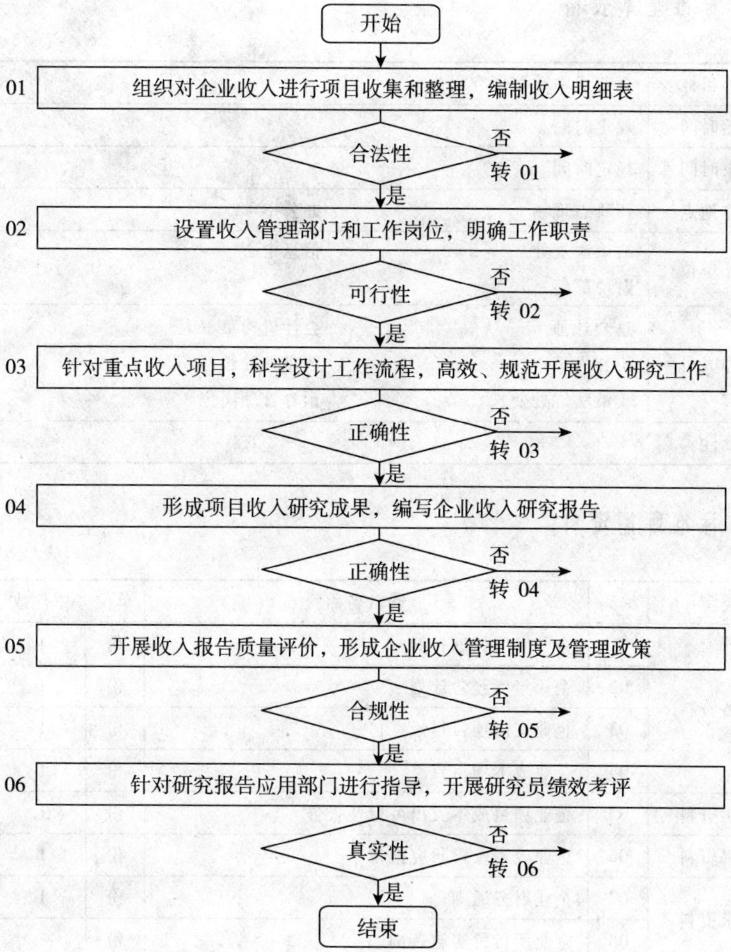

6.2.5 单位成本政策研究工作标准

标准编码：22020110

标准名称：单位成本政策研究工作标准

工作标准名称释义

企业成本政策研究工作标准是指企业根据长远发展目标及年度经营计划，研究确定企业支出项目、支出依据、支出数量、支出环节等相关控制政策的工作规范。

工作标准基本表格

工作核心目标	企业成本政策研究报告	
工作开始时间	规定时间	
工作结束时间	规定时间	
相关工作地点	调研点现场	办公室
相关工作单位	政策法规处 财税部门	信息中心
相关工作人员	总会计师 研究人员 政策法规处处长	会计机构负责人 信息处处长 预算管理岗位
备　注		

工作标准所需资料

资料类型	编码	资料名称	单位	原件数	复印数
事前准备资料	01	企业发展长远目标	份	1	1
	02	企业年度经营计划	份	1	0
	03	企业支出项目目录	份	1	0
	04	企业成本项目目录	份	1	0
事中产生资料	05	企业项目成本支出可行性报告	份	1	0
事后结果资料	06	企业成本政策研究报告	份	1	0
技术要求资料	07	企业财务通则	份	1	0
	08	企业所得税实施条例	份	1	0

相关工作标准

标准编码	标准名称
22020109	企业收入政策研究工作标准
220202	财经政策研究成果应用工作标准

工作标准流程图

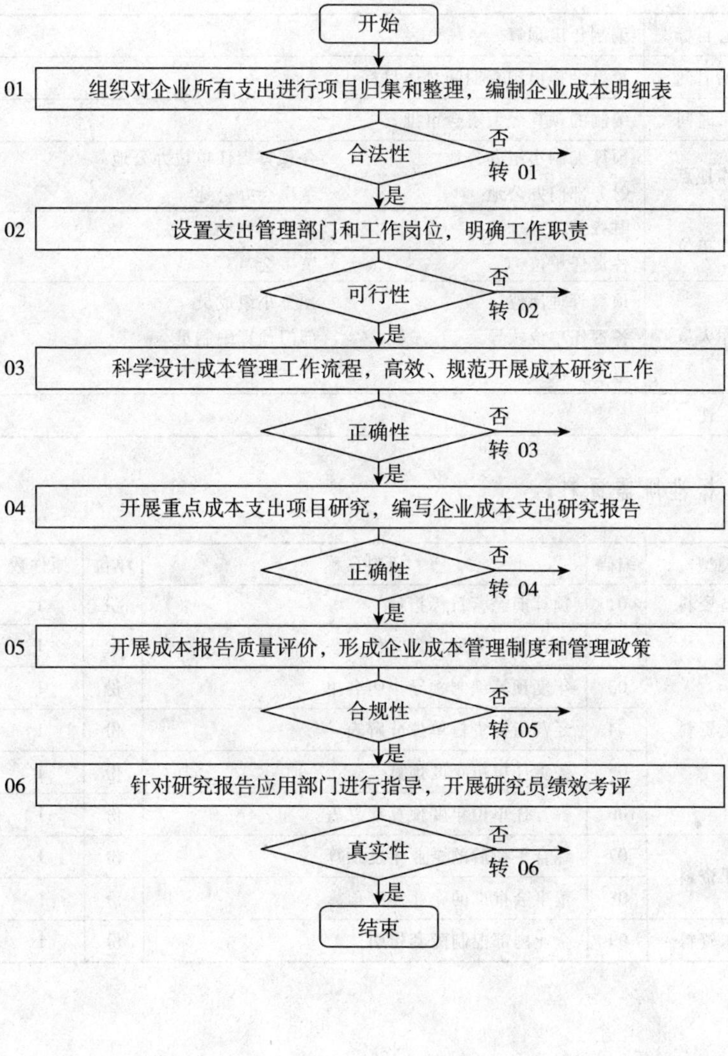

6.2.6 组织预算编制工作标准

标准编码：060105

标准名称：组织预算编制工作标准

工作标准名称释义

组织预算编制工作标准是指企业制定规定期间经营目标，组织编制规定期间预算的工作规范。

工作标准基本表格

工作核心目标	编制年度预算	
工作开始时间	董事会提出预算期间总体目标	
工作结束时间	编制的预算经董事会审批	
相关工作地点	预算编制小组办公地 财务部门办公地	各预算责任单位办公地 董事会办公地
相关工作单位	财务部门 各责任单位	预算编制小组 董事会
相关工作人员	预算管理岗位 各责任单位领导 董事会成员	预算小组成员 部门预算编制员
备　　注		

工作标准所需资料

资料类型	编码	资料名称	单位	原件数	复印数
事前准备资料	01	预算期经营目标指标	份	1	0
事中产生资料	02	企业编制年度预算文件	套	1	0
	03	年度预算编制领导小组名单	份	1	0
	04	经营指标责任单位分解表	份	1	0
	05	各责任单位年度预算	份	1	0
	06	各责任单位年度预算汇总表	份	1	0
事后结果资料	07	综合平衡后的企业年度预算	份	1	0
	08	董事会批准的企业年度预算	份	1	0
技术要求资料	09	企业内部控制配套指引	份	1	0

相关工作标准

标准编码	标准名称
0601	部门预算编制工作标准

工作标准流程图

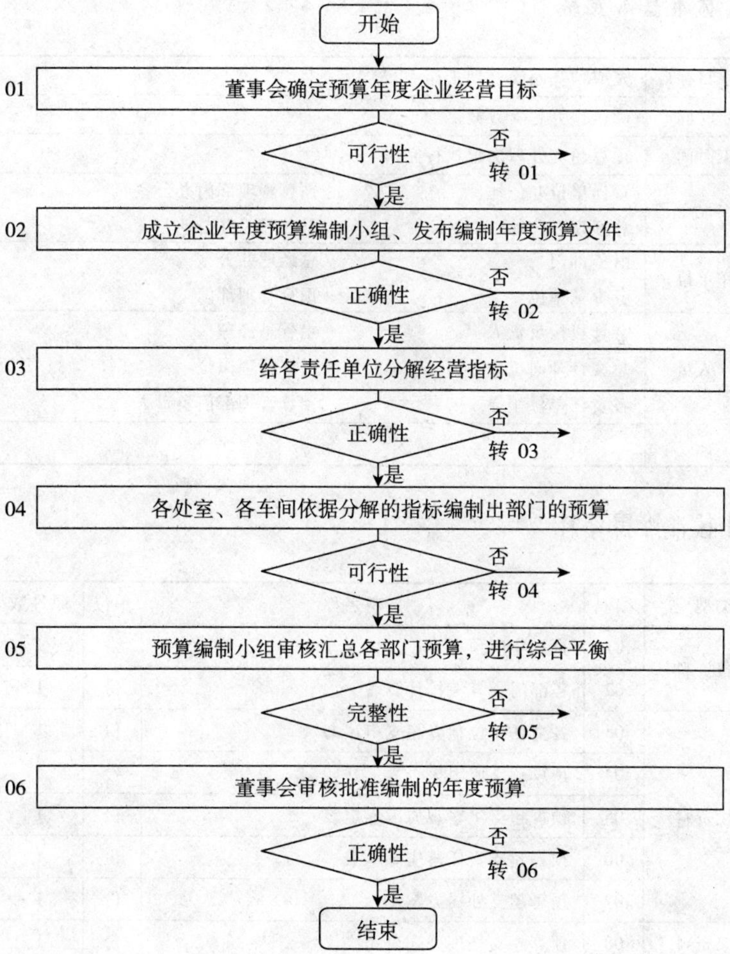

6.2.7 预算超支处理工作标准

标准编码：060109

标准名称：预算超支处理工作标准

工作标准名称释义

预算超支处理工作标准是指预算管理部门对于期末预算执行中发生的预算超支情况进行处理的工作规范。

工作标准基本表格

工作核心目标	完成预算超支处理工作	
工作开始时间	确认预算超支数额	
工作结束时间	预算超支处理决定执行完毕	
相关工作地点	责任单位办公地 总经理办公地	预算管理部门办公室 财务部门办公地
相关工作单位	财务部门 各责任单位	总经理办公室 预算管理部门
相关工作人员	会计机构负责人 总会计师岗位 各责任单位领导	主管总经理 预算管理岗位 预算管理部门负责人
备　注		

工作标准所需资料

资料类型	编码	资料名称	单位	原件数	复印数
事前准备资料	01	企业年度预算	份	1	1
	02	各部门预算考核计算表	份	1	0
事中产生资料	03	各责任单位预算超支申述书	份	1	1
	04	预算超支原因核查表	份	1	0
	05	预算超支主客观原因界定表	份	1	0
	06	预算超支责任落实确认表	份	1	0
	07	预算超支处罚方案	份	1	0
事后结果资料	08	预算超支处理处罚公司决议	份	1	0
技术要求资料	09	企业内部控制配套指引	册	1	0

相关工作标准

标准编码	标准名称
060108	预算完成考核工作标准

工作标准流程图

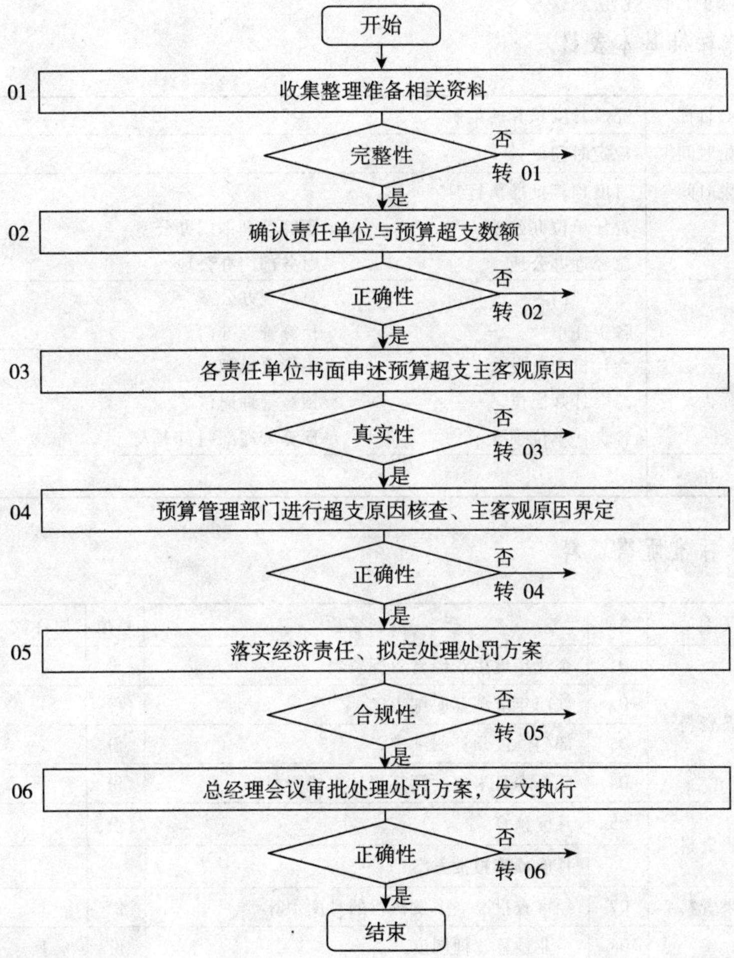

6.2.8 企业月度预算编制工作标准

标准编码：060203

标准名称：企业月度预算编制工作标准

工作标准名称释义

企业月度预算编制工作标准是指企业各预算执行部门根据年度及本季度预算目标，结合预算执行进度和客观实际情况，分解编制本部门月度预算（计划）的工作规范。

工作标准基本表格

工作核心目标	完成月度预算的编制	
工作开始时间	规定时间	
工作结束时间	月度预算批准执行时	
相关工作地点	责任单位办公地 总经理办公地	预算管理部门办公室 财务部门办公地
相关工作单位	财务部门 各责任单位	总经理办公室 预算管理部门
相关工作人员	会计机构负责人 总会计师岗位 各责任单位领导	主管总经理 预算管理岗位 预算管理部门负责人
备　　注		

工作标准所需资料

资料类型	编码	资料名称	单位	原件数	复印数
事前准备资料	01	企业年度生产经营目标资料	份	1	0
	02	部门年度预算明细表	份	1	0
	03	部门季度预算明细表	份	1	0
	04	截至本月末年度预算累计完成资料	份	1	0
事中产生资料	05	月度预算	份	1	0
	06	月度预算报批方案			
事后结果资料	07	经审查批准、下发执行的月度预算	份	1	0
技术要求资料	08	企业预算管理制度	份	1	0
		关于企业实行财务预算管理的指导意见	份	1	0

工作标准流程图

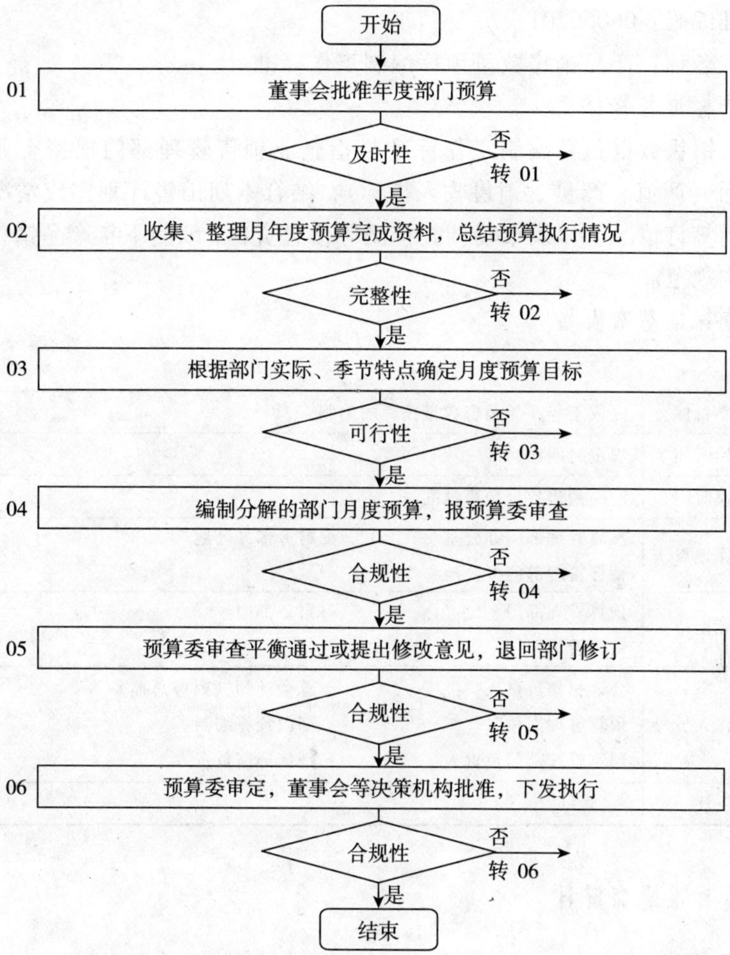
开始
01
董事会批准年度部门预算
及时性
否
转 01
是
02
收集、整理月年度预算完成资料，总结预算执行情况
完整性
否
转 02
是
03
根据部门实际、季节特点确定月度预算目标
可行性
否
转 03
是
04
编制分解的部门月度预算，报预算委审查
合规性
否
转 04
是
05
预算委审查平衡通过或提出修改意见，退回部门修订
合规性
否
转 05
是
06
预算委审定，董事会等决策机构批准，下发执行
合规性
否
转 06
是
结束

6.2.9 产品销售数量预算编制工作标准

标准编码：06050201

标准名称：产品销售数量预算编制工作标准

工作标准名称释义

产品销售数量预算编制工作标准是指企业销售管理部门根据企业生产经营总目标（产值、产量、销售收入指标），结合本期销售计划完成情况，产品销售合同签订情况，以及市场调查预测等信息资料，编制下年产品销售数量预算的工作规范。

工作标准基本表格

工作核心目标	完成下年产品销售数量预算的编制	
工作开始时间	规定时间	
工作结束时间	产品销售数量预算批准时	
相关工作地点	预算管理部门办公室 销售管理部门办公地	财务部办公地
相关工作单位	预算管理部门 销售管理部门	财务部门
相关工作人员	会计机构负责人 预算管理岗位 预算管理部门负责人	总会计师（财务总监） 部门预算编制员 销售部门负责人
备　　注		

工作标准所需资料

资料类型	编码	资料名称	单位	原件数	复印数
事前准备资料	01	企业下年度生产经营总目标资料	份	1	0
	02	企业关于编制下年预算的通知（文件）	份	1	0
	03	本年度主要产品销售预计完成情况资料	份	1	0
	04	已签订销售合同统计资料	份	1	0
	05	下年市场需求调查预测	份	1	0

续表

资料类型	编码	资料名称	单位	原件数	复印数
事中准备资料	06	下年产品销售数量预算草案	份	1	0
事后准备资料	07	批准的下年度产品销售数量预算	份	1	0
技术要求资料	08	企业内部控制基本规范	份	1	0
	09	企业财务通则解读	份	1	0

相关工作标准

标准编码	标准名称
06020101	年度销售收入预算编制工作标准
06020117	年度财务收入预算编制工作标准
06020118	年度财务支出预算编制工作标准

工作标准流程图

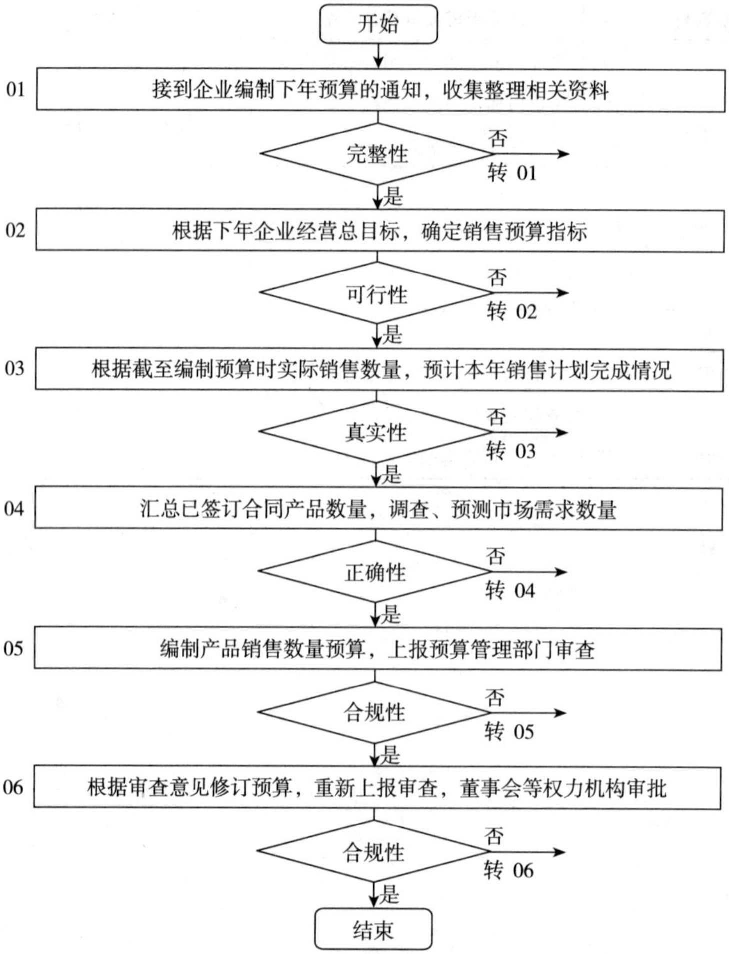
开始
01
接到企业编制下年预算的通知，收集整理相关资料
完整性
否
转 01
是
02
根据下年企业经营总目标，确定销售预算指标
可行性
否
转 02
是
03
根据截至编制预算时实际销售数量，预计本年销售计划完成情况
真实性
否
转 03
是
04
汇总已签订合同产品数量，调查、预测市场需求数量
正确性
否
转 04
是
05
编制产品销售数量预算，上报预算管理部门审查
合规性
否
转 05
是
06
根据审查意见修订预算，重新上报审查，董事会等权力机构审批
合规性
否
转 06
是
结束

6.2.10 销售收入预算编制工作标准

标准编码：06050202

标准名称：销售收入预算编制工作标准

工作标准名称释义

销售收入预算编制工作标准是指销售管理部门根据企业下年度生产经营总目标、本年销售计划预计完成情况，结合已签订的销售合同和市场预测资料，编制销售收入预算的工作规范。

工作标准基本表格

工作核心目标	完成下年季度销售收入预算的编制	
工作开始时间	规定时间	
工作结束时间	销售收入预算批准时	
相关工作地点	预算管理部门办公室 销售管理部门办公地	财务部办公地
相关工作单位	预算管理部门 销售管理部门	财务部门
相关工作人员	总会计师（财务总监） 部门预算编制员 会计机构负责人	预算管理岗位 预算管理部门负责人 销售管理部门负责人
备　注		

工作标准所需资料

资料类型	编码	资料名称	单位	原件数	复印数
事前准备资料	01	企业下年度生产经营总目标资料	份	1	0
	02	本年度销售计划预计完成情况资料	份	1	0
	03	已签订的销售合同汇总资料	份	1	0
事中准备资料	04	市场调查预测资料	份	0	0
	05	下年度销售收入预算草案	份	1	0
事后准备资料	06	批准的下年度销售收入预算	份	1	0
技术要求资料	07	企业内部控制基本规范	份	1	0
	08	企业财务通则解读	份	1	0

相关工作标准

标准编码	标准名称
06020117	年度财务收入预算编制工作标准

工作标准流程图

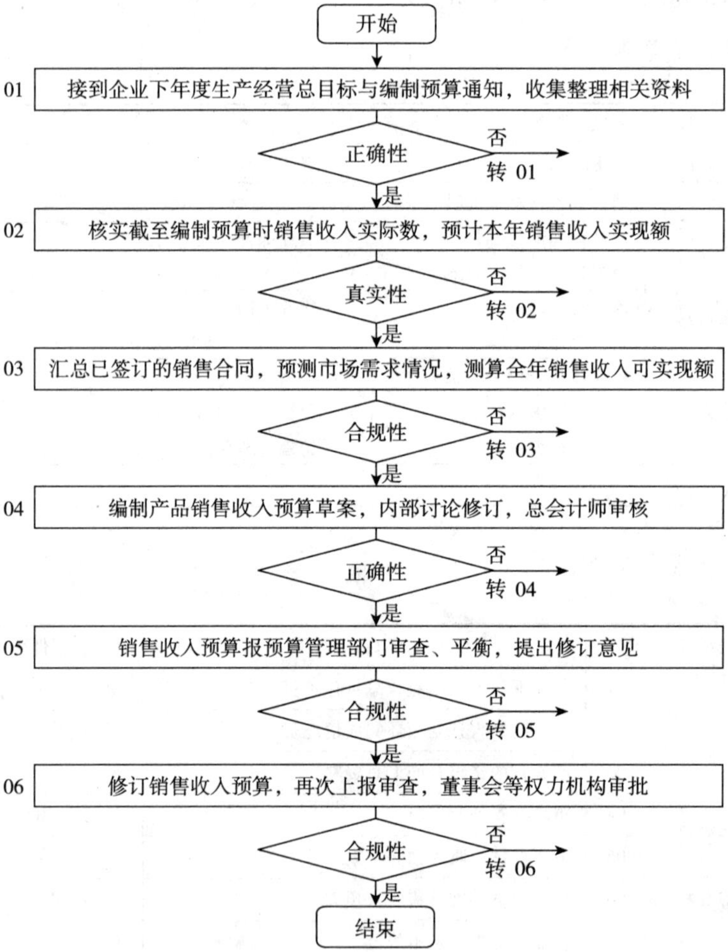

6.2.11 销售货款回收预算编制工作标准

标准编码：06050203

标准名称：销售货款回收预算编制工作标准

工作标准名称释义

销售货款回收预算编制工作标准是指销售管理部门根据企业下年度生产经营总目标、本年销售货款回收完成情况，结合已签订的销售合同和下年度销售收入预算等资料编制货款回收预算的工作规范。

工作标准基本表格

工作核心目标	完成下年度销售货款回收预算的编制	
工作开始时间	规定时间	
工作结束时间	销售货款回收预算批准时	
相关工作地点	预算管理部门办公室 销售管理部门办公地	财务部办公地
相关工作单位	预算管理部门 销售管理部门	财务部门
相关工作人员	会计机构负责人 预算管理岗位 预算管理部门负责人	总会计师（财务总监） 部门预算编制员 销售管理部门负责人
备　注		

工作标准所需资料

资料类型	编码	资料名称	单位	原件数	复印数
事前准备资料	01	应收账款明细账	份	1	0
	02	企业下年度生产经营总目标资料	份	1	0
	03	本年度销售计划预计完成情况资料	份	1	0
	04	本年销售货款回收记录	份	1	0
	05	已签订的下年销售合同汇总资料	份	1	0
	06	下年产品销售收入预算资料	份	1	0

续表

资料类型	编码	资料名称	单位	原件数	复印数
事中准备资料	07	下年销售货款回收测算资料	份	1	0
	08	下年度销售货款回收预算草案	份	1	0
事后准备资料	09	批准的下年度销售货款回收预算	份	1	0
技术要求资料	10	企业内部控制基本规范	份	1	0
事后准备资料	11	企业财务通则解读	份	1	0

相关工作标准

标准编码	标准名称
06020117	年度财务收入预算编制工作标准
06050201	产品销售数量预算编制工作标准

工作标准流程图

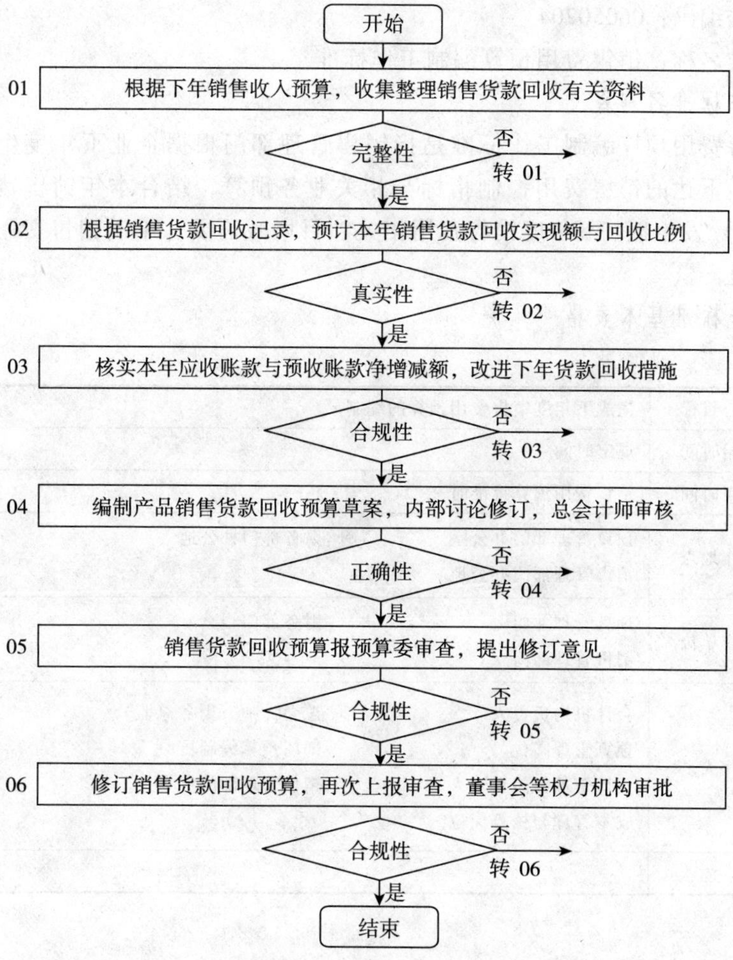

开始
01
根据下年销售收入预算，收集整理销售货款回收有关资料
完整性
否
转 01
是
02
根据销售货款回收记录，预计本年销售货款回收实现额与回收比例
真实性
否
转 02
是
03
核实本年应收账款与预收账款净增减额，改进下年货款回收措施
合规性
否
转 03
是
04
编制产品销售货款回收预算草案，内部讨论修订，总会计师审核
正确性
否
转 04
是
05
销售货款回收预算报预算委审查，提出修订意见
合规性
否
转 05
是
06
修订销售货款回收预算，再次上报审查，董事会等权力机构审批
合规性
否
转 06
是
结束

6.2.12 销售费用预算编制工作标准

标准编码：06050204

标准名称：销售费用预算编制工作标准

工作标准名称释义

销售费用预算编制工作标准是指销售管理部门根据企业下年度生产经营总目标、下达的销售费用控制指标与相关业务预算，结合本年销售费用实际（或预计）发生额、下年度销售费用相关项目增减需要，编制销售费用预算的工作规范。

工作标准基本表格

工作核心目标	完成下年度销售费用预算的编制	
工作开始时间	规定时间	
工作结束时间	销售费用预算批准时	
相关工作地点	预算管理部门办公室 销售管理部门办公地	财务部门办公地
相关工作单位	预算管理部门 销售管理部门	财务部门
相关工作人员	会计机构负责人 预算管理岗位 预算管理部门负责人 成本管理与核算岗位	总会计师（财务总监） 部门预算编制员 销售管理部门负责人
备　　注		

工作标准所需资料

资料类型	编码	资料名称	单位	原件数	复印数
事前准备资料	01	销售费用明细账	份	1	0
	02	企业下年度生产经营总目标资料	份	1	0
	03	本年度销售费用明细表（预计）	份	1	0
	04	最近三年销售费用明细表	份	1	0
	05	下年产品销售收入预算资料	份	1	0
事中准备资料	06	下年销售费用明细项目测算资料	份	1	0
	07	下年度销售费用预算草案	份	1	0
事后准备资料	08	批准的下年度销售费用预算	份	1	0
技术要求资料	09	企业内部控制基本规范	份	1	0
	10	企业财务通则解读	份	1	0

相关工作标准

标准编码	标准名称
06020101	年度销售收入预算编制工作标准
240312	销售费用实际支出考核工作标准

工作标准流程图

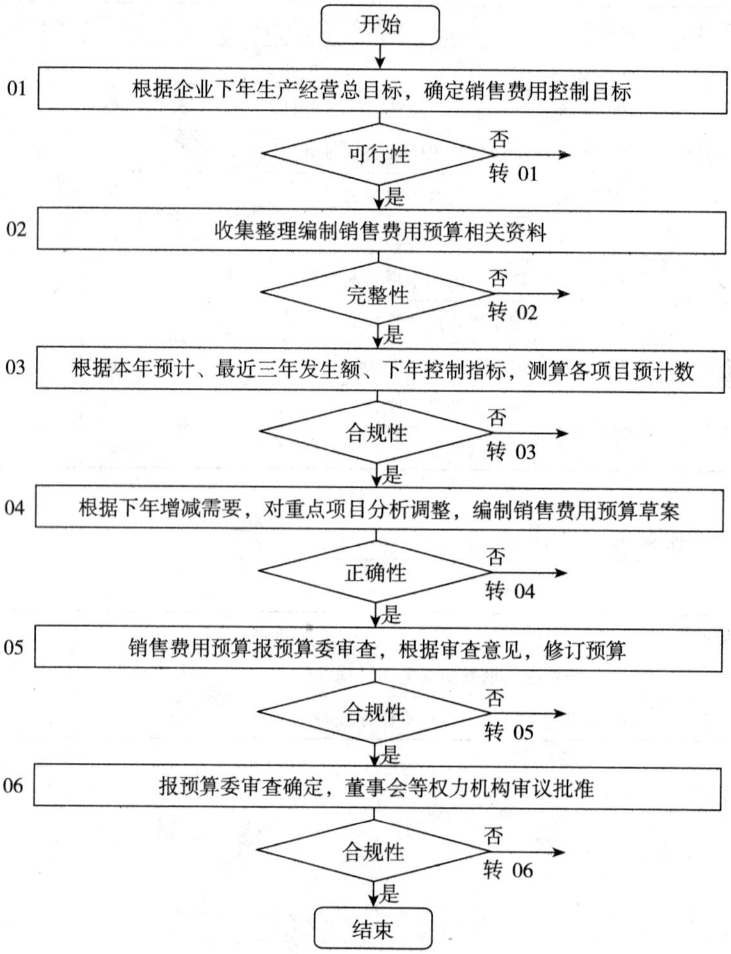
开始
01
根据企业下年生产经营总目标，确定销售费用控制目标
可行性
否
转 01
是
02
收集整理编制销售费用预算相关资料
完整性
否
转 02
是
03
根据本年预计、最近三年发生额、下年控制指标，测算各项目预计数
合规性
否
转 03
是
04
根据下年增减需要，对重点项目分析调整，编制销售费用预算草案
正确性
否
转 04
是
05
销售费用预算报预算委审查，根据审查意见，修订预算
合规性
否
转 05
是
06
报预算委审查确定，董事会等权力机构审议批准
合规性
否
转 06
是
结束

6.2.13 成本预算编制工作标准

标准编码：060204

标准名称：成本预算编制工作标准

工作标准名称释义

成本预算编制工作标准是指成本管理与核算岗位依据企业生产经营预算与材料动能消耗定额编制产品成本预算的工作规范。

工作标准基本表格

工作核心目标	完成成本预算编制工作	
工作开始时间	生产预算确定以后	
工作结束时间	编制的成本预算报经领导与预算管理部门审批通过	
相关工作地点	预算管理部门办公室 财务部门办公地	产品生产车间办公地
相关工作单位	财务部门 生产车间	预算管理部门
相关工作人员	总会计师岗位 预算管理部门负责人 会计机构负责人	预算管理岗位 生产车间负责人 成本管理与核算岗位
备　注		

工作标准所需资料

资料类型	编码	资料名称	单位	原件数	复印数
事前准备资料	01	年度生产预算	份	1	1
	02	产品材料动能消耗定额	份	1	0
	03	材料动能计划采购价格表	份	1	0
	04	上年生产费用汇总表	份	1	1
	05	上年生产成本汇总表	份	1	0

续表

资料类型	编码	资料名称	单位	原件数	复印数
事中产生资料	06	预算的材料动能费用总成本	份	1	1
	07	预算的折旧费成本总额	份	1	0
	08	预算的职工薪酬费用成本总额	份	1	0
	09	预算的其他制造费用成本总额	份	1	0
	10	预算的废品损失成本总额	份	1	0
事后结果资料	11	编制的预算总成本明细汇总表	份	1	0
	12	预算的单位产品制造成本	份	1	0
技术要求资料	13	企业内部控制配套指引	份	1	0

相关工作标准

标准编码	标准名称
230202	总制造成本预测工作标准
230201	单位产品成本预测核定工作标准

工作标准流程图

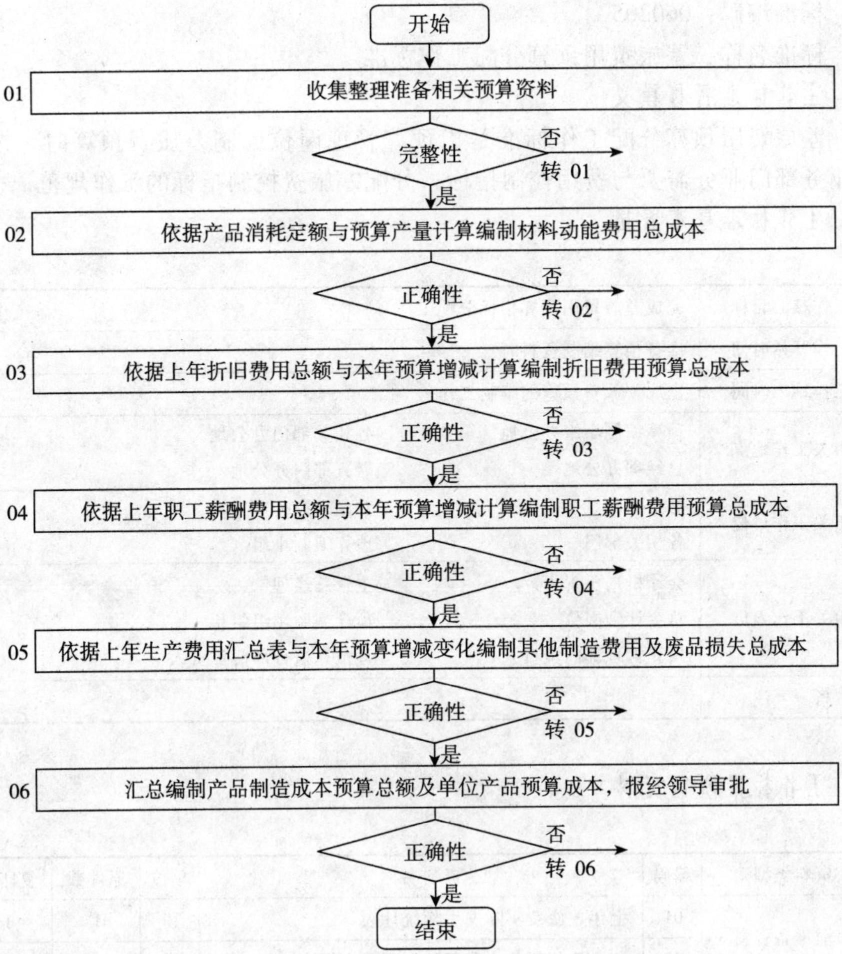
开始
01
收集整理准备相关预算资料
完整性
否
转 01
是
02
依据产品消耗定额与预算产量计算编制材料动能费用总成本
正确性
否
转 02
是
03
依据上年折旧费用总额与本年预算增减计算编制折旧费用预算总成本
正确性
否
转 03
是
04
依据上年职工薪酬费用总额与本年预算增减计算编制职工薪酬费用预算总成本
正确性
否
转 04
是
05
依据上年生产费用汇总表与本年预算增减变化编制其他制造费用及废品损失总成本
正确性
否
转 05
是
06
汇总编制产品制造成本预算总额及单位产品预算成本，报经领导审批
正确性
否
转 06
是
结束

6.2.14 差旅费用预算分配工作标准

标准编码：060205

标准名称：差旅费用预算分配工作标准

工作标准名称释义

差旅费用预算分配工作标准是指预算管理岗位编制差旅费预算时、按照各业务部门业务需要与费用控制指标，分配差旅费控制指标的工作规范。

工作标准基本表格

工作核心目标	完成差旅费用预算指标分配工作	
工作开始时间	准备预算编制资料时	
工作结束时间	完成差旅费预算的编制工作	
相关工作地点	预算编制小组办公地 总经理办公地	各相关部门办公地 财务部门办公地
相关工作单位	财务部门 各相关部门	总经理办公室 预算编制小组
相关工作人员	会计机构负责人 总会计师岗位 预算管理部门负责人	主管总经理 预算编制小组组长 各预算执行部门负责人
备　注		

工作标准所需资料

资料类型	编码	资料名称	单位	原件数	复印数
事前准备资料	01	上年差旅费实际发生额统计表	份	1	1
	02	各业务部门差旅费用计划预算申报表	份	1	1
事中产生资料	03	差旅费用年度预算控制总指标	份	1	0
	04	分配各业务部门的差旅费用预算指标草案	份	1	0
	05	经综合平衡的差旅费用预算分配指标	份	1	0
事后结果资料	06	年度差旅费用预算分配文件	份	1	0
技术要求资料	07	企业内部控制配套指引	册	1	0

相关工作标准

标准编码	标准名称
06020103	年度管理费用预算编制工作标准

工作标准流程图

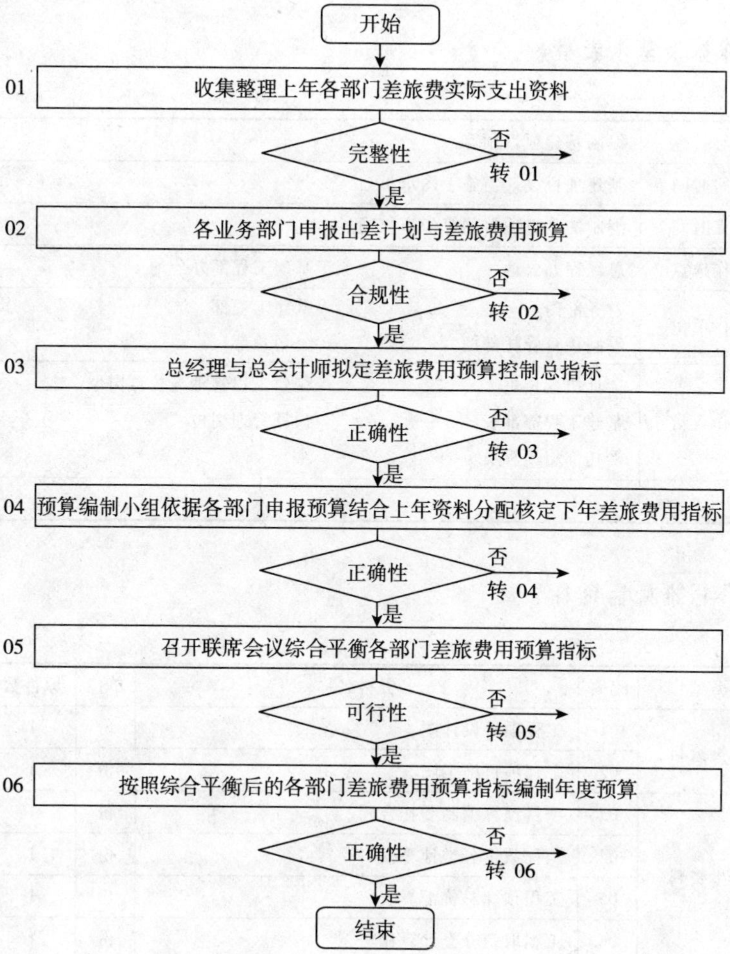

6.2.15 基建项目预算编制工作标准

标准编码：1304

标准名称：基建项目预算编制工作标准

工作标准名称释义

基建项目预算编制工作标准是指企业基建工程部在工程设计图纸与施工图纸审批后，组织或委托专业建筑工程预算员，编制基建项目预算的工作规范。

工作标准基本表格

工作核心目标	编制基建项目预算	
工作开始时间	基建项目设计与施工图审批后	
工作结束时间	编制的基建项目预算经审核通过	
相关工作地点	总经理办公地	基建工程部办公地
相关工作单位	财务部门 编制预算受托部门	基建工程部 公司总部
相关工作人员	会计机构负责人 基建工程部部长 受托部门预算员	在建工程管理与核算岗位 预算管理岗位
备　　注		

工作标准所需资料

资料类型	编码	资料名称	单位	原件数	复印数
事前准备资料	01	工程项目设计图	份	1	0
	02	工程项目施工图	份	1	0
事中产生资料	03	项目预算编制委托合同	份	1	0
	04	工程数量分类计算稿	份	1	0
	05	工程预算总价汇算表	份	1	1
	06	工程取费分类计算稿	份	1	0

续表

资料类型	编码	资料名称	单位	原件数	复印数
事后结果资料	07	工程项目预算会审意见	份	1	0
	08	主管总经理审批意见	份	1	0
	09	工程预算总价会算表	份	1	0
技术要求资料	10	工程预算定额标准	套	1	1
	11	建筑材料预算价格	册	1	0

相关工作标准

标准编码	标准名称
1302	在建工程内部管理制度制定工作标准

工作标准流程图

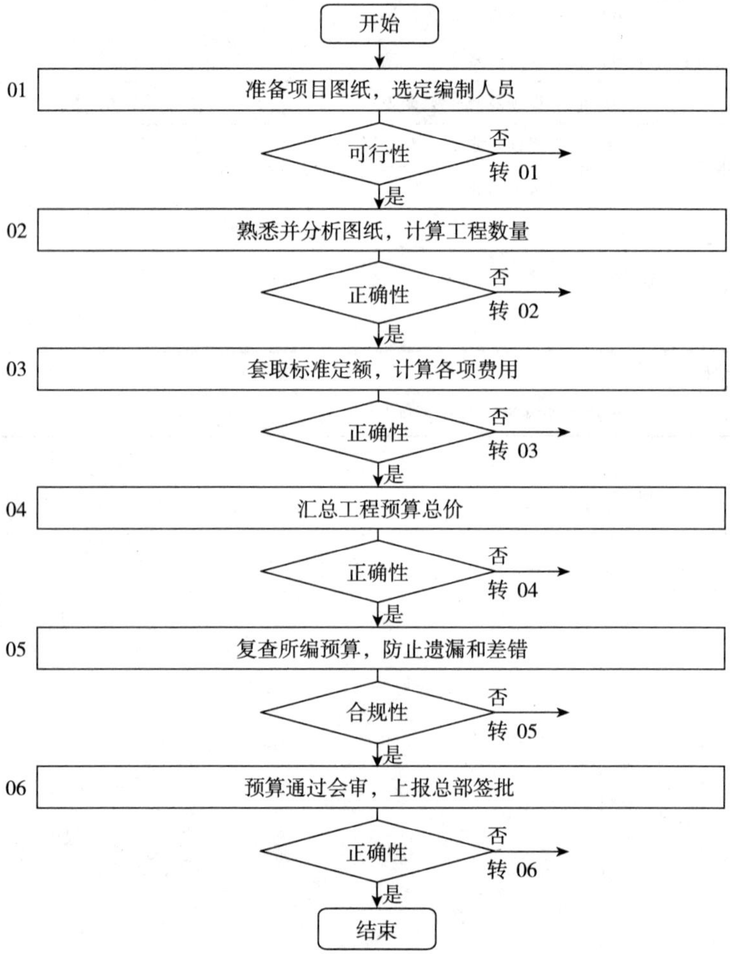
开始
01
准备项目图纸，选定编制人员
可行性
否
转 01
是
02
熟悉并分析图纸，计算工程数量
正确性
否
转 02
是
03
套取标准定额，计算各项费用
正确性
否
转 03
是
04
汇总工程预算总价
正确性
否
转 04
是
05
复查所编预算，防止遗漏和差错
合规性
否
转 05
是
06
预算通过会审，上报总部签批
正确性
否
转 06
是
结束

6.2.16 在建工程竣工决算审计工作标准

标准编码：1307

标准名称：在建工程竣工决算审计工作标准

工作标准名称释义

在建工程竣工决算审计工作标准是指企业基建项目完成达到预定可使用状态，将承建单位编制的工程项目竣工财务决算，委托会计师事务所进行审计认定的工作规范。

工作标准基本表格

工作核心目标	完成工程项目竣工财务决算审计	
工作开始时间	收到承建单位编制的工程项目竣工财务决算	
工作结束时间	取得审计报告时	
相关工作地点	会计师事务所办公地 基建工程部办公地	项目承建单位办公地 财务部门办公地
相关工作单位	会计师事务所 项目承建单位	财务部门 基建工程部
相关工作人员	会计机构负责人 基建工程部部长 工程项目竣工财务决算编制人员	在建工程管理与核算岗位 承建单位负责人 会计师事务所审计项目负责人
备　　注		

工作标准所需资料

资料类型	编码	资料名称	单位	原件数	复印数
事前准备资料	01	施工合同	份	1	0
	02	工程项目竣工财务决算书	份	1	0
事中产生资料	03	与被审计单位交换意见记录	份	1	0
事后结果资料	04	工程项目竣工财务决算审计报告	份	1	0
技术要求资料	05	企业财务通则	份	1	0
	06	建筑工程预算定额	册	1	0
	07	建筑材料预算价格	册	1	0
	08	建筑工程费用预算定额	份	1	0

相关工作标准

标准编码	标准名称
1305	在建工程办理竣工决算工作标准

工作标准流程图

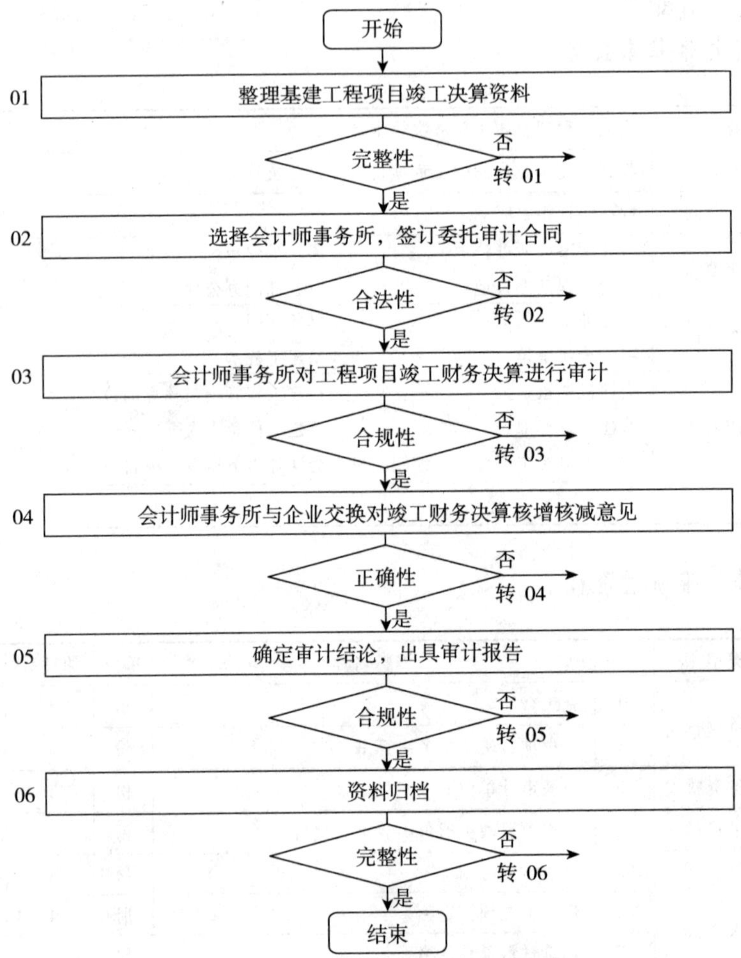

第7章 财务分析与评价工作标准

财务分析与评价工作标准是指总账与报表岗位根据审核制证岗位编制的记账凭证，完成账簿登记和会计报表编制，据以进行企业经营效果分析和经营状况评价的工作规范。为了提高企业经营水平和工作质量，必须积极开展财务分析与评价工作，建立财务分析与评价工作标准。

7.1 财务分析与评价基础工作

7.1.1 财务分析与评价工作岗位

财务分析与评价工作岗位是在财务部门设立的，依据总账与报表岗位工作成果，结合企业账簿数据和财务报表有关数据，针对具体问题计算的有关指标，对企业的运营质量和效果，企业盈利能力和偿债能力等进行分析，并在分析的基础上作出科学评价。

只有大中型企业财务部门才会专门设置财务分析与评价岗位。小型企业一般由总账与报表岗位兼任。

7.1.2 财务分析与评价工作人员

财务分析与评价工作是对企业财会部门工作成果的综合运用，并通过对相关专业的会计工作成果进行分析和评价，形成非财会人员能够理解的工作报告。该工作需要财务分析与评价人员能够总体把握和反映企业经营工作，要求其了解企业融资、并购、重组等相关事宜，熟悉资金规划、内部控制或经营分析和财税法规，熟悉统计报表的分析方法，具有会计师事务所、投资企业财务分析经验以及较强的独立工作能力、组织协调能力、公文报告编写能力、报表分析能力、交流沟通能力，具有团队合作精神、敬业精神和良好的职业道德。

根据企业情况，该岗位应由具有管理、财经等相关专业本科以上学历，系统掌握会计核算知识，熟悉会计报表及财会制度，熟悉企业经营内容和目标，具有高级会计师职称，掌握总账与报表岗位及财务分析与评价岗位工作标准的同志担任。

7.1.3 财务分析与评价工作的主要内容

财务分析与评价工作涉及的内容比较多，但是归纳起来主要包括涉及企业内部财务分析与评价工作和企业外部竞争对手的财务分析与评价工作。

财务分析与评价岗位核心工作内容包括每月分析企业生产费用、管理费用、销售费用、财务费用的支出情况，分析销售收入、补贴收入情况以及各项经营指标的完成情况，分析不同期间会计报表和企业经营活动成果，上报高层管理人员及报表应用部门，为企业持续改进管理提供依据，为高层领导的经营决策提供依据；通过财务分析与评价工作，为企业投融资及企业基础资料汇编工作提供依据，为企业预算编制及管理提供依据，为改进企业工作标准体系和企业内部控制制度提供依据等。

财务分析与评价岗位日常工作包括收集企业及各职能部门的财务数据、业务数据，建立行业总体和同行业经营状况数据库，按时提供财务分析报表，以支持企业各项财务分析工作。

为企业财务分析与评价工作标准体系的完善提供合理化建议，并协助财务经理完善财务分析与评价制度。

实时掌握企业财务状况，并从盈利能力、偿债能力、变现能力、运营效率等各个角度对企业财务状况进行分析，定期提供财务分析报告，协助管理层制定本企业中长期发展规划。

协助企业领导、投资管理人员开展投资评估分析、过程分析和最终的项目评审，提供投资项目财务分析报告；协助融资管理人员对融资项目进行财务分析，并及时提供财务分析报告。

定期汇总收入预算、费用支出预算等各项预算的执行情况，协同预算管理人员对企业财务计划和预算执行情况进行调研，分析导致实际收入与预算差异的原因，同时就存在的差异对预算体系和资金计划的影响进行预测性分析，并撰写相关的分析报告；

协助完成项目可行性报告中的财务分析工作，提供相关的财务意见和建议。

7.1.4　财务分析与评价工作思路导图

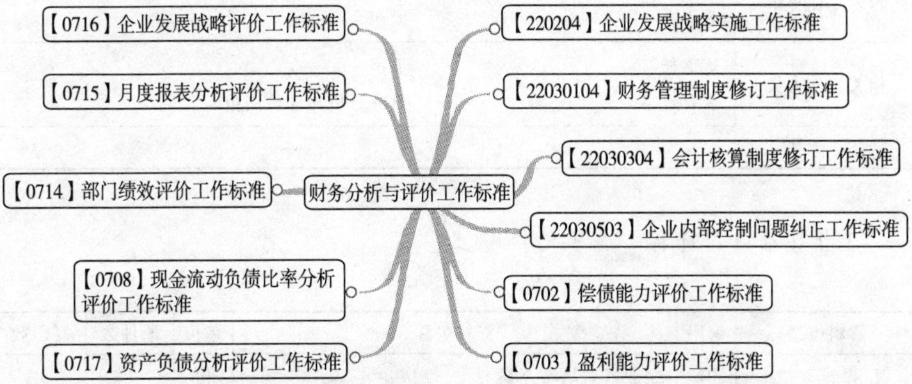

图7－1　财务分析与评价工作思路导图

7.2　财务分析与评价岗位工作标准

7.2.1　企业发展战略实施工作标准

标准编码：220204

标准名称：企业发展战略实施工作标准

工作标准名称释义

企业发展战略实施工作标准是指企业根据企业发展战略，制定阶段经营目标，形成年度工作计划或项目计划等行动方案，配置必要资源，有效实现企业发展战略的工作规范。

工作标准基本表格

工作核心目标	企业长远发展目标分解实施计划
工作开始时间	规定时间
工作结束时间	规定时间

续表

相关工作地点	办公室	会议室
相关工作单位	董事会 监事会	企业战略委员会 股东会
相关工作人员	董事长 独立董事	董事 财务分析与评价岗位
备　　注		

工作标准所需资料

资料类型	编码	资料名称	单位	原件数	复印数
事前准备资料	01	企业发展战略方案	份	1	1
	02	企业战略宣传培训计划	份	1	1
	03	企业发展战略实施方案	份	1	0
事中产生资料	04	企业发展战略阶段实施分解计划书	份	1	0
事后结果资料	05	企业发展战略实施年度报告	份	1	0
技术要求资料	06	企业内部控制指引	份	1	0

相关工作标准

标准编码	标准名称
22020109	企业收入政策研究工作标准
22020110	单位成本政策研究工作标准
220202	财经政策研究成果应用工作标准
220203	企业长远发展目标制定工作标准

工作标准流程图

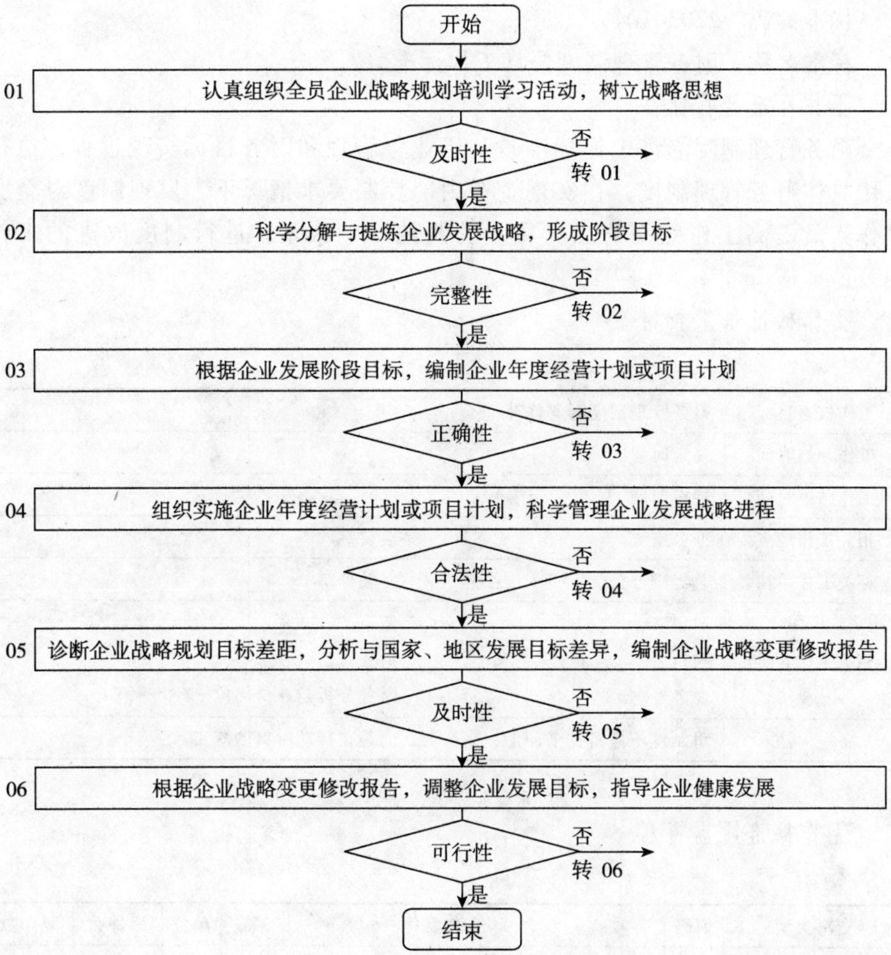
开始
01
认真组织全员企业战略规划培训学习活动，树立战略思想
及时性
否
转 01
是
02
科学分解与提炼企业发展战略，形成阶段目标
完整性
否
转 02
是
03
根据企业发展阶段目标，编制企业年度经营计划或项目计划
正确性
否
转 03
是
04
组织实施企业年度经营计划或项目计划，科学管理企业发展战略进程
合法性
否
转 04
是
05
诊断企业战略规划目标差距，分析与国家、地区发展目标差异，编制企业战略变更修改报告
及时性
否
转 05
是
06
根据企业战略变更修改报告，调整企业发展目标，指导企业健康发展
可行性
否
转 06
是
结束

7.2.2 财务管理制度修订工作标准

标准编码：22030104

标准名称：财务管理制度修订工作标准

工作标准名称释义

财务管理制度修订工作标准是基于业务管理和财务目标实现过程，执行应用具体财务管理制度，在实现企业内部控制要求情况下，发现制度对企业工作人员提高工作效率与工作质量的制约影响因素，进行制度改进的工作规范。

工作标准基本表格

工作核心目标	财务管理制度漏洞修补	
工作开始时间	规定时间	
工作结束时间	规定时间	
相关工作地点	办公室	会议室
相关工作单位	总经理办公会	有关处室
相关工作人员	监督者 执行者 业务经理	监事 财务总监 财务分析与评价岗位
备　　注	将制度不停留在书面上、口头上，而是在行动中贯彻落实。	

工作标准所需资料

资料类型	编码	资料名称	单位	原件数	复印数
事前准备资料	01	财务管理制度具体条文	份	1	1
	02	工作标准	份	0	0
	03	工作标准执行情况评价问题汇总报告	份	1	0
事中产生资料	04	财务制度修改完善建议稿	份	1	0
事后结果资料	05	财务制度修订稿	份	1	0

相关工作标准

标准编码	标准名称
22030102	财务管理制度起草工作标准
220302	财务管理制度设计工作标准

工作标准流程图

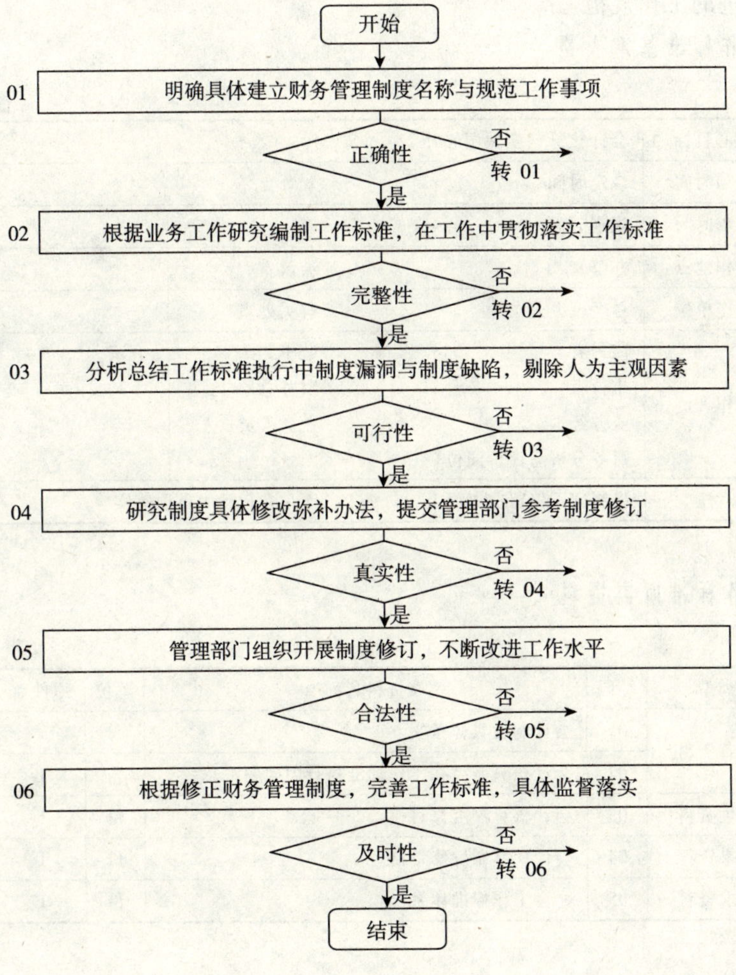

7.2.3 会计核算制度修订工作标准

标准编码：22030304

标准名称：会计核算制度修订工作标准

工作标准名称释义

会计核算制度修订工作标准是基于业务管理和财务目标实现过程，执行应用具体会计核算制度和办法，在实现企业内部控制要求及会计报告情况下，发现制度漏洞或对企业工作人员提高工作效率与质量的制约影响因素，进行制度改进的工作规范。

工作标准基本表格

工作核心目标	会计核算制度漏洞修补	
工作开始时间	规定时间	
工作结束时间	规定时间	
相关工作地点	办公室	会议室
相关工作单位	总经理办公会	有关处室
相关工作人员	监督者 执行者 业务经理 财务分析与评价岗位	监事 财务总监 业务人员
备　注	将制度不停留在书面上、口头上，而是在行动中贯彻落实	

工作标准所需资料

资料类型	编码	资料名称	单位	原件数	复印数
事前准备资料	01	会计制度具体条文	份	1	1
	02	会计核算制度在工作标准执行中问题汇总	份	1	0
事中产生资料	03	会计核算制度修订稿	份	1	0
事后结果资料	04	会计核算制度修订稿	份	1	0
技术要求资料	05	财会工作标准体系	份	1	0

相关工作标准

标准编码	标准名称
220304	会计核算制度设计工作标准

工作标准流程图

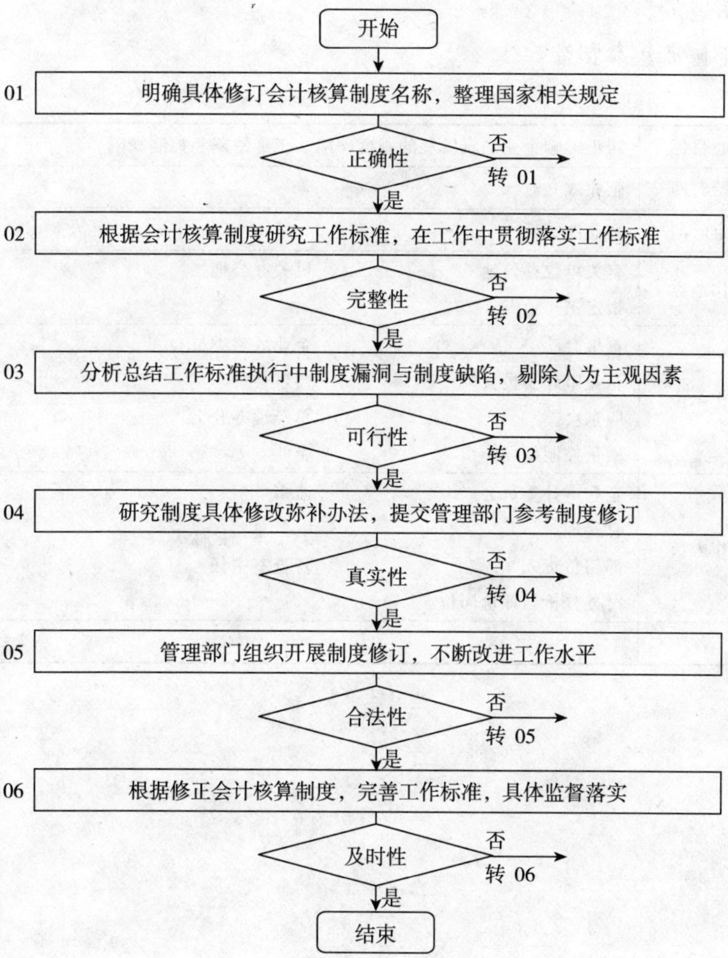

7.2.4 企业内部控制问题纠正工作标准

标准编码：22030503

标准名称：企业内部控制问题纠正工作标准

工作标准名称释义

企业内部控制问题纠正工作标准是指企业对内部控制体系、内部控制评价体系、工作标准体系建立过程及这些体系实施过程中发现问题及时纠正改进的工作规范。

工作标准基本表格

工作核心目标	纠正影响企业健康发展的制度缺陷、工作缺陷和控制缺陷	
工作开始时间	企业成立时	
工作结束时间	企业注销后	
相关工作地点	有关单位办公地 指定工作地点	机关办公地
相关工作单位	董事会 企业审计委员会 股东会 质量控制领导小组	企业战略委员会 监事会 总经理办公会 企业党委
相关工作人员	企业审计委员会 总经理 部门负责人 财务分析与评价岗位	监事 财务总监 督查室主任
备　注		

工作标准所需资料

资料类型	编码	资料名称	单位	原件数	复印数
事前准备资料	01	企业发展战略报告	份	1	1
	02	企业工作标准体系	份	1	1
	03	企业内部控制体系	份	1	1
	04	企业内部控制评价体系	份	1	1
	05	企业工作业务事件	份	0	0
事中产生资料	06	企业内部控制审计报告	份	1	1
	07	企业内部控制评价报告	份	1	1
事后结果资料	08	企业工作标准体系改进报告	份	1	1
技术要求资料	09	企业内部控制配套指引	份	1	0

相关工作标准

标准编码	标准名称
220305	内部控制制度建设工作
22030501	企业内部控制体系建设工作标准
22030502	企业内部控制体系运行工作标准
22030504	企业工作标准化建设工作标准

工作标准流程图

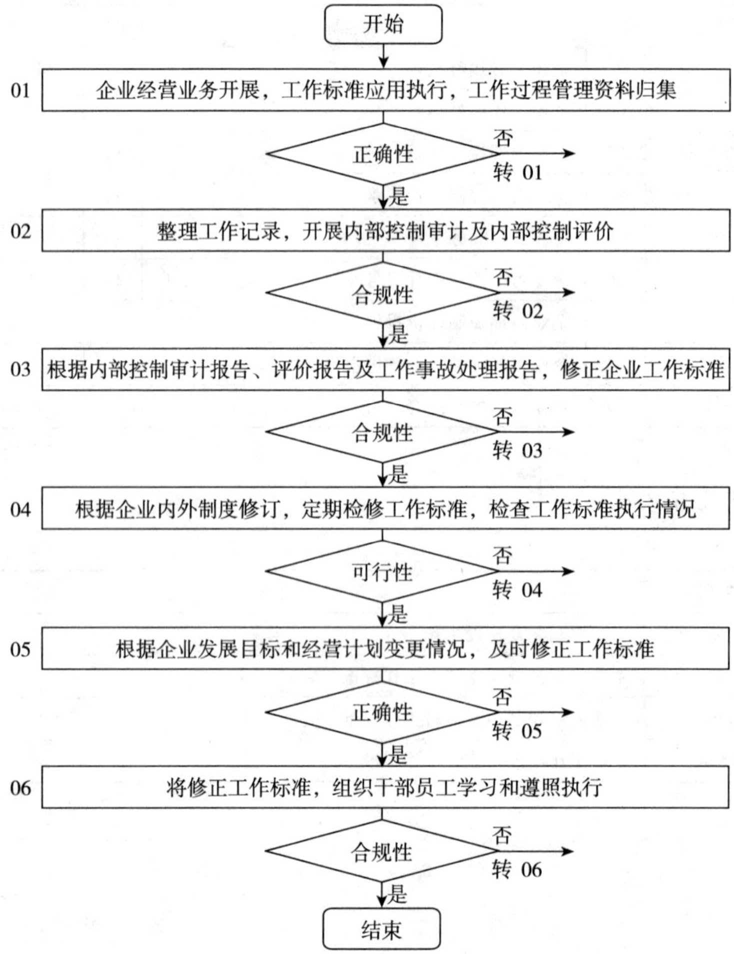
开始
01
企业经营业务开展，工作标准应用执行，工作过程管理资料归集
正确性
否
转 01
是
02
整理工作记录，开展内部控制审计及内部控制评价
合规性
否
转 02
是
03
根据内部控制审计报告、评价报告及工作事故处理报告，修正企业工作标准
合规性
否
转 03
是
04
根据企业内外制度修订，定期检修工作标准，检查工作标准执行情况
可行性
否
转 04
是
05
根据企业发展目标和经营计划变更情况，及时修正工作标准
正确性
否
转 05
是
06
将修正工作标准，组织干部员工学习和遵照执行
合规性
否
转 06
是
结束

7.2.5 偿债能力评价工作标准

标准编码：0702

标准名称：偿债能力评价工作标准

工作标准名称释义

偿债能力评价工作标准是指财务分析与评价岗位在财务报表编制完成后，依据财务报表的有关数据对企业的偿债能力在分析的基础上作出评价的工作规范。

工作标准基本表格

工作核心目标	完成偿债能力的评价工作	
工作开始时间	取得资产负债表	
工作结束时间	对企业的偿债能力作出综合评价	
相关工作地点	财务部门办公地	
相关工作单位	财务部门	
相关工作人员	会计机构负责人 总账与报表岗位	财务分析与评价岗位
备　　注		

工作标准所需资料

资料类型	编码	资料名称	单位	原件数	复印数
事前准备资料	01	资产负债表	份	1	1
	02	利润表	份	1	1
	03	现金流量表	份	1	1
	04	全年借款利息支付总额资料	份	1	1
	05	年末不良资产统计资料	份	1	0

续表

资料类型	编码	资料名称	单位	原件数	复印数
事中产生资料	06	资产负债率评价资料	份	1	0
	07	已获利息倍数评价资料	份	1	0
	08	现金流动负债比率评价资料	份	1	0
	09	速动比率评价偿债能力资料	份	1	0
事后结果资料	10	企业偿债能力综合评价	份	1	0
技术要求资料	11	企业财务通则	份	1	0

相关工作标准

标准编码	标准名称
0703	盈利能力评价工作标准

工作标准流程图

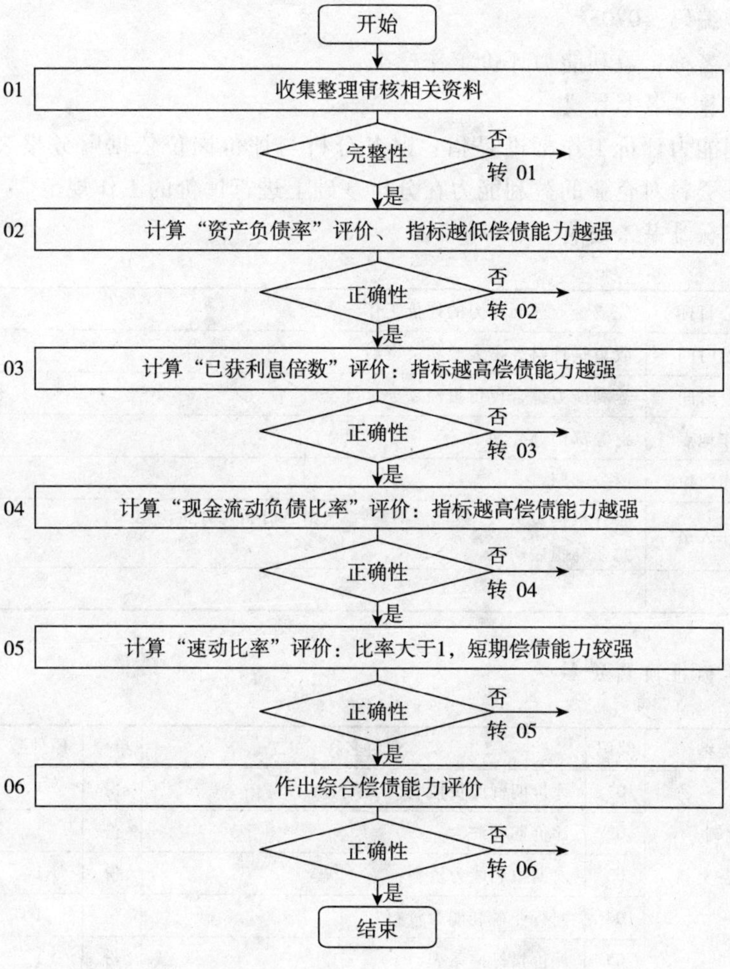
开始
01
收集整理审核相关资料
完整性
否
转 01
是
02
计算“资产负债率”评价、 指标越低偿债能力越强
正确性
否
转 02
是
03
计算“已获利息倍数”评价：指标越高偿债能力越强
正确性
否
转 03
是
04
计算“现金流动负债比率”评价：指标越高偿债能力越强
正确性
否
转 04
是
05
计算“速动比率”评价：比率大于1，短期偿债能力较强
正确性
否
转 05
是
06
作出综合偿债能力评价
正确性
否
转 06
是
结束

7.2.6 盈利能力评价工作标准

标准编码：0703

标准名称：盈利能力评价工作标准

工作标准名称释义

盈利能力评价工作标准是指：财务分析与评价岗位依据财务报表及其他有关财务资料对企业的盈利能力在分析基础上进行评价的工作规范。

工作标准基本表格

工作核心目标	完成企业盈利能力的评价工作
工作开始时间	收集整理财务报表及相关资料
工作结束时间	盈利能力综合评价报经领导审批
相关工作地点	财务部门办公地
相关工作单位	财务部门
相关工作人员	会计机构负责人　　财务分析与评价岗位 总账与报表岗位
备　　注	

工作标准所需资料

资料类型	编码	资料名称	单位	原件数	复印数
事前准备资料	01	评价期资产负债表	份	1	0
	02	评价期利润表	份	1	0
	03	前期盈利能力资料	份	1	1
	04	同行业盈利能力资料	份	1	0
	05	评价指标体系表	份	1	0
事中产生资料	06	实际盈利能力指标计算表	份	1	0
	07	评价盈利能力标准指标	份	1	0
	08	逐项指标对比评价资料	份	1	0
事后结果资料	09	盈利能力综合评价资料	份	1	0
技术要求资料	10	财务管理与分析	份	1	0
	11	企业财务通则	份	1	0

相关工作标准

标准编码	标准名称
0702	偿债能力评价工作标准
0704	资产运营能力评价工作标准

工作标准流程图

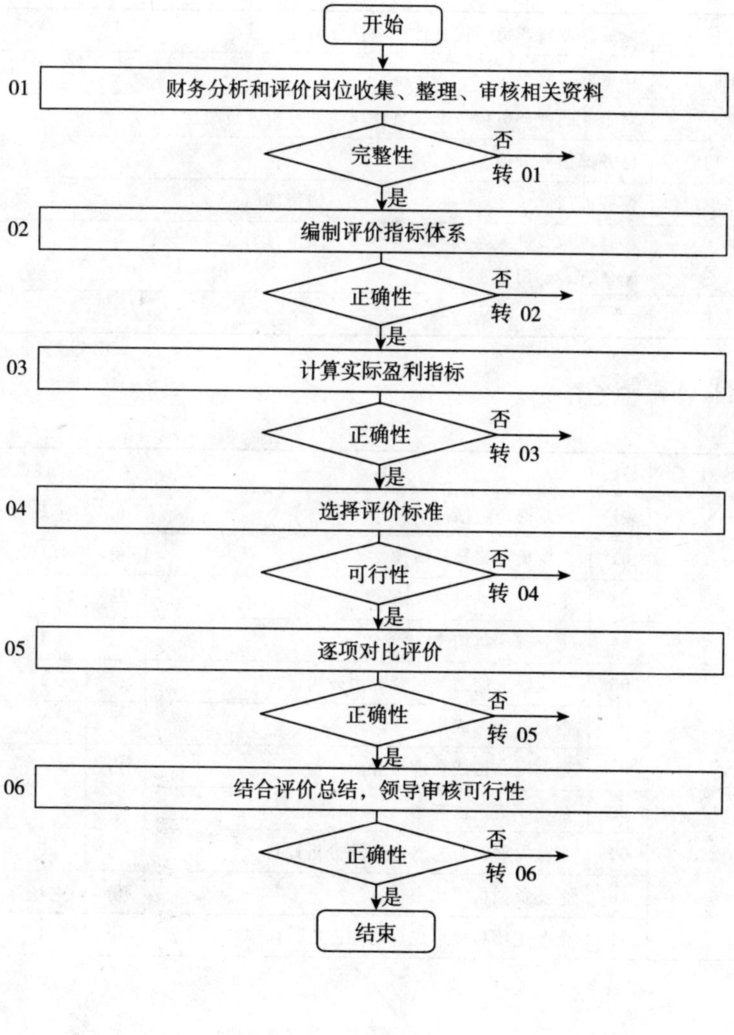

7.2.7 资产负债分析评价工作标准

标准编码：0717

标准名称：资产负债分析评价工作标准

工作标准名称释义

资产负债分析评价工作标准是指财务分析与评价岗位依据资产负债表，对企业的资产负债在核查的基础上作出优良性、风险性分析评价的工作规范。

工作标准基本表格

工作核心目标	完成企业资产负债优良性风险性分析评价结论	
工作开始时间	期末或需要时	
工作结束时间	对企业的资产负债作出优良性风险性分析评价结论	
相关工作地点	财务部门办公地	
相关工作单位	财务部门	销售部门
相关工作人员	会计机构负责人 销售管理部门负责人	财务分析与评价岗位
备　　注		

工作标准所需资料

资料类型	编码	资料名称	单位	原件数	复印数
事前准备资料	01	企业资产负债表	份	1	1
	02	企业负债累核算账簿	份	1	0
	03	企业资产类核算账簿	份	1	0
事中产生资料	04	企业资产负债率	份	1	1
	05	企业偿债能力与运营能力分析评价	份	1	0
	06	企业资产构成比率	份	1	0
	07	企业资产构成合理性分析评价	份	1	0
	08	企业净资产占有率	份	1	0
	09	企业发展实力与潜在风险分析评价	份	0	0
	10	企业负债构成比率	份	1	0
	11	企业主要负债形成原因与潜在风险	份	1	0

续表

资料类型	编码	资料名称	单位	原件数	复印数
事后结果资料	12	企业资产负债分析评价报告	份	1	1
技术要求资料	13	企业内部控制应用指引第 6 号——资金活动	册	1	0
	14	企业内部控制应用指引第 8 号——资产管理	册	1	0

相关工作标准

标准编码	标准名称
0702	偿债能力评价工作标准
0704	资产运营能力评价工作标准
0707	资产负债率指标分析评价工作标准

工作标准流程图

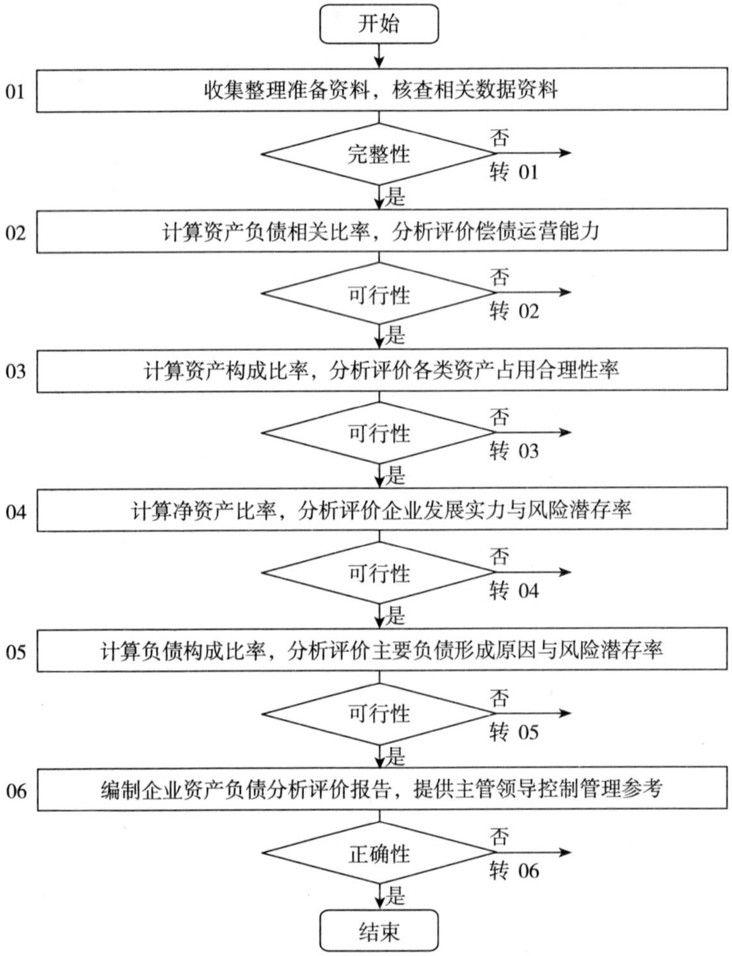
开始
01
收集整理准备资料，核查相关数据资料
完整性
否
转 01
是
02
计算资产负债相关比率，分析评价偿债运营能力
可行性
否
转 02
是
03
计算资产构成比率，分析评价各类资产占用合理性率
可行性
否
转 03
是
04
计算净资产比率，分析评价企业发展实力与风险潜存率
可行性
否
转 04
是
05
计算负债构成比率，分析评价主要负债形成原因与风险潜存率
可行性
否
转 05
是
06
编制企业资产负债分析评价报告，提供主管领导控制管理参考
正确性
否
转 06
是
结束

7.2.8 现金流动负债比率分析评价工作标准

标准编码：0708

标准名称：现金流动负债比率分析评价工作标准

工作标准名称释义

现金流动负债比率指标分析工作标准：是指财务分析与评价岗位计算现金流动负债比率，并进行分析评价的工作规范。

工作标准基本表格

工作核心目标	分析评价现金流动负债比率
工作开始时间	财务报表编制完成时
工作结束时间	对企业现金流动负债比率作出分析评价
相关工作地点	财务部门办公地
相关工作单位	财务部门
相关工作人员	财务分析与评价岗位　　　　总账与报表岗位
备　　注	现金流动负债比率 =（经营现金净流量/流动负债合计）×100%

工作标准所需资料

资料类型	编码	资料名称	单位	原件数	复印数
事前准备资料	01	分析期现金流量表	份	1	0
	02	分析期企业资产负债表	份	1	0
事中产生资料	03	现金流动负债比率计算资料	份	1	0
	04	较上年比率增减计算资料	份	1	0
事后结果资料	05	现金流动负债比率较上年升降原因分析	份	1	0
	06	现金流动负债比率偿债能力评价	份	1	0
技术要求资料	07	企业财务通则	份	1	0

相关工作标准

标准编码	标准名称
0702	偿债能力评价工作标准

工作标准流程图

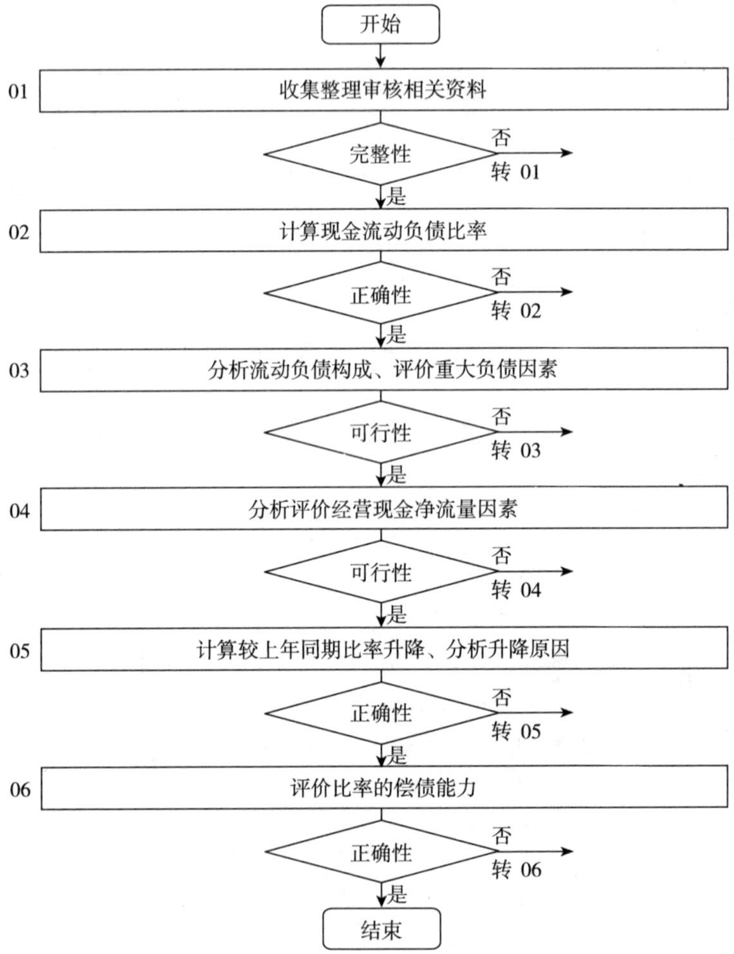

7.2.9 部门绩效评价工作标准

标准编码：0714

标准名称：部门绩效评价工作标准

工作标准名称释义

部门绩效评价工作标准是指财务分析与评价岗位对企业各部门在绩效考评的基础上进行绩效评价的工作规范。

工作标准基本表格

工作核心目标	完成部门绩效评价工作	
工作开始时间	期末绩效考核指标结果确认后	
工作结束时间	部门绩效评价经各部门会议讨论通过	
相关工作地点	总会计师办公地 预算管理部门办公室 财务部门办公地	各相关部门办公地 总经理办公地
相关工作单位	财务部门 相关管理部门 预算管理部门	总经理办公室 总会计师办公室
相关工作人员	会计机构负责人 总会计师岗位 各预算执行部门负责人	主管总经理 预算管理岗位
备　注		

工作标准所需资料

资料类型	编码	资料名称	单位	原件数	复印数
事前准备资料	01	各部门绩效考核指标体系	份	1	0
	02	各部门绩效考核指标完成资料	份	1	0
事中产生资料	03	各部门绩效考核指标完成结果资料	份	1	1
	04	各部门绩效优秀指标评价	份	1	0
	05	各部门绩效差劣指标评价资料	份	1	0
	06	各部门绩效指标完成综合评价资料	份	1	0
事后结果资料	07	各部门绩效评价报告	份	1	0
技术要求资料	08	企业内部控制应用指引第17号——内部信息传递	册	1	0

相关工作标准

标准编码	标准名称
060108	预算完成考核工作标准

工作标准流程图

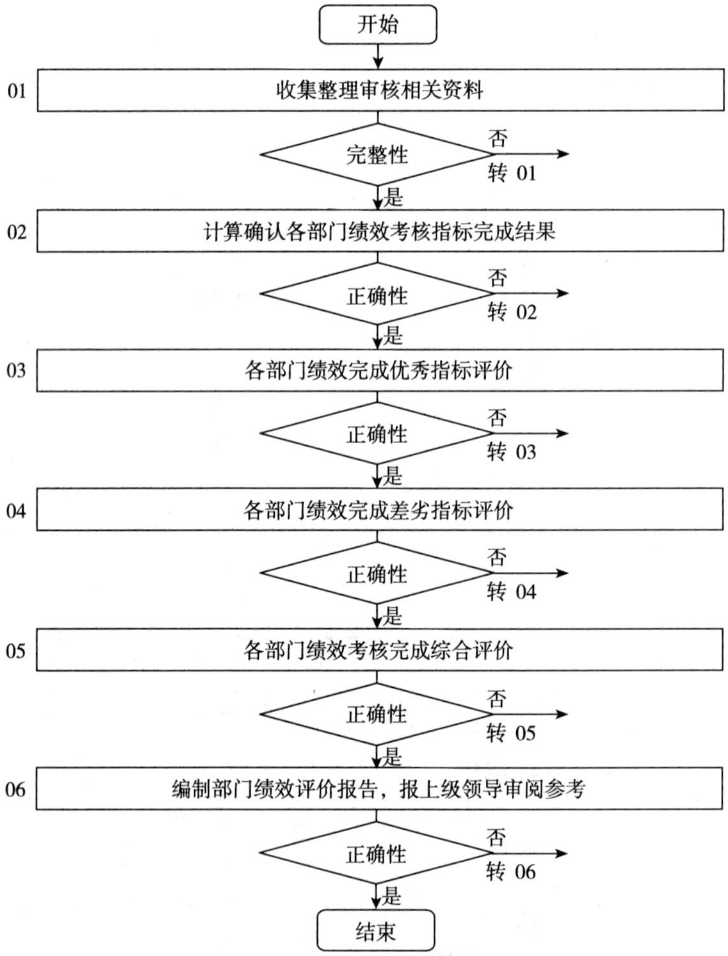

7.2.10 月度报表分析评价工作标准

标准编码：0715

标准名称：月度报表分析评价工作标准

工作标准名称释义

月度报表分析评价工作标准：是指财务分析与评价岗位在对月度财务报表分析的基础上，进行优劣评价的工作规范。

工作标准基本表格

工作核心目标	完成月度报表分析评价工作
工作开始时间	财务报表编制完成后
工作结束时间	评价报告报经领导审批通过。
相关工作地点	财务部门办公地
相关工作单位	财务部门
相关工作人员	会计机构负责人岗位　　主管总经理 总会计师岗位　　财务分析与评价岗位 会计机构负责人　　财务分析与评价岗位
备　　注	

工作标准所需资料

资料类型	编码	资料名称	单位	原件数	复印数
事前准备资料	01	企业月度利润表	份	1	1
	02	企业月度资产负债表	份	1	1
	03	月度产品成本报表	份	1	0
事中产生资料	04	主要产品成本升降分析评价	份	1	1
	05	主营业务利润率高低分析评价	份	1	0
	06	应收账款周转率分析评价	份	1	0
事后结果资料	07	企业月度财务报表分析评价报告	份	1	1
技术要求资料	08	企业内部控制应用指引第 17 号——内部信息传递	份	1	0

相关工作标准

标准编码	标准名称
0703	盈利能力评价工作标准
0707	资产负债率指标分析评价工作标准

工作标准流程图

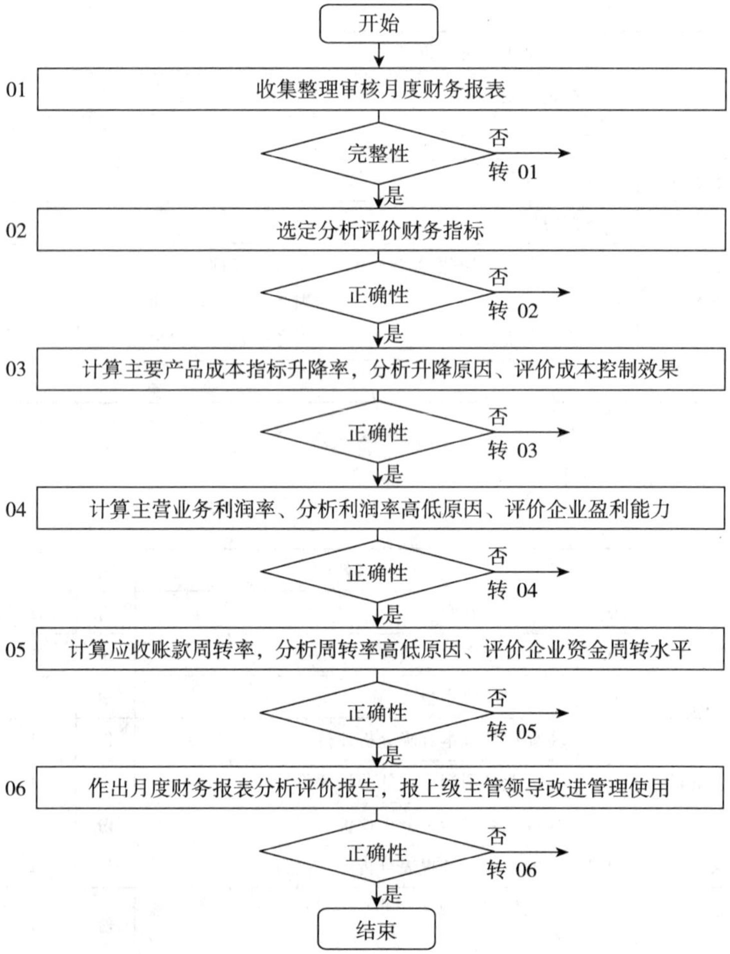

7.2.11 企业发展战略评价工作标准

标准编码：0716

标准名称：企业发展战略评价工作标准

工作标准名称释义

企业发展战略评价工作标准是指企业董事会定期组织对企业发展战略进行评价调整完善的工作规范。

工作标准基本表格

工作核心目标	完成企业的发展战略评价工作
工作开始时间	董事会作出评价决定
工作结束时间	作出企业发展战略评价报告
相关工作地点	专业评审机构所在地　战略委员会办公地 企业内部控制评价委员会办公地　董事会办公地
相关工作单位	专业评审机构　企业战略委员会 企业内部控制评价委员会　董事会
相关工作人员	总会计师岗位　董事长 总工程师岗位　董事会或经理办公会议成员 专业评审机构评审师
备　注	

工作标准所需资料

资料类型	编码	资料名称	单位	原件数	复印数
事前准备资料	01	企业发展战略资料	份	1	1
	02	发展战略委员会提议评价方案	份	1	1
	03	董事会关于发展战略评价决议	份	1	1
事中产生资料	04	战略评价委员会名单	份	1	1
	05	委托外部评价机构合同书	份	1	1
事后结果资料	06	发展战略调整建议书	份	1	1
	07	企业发展战略评价报告	份	1	0
技术要求资料	08	企业内部控制规范讲解	册	1	0
	09	企业内部控制配套指引	册	1	0

相关工作标准

标准编码	标准名称
00090101	单位长期战略财经目标规划工作标准

工作标准流程图

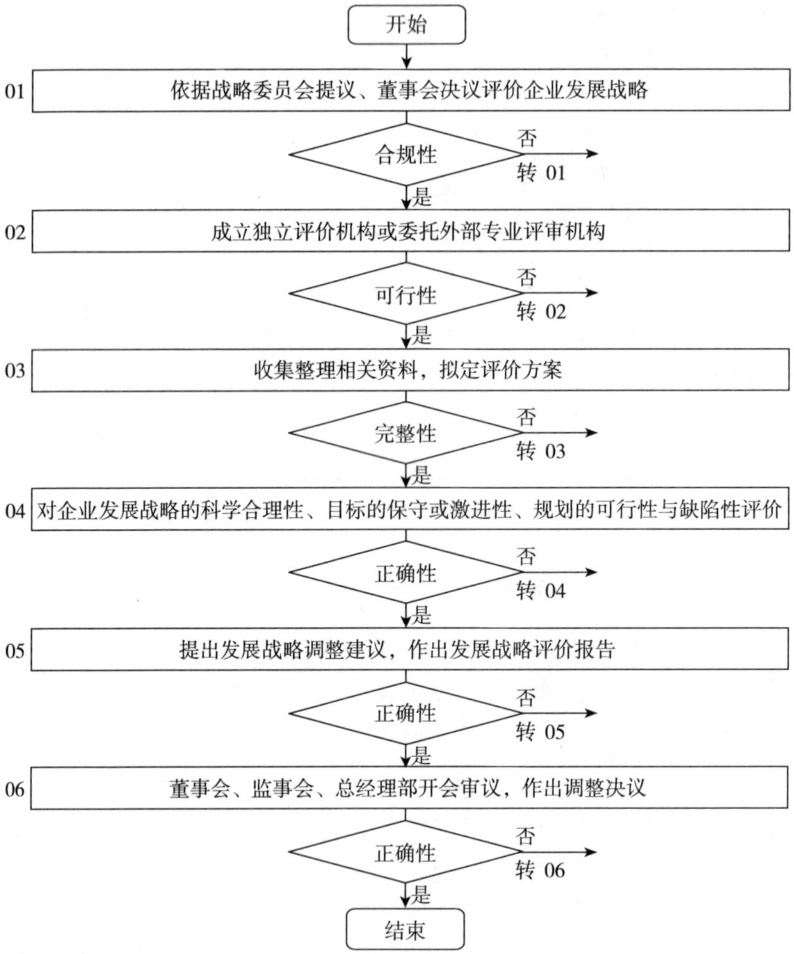

第8章　价格管理工作标准

价格管理工作是指企业价格管理岗位遵照国家价格法组织制定企业商品价格和服务价格的工作规范。

商品价格是指各类有形产品和无形资产的价格。服务价格是指各类有偿服务的收费。

我国实行并逐步完善宏观经济调控下主要由市场形成价格的机制。价格的制定应当符合价值规律，大多数商品和服务价格实行市场调节价，极少数商品和服务价格实行政府指导价或者政府定价。

市场调节价，是指由经营者自主制定，通过市场竞争形成的价格。

政府指导价，是指依照规定，由政府价格主管部门或者其他有关部门，按照定价权限和范围规定基准价及其浮动幅度，指导经营者制定的价格。

政府定价，是指依照规定，由政府价格主管部门或者其他有关部门，按照定价权限和范围制定的价格。

企业内部结算价格管理工作，是指企业为促进内部公平、公开、合法的模拟市场竞争，努力改进生产经营管理，降低生产经营成本，建立并维护正常的价格秩序，对内部上下游之间实行内部结算价格管理、监督和必要的调控工作。

企业通过科学有效的价格管理，能够科学制定产品销售价格策略、制定内部结算价格，对于调节市场供求关系、原材料价格等以及实现企业经营目标，具有重要的作用。

为了提升价格管理工作水平，企业需要实现价格管理工作标准化。建立价格管理工作标准，对于做好价格管理的各项具体工作具有重要的指导意义。

8.1 价格管理基础工作

8.1.1 价格管理工作岗位

价格管理工作者必须严格遵守我国价格法及相关物价管理制度，严格遵守中央定价目录、地方定价目录，参考政府定价制定企业合理的购销差价、批零差价、地区差价和季节差价。协助政府价格主管部门开展对政府指导价、政府定价的价格、成本调查，如实反映情况，提供必需的账簿、文件以及其他资料。企业内部定价要认真征求管理者、经营者和有关各方的意见及消费者对定价提出的调整建议，论证其必要性和可行性。

价格管理岗位要关注下列商品和服务价格：实行政府指导价或者政府定价的商品；与企业发展和职工生活关系重大的商品价格；资源稀缺的少数商品价格；自然垄断经营的商品价格；涉及重要的公用事业的商品价格；重要的公益性服务价格。

企业应通过价格管理工作加强企业预算管理和企业内部控制制度的实施。

8.1.2 价格管理工作人员

价格管理工作人员是完成企业价格管理工作，执行国家价格法，组织制定及监督实施企业商品价格和服务价格的工作人员。

价格管理工作综合性强，需要对企业生产经营管理流程有清晰准确的认识。由于价格管理工作人员需要深入企业各个部门了解熟悉情况，其业务素质和工作沟通能力要求很高。不仅要熟悉企业业务经营管理工作，还要熟悉企业财务管理工作。因此，价格管理工作人员需要熟悉企业发展战略和企业经营业务内容，这样才能指导企业相关人员科学地制定价格、执行价格以及总结评价价格工作。

价格管理工作岗位涉及的工作人员较多，但对人员的综合业务能力要求比较高。这些人员要全面了解本企业的生产经营情况、市场供求变化情况、价格变动趋势、国家经济发展情况；价格管理工作岗位还必须具有一定的财务分析与评价能力。

根据企业情况，该岗位应由熟悉企业财务管理、预算管理、成本管理，熟悉产品生产工艺、全面预算制度和企业经营内容和目标，具有高度的工作责任感和敬业精神，具有管理、财经等相关专业本科以上学历，会计师以上职称，掌握价格管理岗位工作标准的同志担任。

价格管理工作岗位的考核指标是：企业产品目录编制及价格目录编制及时率、企业各项产品价格制定率、价格控制方案按时编制完成率、各部门价格执行率、价格执行差异分析报告按时完成率、年度价格执行报告书按时完成率等。

企业规模大、产品加工环节多、产品品种多、内部结算复杂的企业，应当设立产品价格管理委员会等部门，开展价格管理工作。

8.1.3 价格管理工作的主要内容

价格管理工作可以划分为价格编制工作、价格执行工作和价格执行结果考核工作三部分，其中编制工作主要包括价格草案编制、价格调整修正以及价格下达等工作；执行工作主要包括价格执行、价格执行分析和价格调整控制等工作；考核工作主要包括价格审计和价格考核等工作。

价格管理工作核心是建立企业价格管理工作标准体系，为价格管理工作建立相应配套的执行制度。

价格管理具体工作还包括开展市场调查，及时了解相关的政府政策变化，做好价格前期调研工作；根据企业年度经营目标组织编制企业价格纲要及应编制的各项产品价格目录，包括产品价格、无形产品价格、服务产品价格等；防止采取抬高等级或者压低等级等手段收购、销售商品或者提供服务，变相提高或者压低价格。

自主制定属于市场调节的价格；在政府指导价规定的幅度内制定价格；制定属于政府指导价、政府定价产品范围内的新产品的试销价格，特定产品除外；检举、控告侵犯其依法自主定价权利的行为。

负责执行依法制定的政府指导价、政府定价和法定的价格干预措施、紧急措施。指导经营部门销售、收购商品和提供服务，应当按照政府价格主管部门的规定明码标价，注明商品的品名、产地、规格、等级、计价单位、价格或者服务的项目、收费标准等有关情况，要求企业销售部门不得在标价之外加价出售商品，不得收取任何未予标明的费用。

指导价格相关责任部门按统一格式编制部门价格草案并进行初审，初步形成企业的销售价格、成本价格、采购价格等相关价格；汇总、平衡企业各部门的价格，就平衡过程中发现的问题进行协调，提出调整方案，报董事会审批。

编制价格控制管理方案，保证成本目标和利润目标的实现；监督企业各项价格的执行情况，审阅价格调整建议案，进行初审、协调与平衡后及时向管理层反馈；

定期汇总、分析各部门编制的价格执行差异分析报告，根据实际经营情况，定期更新已编制调整的产品价格，使企业的各项产品价格管理更规范。

通过价格控制系统，跟踪监督和控制价格责任部门的价格执行情况，考核各责任部门的价格执行成果，并提出奖惩建议。对各责任部门的价格编制、执行情况进行考核与评价。

8.1.4　价格管理工作思路导图

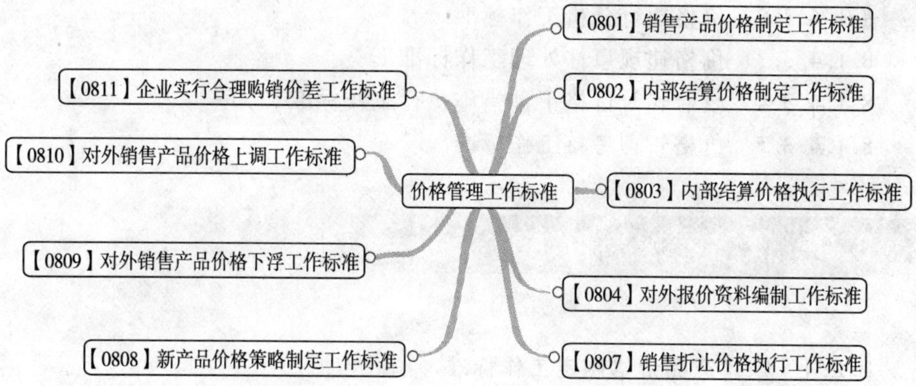

图8-1　价格管理工作思路导图

8.1.4.1　价格制定工作

8.1.4.1.1　企业价格纲要编制工作标准

8.1.4.1.2　价格市场调查工作标准

8.1.4.1.3　企业产品价格目录编制工作标准

8.1.4.1.4　价格草案编制工作标准

8.1.4.1.5　企业销售价格编制工作标准

8.1.4.1.6　企业成本价格编制工作标准
8.1.4.1.7　企业采购价格编制工作标准
8.1.4.1.8　内部结算价格制定工作标准
8.1.4.1.9　新产品价格策略制定工作标准
8.1.4.1.10　企业购销价差制定工作标准
8.1.4.1.11　对外报价方案编制工作标准

8.1.4.2　企业价格执行工作

8.1.4.2.1　价格执行工作标准
8.1.4.2.2　价格调整工作标准
8.1.4.2.3　销售折让价格执行工作标准
8.1.4.2.4　对外销售价格下浮工作标准
8.1.4.2.5　对外销售产品价格上调工作标准

8.1.4.3　价格管理考核工作

8.1.4.3.1　价格审计工作标准
8.1.4.3.2　价格执行分析工作标准
8.1.4.3.3　价格违规事件处理工作标准
8.1.4.3.4　政府临时价格干预措施执行工作标准
8.1.4.3.5　价格管理考核工作标准

8.2　价格管理岗位工作标准

8.2.1　销售产品价格制定工作标准

标准编码：0801
标准名称：销售产品价格制定工作标准

工作标准名称释义

销售产品价格制定工作标准是指企业价格管理岗位组织制定企业对外销售产品价格的工作规范。

工作标准基本表格

工作核心目标	完成企业对外销售产品的价格制定
工作开始时间	准备相关资料
工作结束时间	制定的企业对外销售产品的价格审批
相关工作地点	价格管理部所在地　销售部门办公地 财务部门办公地
相关工作单位	财务部门　价格管理部 销售部门
相关工作人员	会计机构负责人　价格管理岗位 成本管理与核算岗位　销售部经理

工作标准所需资料

资料类型	编码	资料名称	单位	原件数	复印数
事前准备资料	01	单位产品实际制造成本	份	1	0
	02	单位产品同行业销售价格	份	1	0
	03	单位产品完全成本资料	份	1	0
	04	董事会关于产品销售定价依据的会议决定	份	1	0
事中产生资料	05	按照单位制造成本期望毛利率计算的销售价格资料	份	1	0
	06	按照单位完全成本期望利润率计算的销售价格	份	1	0
	07	参照同行业及市场同类产品价格制定的销售价格	份	1	0
	08	对外销售产品定价初稿	份	1	0
事后结果资料	09	对外销售产品价格终稿	份	1	0
技术要求资料	10	企业内部控制基本规范	份	1	0
	11	价格法	份	1	0

相关工作标准

标准编码	标准名称
0802	内部结算价格制定工作标准

工作标准流程图

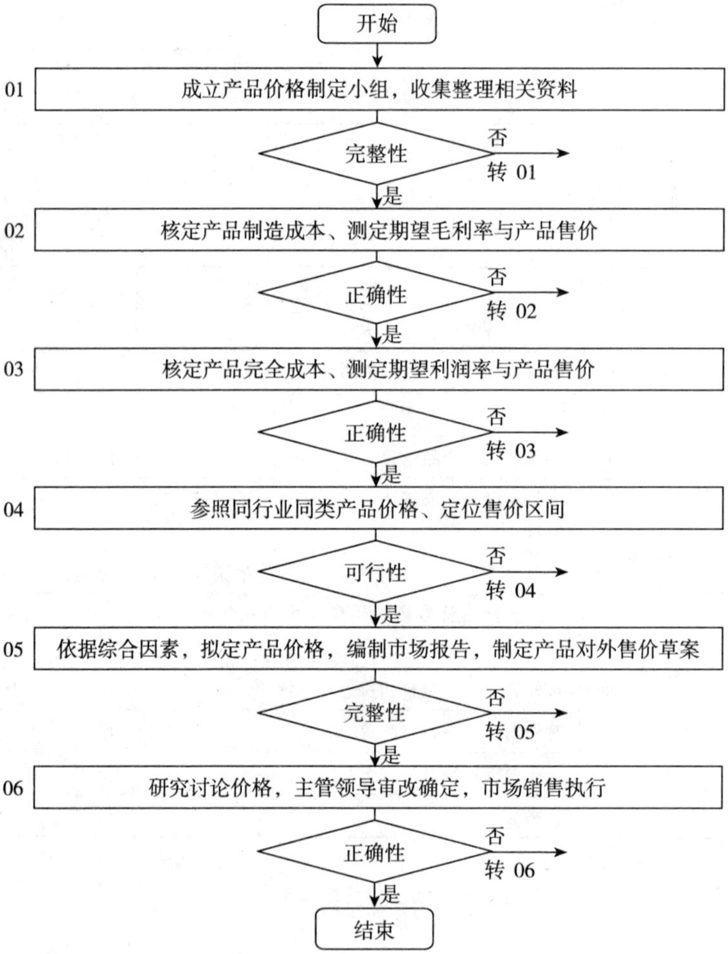

8.2.2 内部结算价格制定工作标准

标准编码：0802

标准名称：内部结算价格制定工作标准

工作标准名称释义

内部结算价格制定工作标准是指为满足企业内部生产部门之间相互提供劳务或产品结算的需要而制定内部结算价格的工作规范。

工作标准基本表格

工作核心目标	完成企业内部结算价格的制定	
工作开始时间	确定内部结算产品范围、准备相关资料	
工作结束时间	制定的企业内部结算价格经总会计师审核批准	
相关工作地点	总会计师办公地 财务部门办公地	行政部办公室
相关工作单位	行政部 相关生产部门	财务部门
相关工作人员	总会计师岗位 价格管理与核算岗位 行政部负责人 成本管理与核算岗位	会计机构负责人 生产车间负责人 文件资料员
备　　注		

工作标准所需资料

资料类型	编码	资料名称	单位	原件数	复印数
事前准备资料	01	制定内部结算价格通知	份	1	0
	02	产品名称规格资料	份	1	0
	03	产品制造成本资料	份	1	0
	04	产品市场价格资料	份	1	0
事中产生资料	05	内部结算价格草案	份	1	0
	06	内部结算价格修改稿	份	1	0
	07	内部结算价格审批稿	份	1	0

续表

资料类型	编码	资料名称	单位	原件数	复印数
事后结果资料	08	内部结算价格执行文件	份	1	0
	09	内部结算价格执行明细表	份	1	0
技术要求资料	10	价格法	份	1	0
	11	企业内部控制基本规范	份	1	0

相关工作标准

标准编码	标准名称
0803	内部结算价格执行工作标准

工作标准流程图

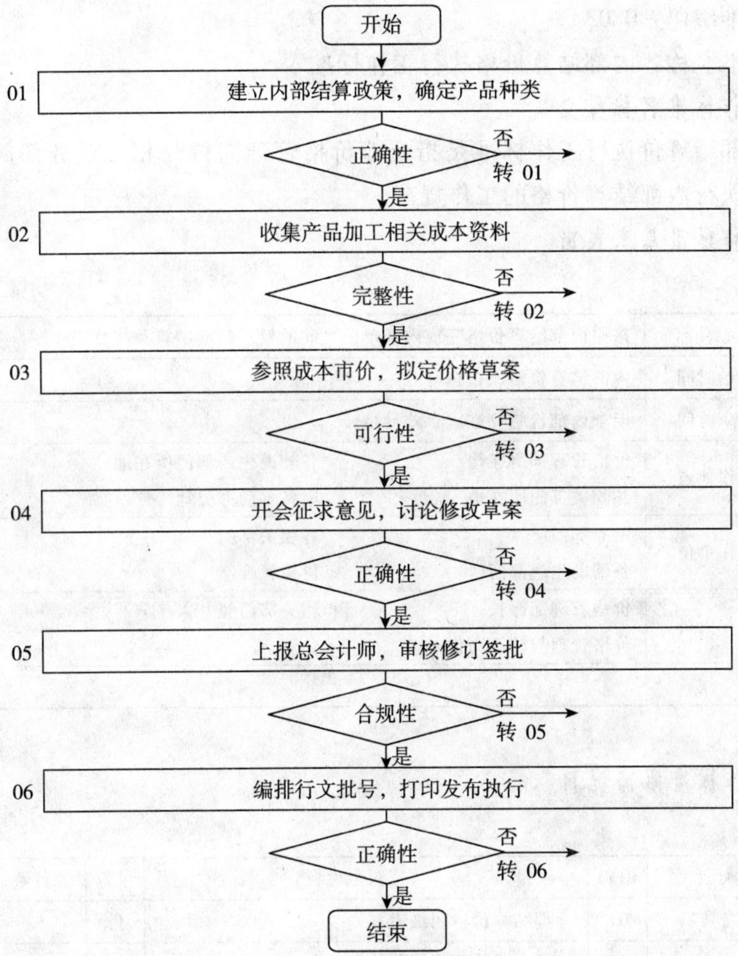
开始
01
建立内部结算政策，确定产品种类
正确性
否
转 01
是
02
收集产品加工相关成本资料
完整性
否
转 02
是
03
参照成本市价，拟定价格草案
可行性
否
转 03
是
04
开会征求意见，讨论修改草案
正确性
否
转 04
是
05
上报总会计师，审核修订签批
合规性
否
转 05
是
06
编排行文批号，打印发布执行
正确性
否
转 06
是
结束

8.2.3 内部结算价格执行工作标准

标准编码：0803

标准名称：内部结算价格执行工作标准

工作标准名称释义

内部结算价执行工作标准是指企业价格管理岗位与相关业务部门在经营活动中执行内部结算价格的工作规范。

工作标准基本表格

工作核心目标	按照内部结算价格完成内部单位之间的经济活动结算及核算	
工作开始时间	内部结算价格颁布执行时	
工作结束时间	期末内部价结算完成、差异结转	
相关工作地点	价格管理部所在地 各相关部门所在地	各辅助生产部门所在地 财务部门办公地
相关工作单位	财务部门 各辅助生产部门	各相关部门 价格管理部
相关工作人员	价格管理部部长 价格管理与核算岗位	相关部门经办人
备　　注		

工作标准所需资料

资料类型	编码	资料名称	单位	原件数	复印数
事前准备资料	01	内部结算价格明细表	份	1	1
事中产生资料	02	按照内部结算价填制的自制半成品入库单	份	1	0
	03	按照内部结算价填制的自制半成品领料单	份	1	1
	04	按照内部结算价编制的劳务分配表	份	1	0
事后结果资料	05	结转内部结算价格的会计记账凭证	份	1	1
技术要求资料	06	企业内部控制基本规范	份	1	0
	07	企业财务通则	份	1	0

相关工作标准

标准编码	标准名称
0802	内部结算价格制定工作标准
0805	内部结算价格变动工作标准

工作标准流程图

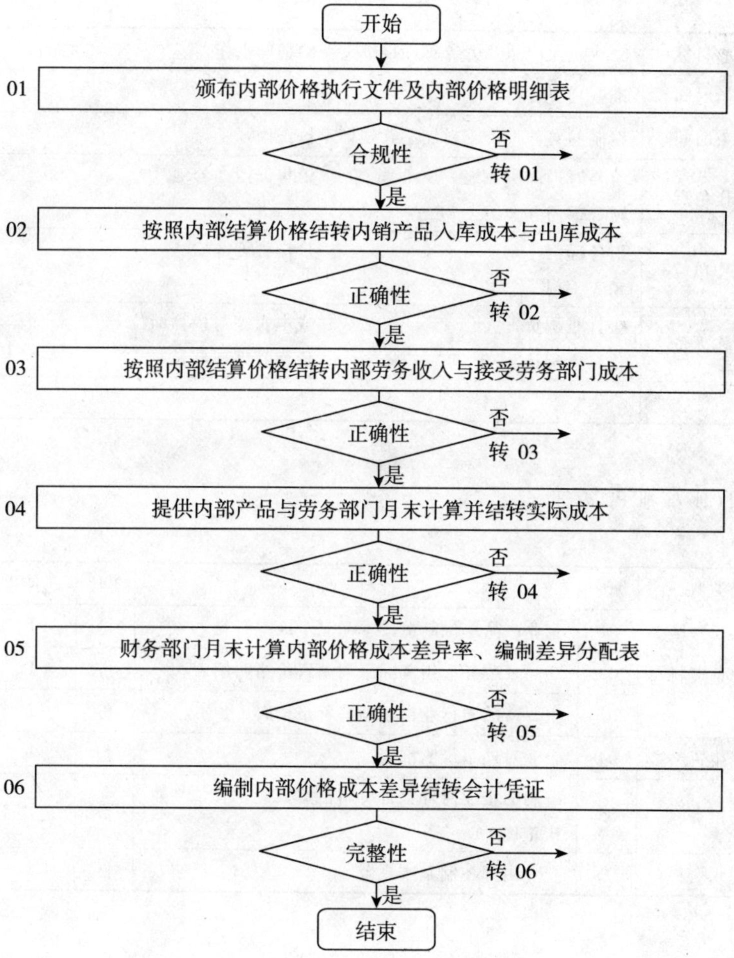

8.2.4 对外报价资料编制工作标准

标准编码：0804

标准名称：对外报价资料编制工作标准

工作标准名称释义

对外报价资料编制工作标准是指：价格管理岗位编制企业产品及劳务对外报价资料的工作规范。

工作标准基本表格

工作核心目标	完成企业产品及劳务对外报价资料的编制工作	
工作开始时间	准备相关资料	
工作结束时间	编制的对外报价资料经主管领导审核正确	
相关工作地点	价格管理部所在地 财务部门办公地	销售部门办公地
相关工作单位	财务部门 销售部门	价格管理部
相关工作人员	会计机构负责人 价格管理员	成本管理与核算岗位 价格管理部部长
备　　注		

工作标准所需资料

资料类型	编码	资料名称	单位	原件数	复印数
事前准备资料	01	企业产品单位制造成本与完全成本资料	份	1	0
	02	产品及劳务上年实际平均销售价格明细表	份	1	0
	03	主要产品同行业市场销售价格资料	份	1	0
事中产生资料	04	企业对外报价明细表	份	1	0
事后结果资料	05	编制的企业对外报价资料汇总表经主管领导审核正确	份	1	1
技术要求资料	06	企业内部控制基本规范	份	1	0

相关工作标准

标准编码	标准名称
0801	外销产品价格制定工作标准

工作标准流程图

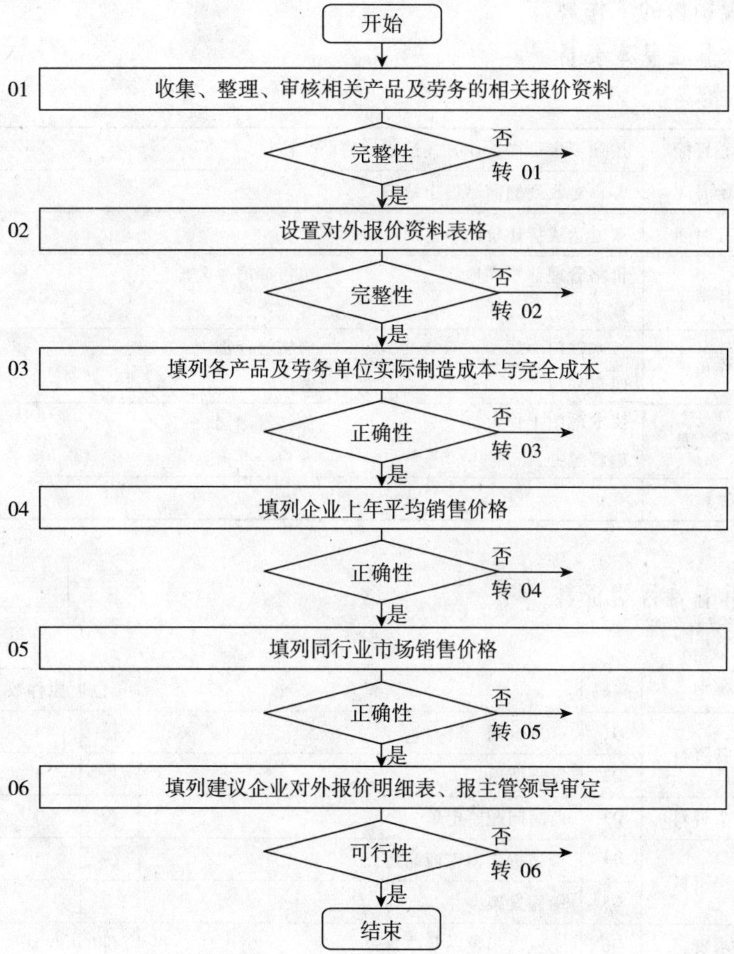

8.2.5 销售折让价格执行工作标准

标准编码：0807

标准名称：销售折让价格执行工作标准

工作标准名称释义

销售折让价格执行工作标准是指企业在向客户交付商品后，因客户对交付商品的质量有缺陷或不满意，经双方协商，客户接收商品、企业作出价格折让实现销售的工作规范。

工作标准基本表格

工作核心目标	按照销售价格折让方式达成销售商品协议	
工作开始时间	客户对收到的商品提出缺陷	
工作结束时间	双方达成折让价格销售商品协议	
相关工作地点	价格管理部所在地 技术部门办公地	销售部门办公地 客户办公地
相关工作单位	技术部门 销售部门	价格管理部 客户
相关工作人员	技术部门工作人员 销售经办人	价格管理岗位 客户经办人员
备　注		

工作标准所需资料

资料类型	编码	资料名称	单位	原件数	复印数
事前准备资料	01	订货合同	份	1	0
	02	发货清单	份	1	0
事中产生资料	03	商品问题鉴定单	份	1	0
事后结果资料	04	价格折让销售商品协议	份	1	0
	05	销售发票	份	1	0
技术要求资料	06	企业内部控制基本规范	份	1	0

相关工作标准

标准编码	标准名称
0809	企业对外销售产品价格下浮工作标准

工作标准流程图

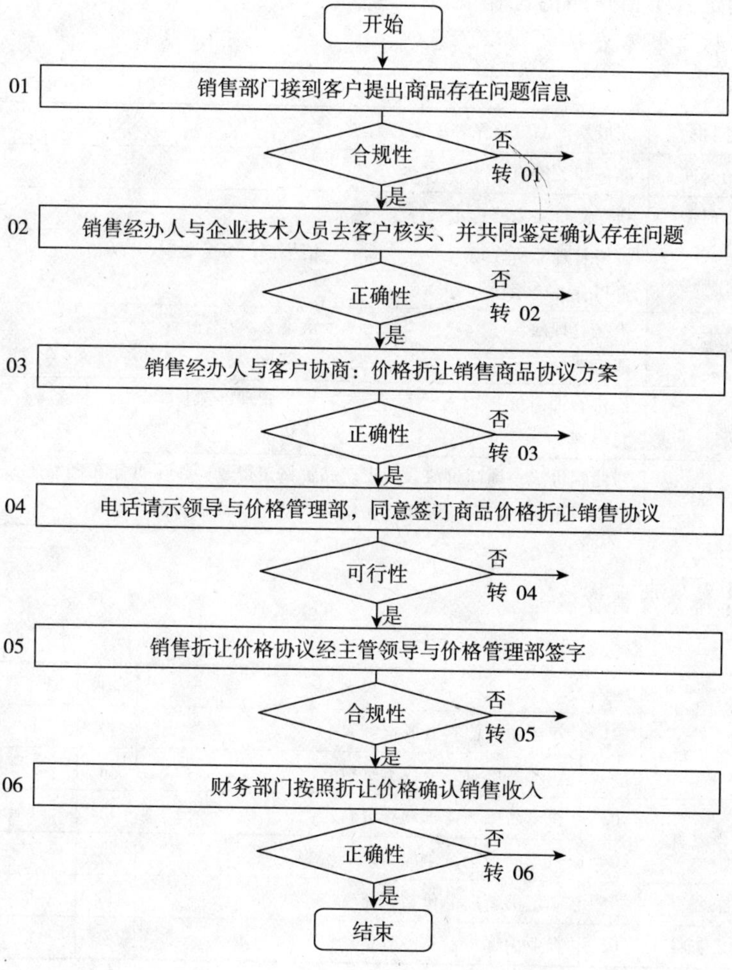

8.2.6 新产品价格策略制定工作标准

标准编码：0808

标准名称：新产品价格策略制定工作标准

工作标准名称释义

新产品价格策略制定工作标准是指价格管理部门、销售部门在本企业新产品上市时，根据其新产品质量性能、市场需求、竞争能力、企业经营目标等因素制定其价格策略的工作规范。

工作标准基本表格

工作核心目标	完成新产品价格策略的制定	
工作开始时间	准备相关资料	
工作结束时间	新产品价格策略选定	
相关工作地点	价格管理部所在地 董事会办公地	销售部门办公地
相关工作单位	价格管理部 销售部门	董事会
相关工作人员	价格管理岗位 总经理	价格管理部部长 销售部负责人
备　　注	撇脂定价法：即高价法。即把产品价格定得较高、尽可能在产品生命初期、在竞争者未研制出新的同类产品以前，就把投资收回来	

工作标准所需资料

资料类型	编码	资料名称	单位	原件数	复印数
事前准备资料	01	新产品单位制造成本资料	份	1	0
	02	新产品单位完全成本资料	份	1	0
事中产生资料	03	新产品市场需求调查资料	份	1	0
	04	新产品市场竞争能力调查资料	份	1	0
事后结果资料	05	制定的新产品价格策略	份	1	0
技术要求资料	06	企业内部控制基本规范	份	1	0

相关工作标准

标准编码	标准名称
0804	对外报价资料编制工作标准

工作标准流程图

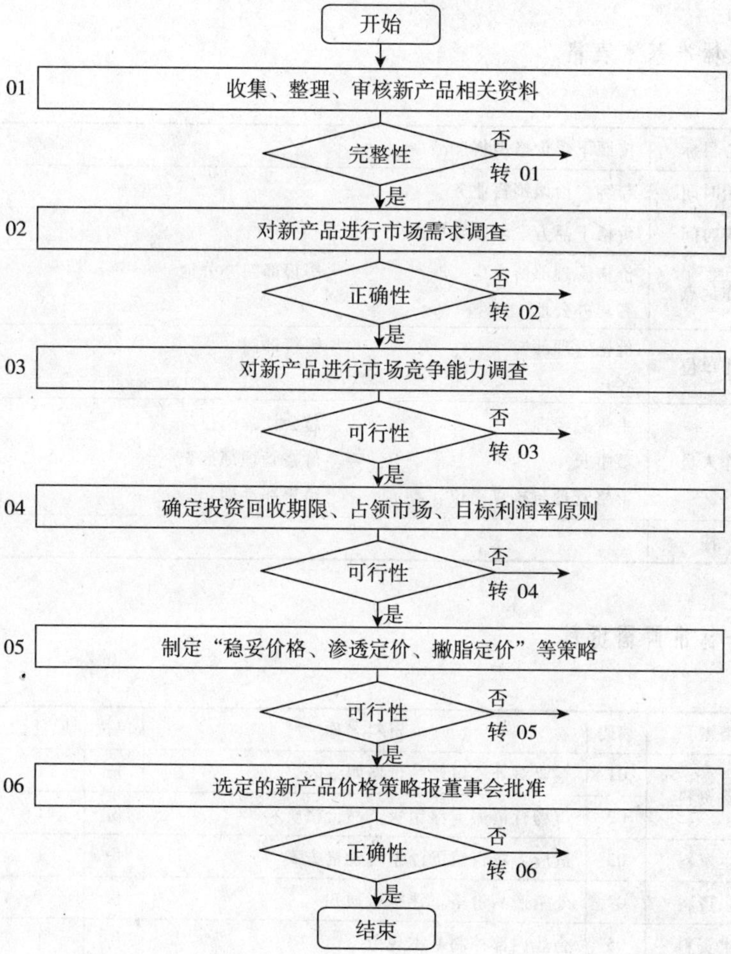

8.2.7 对外销售产品价格下浮工作标准

标准编码：0809

标准名称：对外销售产品价格下浮工作标准

工作标准名称释义

对外销售价格下浮工作标准：是指企业销售部门在对外销售产品过程中，为拓宽市场、增加销售量、及时收回货款等目标，适度向下浮动销售价格的工作规范。

工作标准基本表格

工作核心目标	按照下浮价格销售产品
工作开始时间	与客户洽谈销售业务
工作结束时间	价格下浮方案经领导批准
相关工作地点	价格管理部所在地　　销售部门办公地 客户办公地
相关工作单位	价格管理部　　销售部门 客户
相关工作人员	主管总经理　　总会计师岗位 董事长　　价格管理部部长 价格管理与核算岗位　　销售部经理
备　注	

工作标准所需资料

资料类型	编码	资料名称	单位	原件数	复印数
事前准备资料	01	企业对外销售产品价格明细表	份	1	1
	02	市场行情需下浮销售产品价格资料	份	1	1
事中产生资料	03	适应市场行情下浮销售价格方案	份	1	0
事后结果资料	04	外销产品价格下浮执行通知	份	1	0
技术要求资料	05	企业内部控制基本规范	份	1	0

相关工作标准

标准编码	标准名称
0801	外销产品价格制定工作标准
0810	企业对外销售产品价格上调工作标准

工作标准流程图

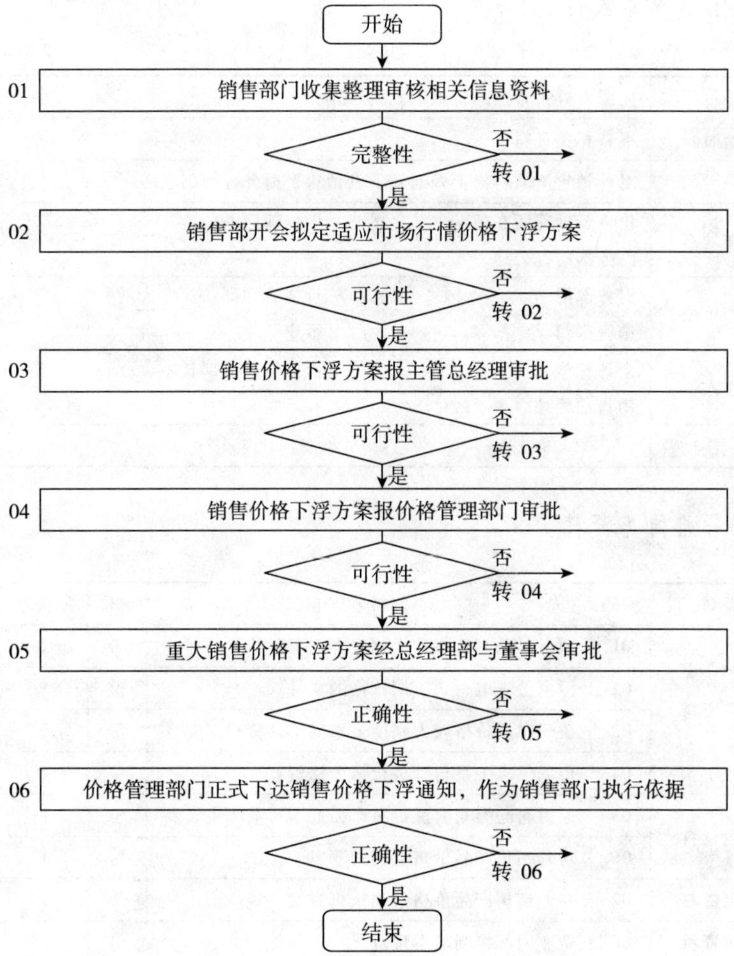

8.2.8 对外销售产品价格上调工作标准

标准编码：0810

标准名称：对外销售产品价格上调工作标准

工作标准名称释义

对外销售产品价格上调工作标准是指企业价格管理部门依据生产产品的原材料或燃动力价格较大幅度上涨因素及市场行情、供求关系等原因适度上调对外售价的工作规范。

工作标准基本表格

工作核心目标	完成对外销售产品价格的上调工作	
工作开始时间	准备相关资料	
工作结束时间	对外销售产品价格上调通知下发销售、财务等部门	
相关工作地点	价格管理部所在地 财务部门办公地	销售部门办公地
相关工作单位	财务部门 销售部门	价格管理部 客户
相关工作人员	会计机构负责人 销售部经理	价格管理部部长
备　注		

工作标准所需资料

资料类型	编码	资料名称	单位	原件数	复印数
事前准备资料	01	原材料购买价格较大幅度上涨资料	份	1	1
	02	国家关于电、水上调价格的文件	份	1	0
	03	关于燃煤价格较大幅度上涨的价格资料	份	0	0
	04	市场供求关系与价格行情上涨资料	份	1	1
事中产生资料	05	原材料与燃动力涨价对产品成本影响程度资料	份	1	0
	06	对外销售产品价格上调的草案	份	1	0
事后结果资料	07	对外销售产品价格上调执行方案	份	1	1
技术要求资料	08	企业内部控制基本规范	份	1	0

相关工作标准

标准编码	标准名称
0801	外销产品价格制定工作标准
0804	对外报价资料编制工作标准

工作标准流程图

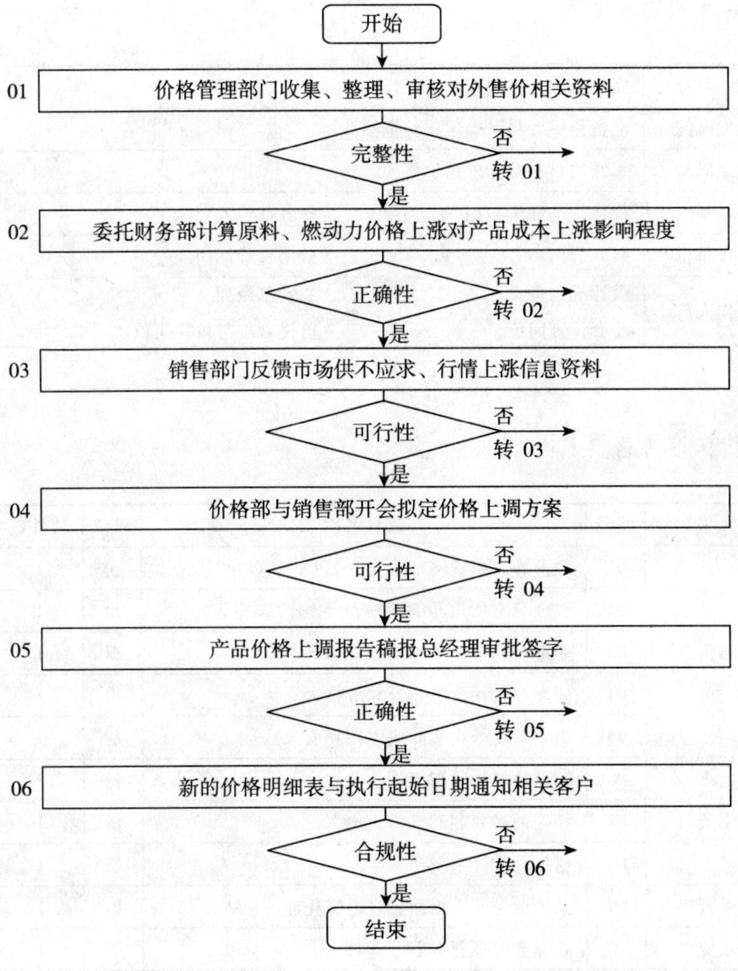

8.2.9 企业实行合理购销价差工作标准

标准编码：0811

标准名称：企业实行合理购销价差工作标准

工作标准名称释义

企业实行合理购销价差工作标准是指价格管理岗位对于企业购入准备自用的材料、燃料、动力等，为了满足外部单位购买使用的经营活动需要，制定合理购销价差的工作规范。

工作标准基本表格

工作核心目标	完成制定合理购销价差工作	
工作开始时间	准备相关资料、确定定价范围	
工作结束时间	编制出材料动能外销价格表	
相关工作地点	价格管理部所在地	财务部门办公地
相关工作单位	财务部门	价格管理部门
相关工作人员	会计机构负责人 总会计师岗位	主管总经理 价格管理与核算岗位
备　注		

工作标准所需资料

资料类型	编码	资料名称	单位	原件数	复印数
事前准备资料	01	企业库存材料明细表	份	1	1
	02	企业日常所用动能明细表	份	1	0
	03	企业材料计划价格明细表	册	1	0
	04	企业日常动能费用计划价格表	份	1	1
	05	材料动能外购实际成本核算明细账	册	3	0
事中产生资料	06	制定的增加管理费用价差率	份	2	0
	07	制定的必要利润率价差比率	份	1	0
	08	材料动能外销发票	份	1	0
事后结果资料	09	其他业务收入损益核算记账凭证	份	1	0
技术要求资料	10	企业会计准则讲解——收入	册	1	0

相关工作标准

标准编码	标准名称
0804	对外报价资料编制工作标准

工作标准流程图

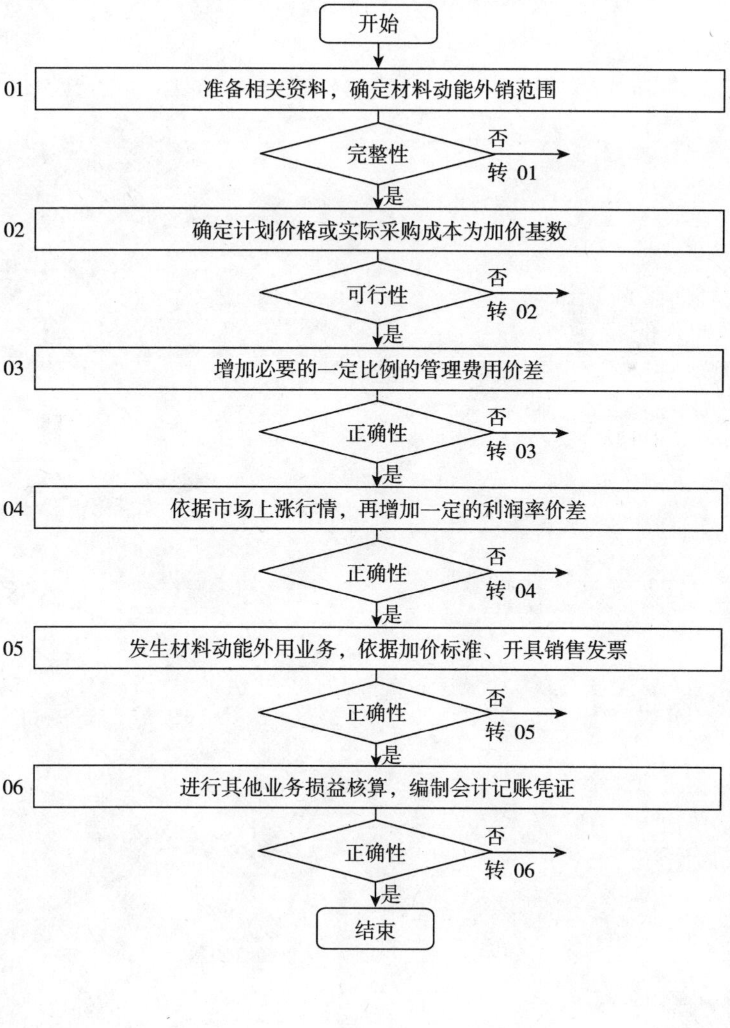

第 9 章　财务信息化管理工作标准

财务信息化管理工作标准是指企业财会部门通过财务信息化系统地完成企业会计核算及财务管理工作的规范。财务信息化管理岗位依据《会计电算化管理办法》、《会计电算化工作规范》及其他相关规定，结合本单位会计电算化工作规划的实际需要，选择配备财务信息化所需的软、硬件系统以及日常应用管理工作。

为了提高财务信息化管理工作质量和效率，企业要积极开展企业财务信息化管理工作标准化工作。建立财务信息化管理工作标准，对于做好财务信息化管理的各项具体工作具有重要的指导意义。

9.1 财务信息化管理基础工作

9.1.1 财务信息化管理工作岗位

财务信息化管理工作岗位是企业独立设置的配备财务信息化所需的软、硬件系统以及日常管理等工作岗位。在实行财务信息化管理的企业，一般单独设置财务信息化管理工作岗位。

该岗位的工作人员应当熟悉本行业财务电算化工作，熟练掌握相关财务软件和办公自动化软件，责任心强，工作细心，有良好的服务意识和工作习惯，有较强的沟通协调能力，具有团队合作精神及压力环境下的适应能力，责任心强，工作细心，有良好的服务意识和工作习惯，熟练掌握财务信息化管理工作标准体系。

企业财务部门实现财务信息化后，所有财会岗位都通过计算机处理完成本职工作，都是企业财务信息系统的使用者和建设者，因此，在会计电算化工作模式下，财会工作人员除了财务信息化岗位负责系统建设、系统维护和系统管理工作任务外，其他岗位都具有软件操作员身份。这并不违背内部牵制原则。

财务信息化管理工作岗位考核指标是凭证录入及时率、凭证录入差错率、会计账表按时打印率、数据备份工作按时完成率、系统故障上报及时率、违反系统操作规程的次数，会计电算化系统故障次数、电算化系统故障处理及时率、电算化账表输出准确率、电算化系统操作日志的检查等。

9.1.2 财务信息化管理工作人员

财务信息化管理工作人员负责系统建设、系统维护和系统管理工作任务，要具有财务信息化所需的软、硬件系统知识以及日常系统应用管理能力，需要计算机业务水平、知识水平很高，因此会计人员必须经过电算化培训并取得《电算化上岗证书》方可担任电算化工作岗位。有些大型企业还将财务信息化管理岗位细分为以下一些岗位：

电算主管：负责协调计算机及会计软件系统的运行工作，要求具备会计和计算机知识以及相关的会计电算化组织管理的经验。

软件操作员：负责记账凭证和原始凭证等会计数据的输入工作；输出记账凭证、会计账簿、报表；进行部分会计数据处理工作，要求达到会计电算化初级知识培训的水平。

审核员：负责对输入计算机的会计数据（记账凭证和原始凭证等）进行审核，操作会计软件登记机内账簿，对打印输出的账簿、报表进行确认。

电算维护员：负责保证计算机硬件、软件的正常运行，管理机内会计数据；对软件进行维护和升级；负责同软件供应商进行联络；对财务部门无法解决的硬件问题负责同计算机中心联系。

电算审查员：负责监督计算机及财务软件系统的运行，防止利用计算机进行舞弊。

数据分析员：负责对计算机的会计数据进行分析，提供有关分析资料供领导决策参考。

档案管理员：负责财务软件和会计资料档案的管理。

9.1.3 财务信息化管理工作的主要内容

财务信息化管理工作的核心工作是完成财务信息化系统建设、系统维护和系统管理等工作任务。

财务信息化管理岗位负责企业财务信息化系统需求调研、系统设计、软件研发或选购、系统初始化及试运行等建设期管理工作。

财务信息化管理岗位工作负责在系统运行阶段，负责设置岗位权限范围内的操作口令并进行财务分工，对有关人员的操作权限进行设置和调整；负责电算化系统的日常维护和管理，监督并保证本系统的正常运行，在系统发生故障时，应及时到场并组织有关人员恢复正常运行；培训、指导系统操作员，帮助系统操作员熟练掌握软件的操作技能；负责计算机输出的账表、凭证的数据正确性和及时性，检查各操作员操作日志记载情况，对计算机开机、关机和运行情况进行检查，防止非法调用和操作；负责本系统各有关资源（硬件资源和软件资源）的调用、修改和更新的审核工作。

9.1.4 财务信息化管理工作思路导图

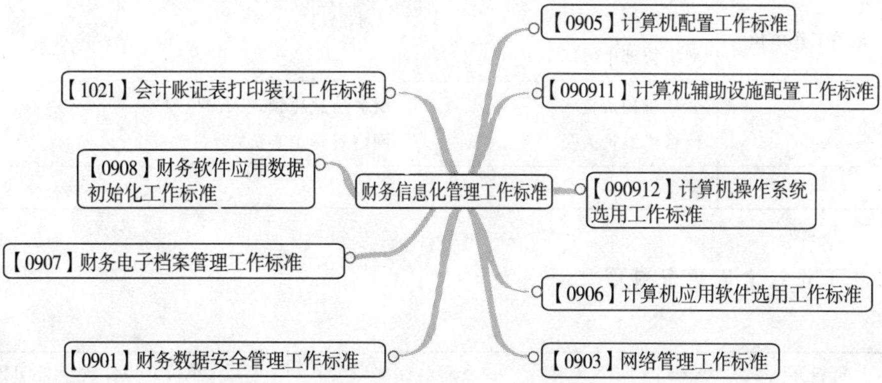

图9-1　财务信息化管理工作思路导图

9.2 财务信息化管理岗位工作标准

9.2.1 计算机配置工作标准

标准编码：0905

标准名称：计算机配置工作标准

工作标准名称释义

计算机配置工作标准是指：财务信息化管理岗位依据本单位会计电算化工作规划的实际需要、选择配备计算机的工作规范。

工作标准基本表格

工作核心目标	完成计算机配置工作
工作开始时间	编制计算机配置方案
工作结束时间	计算机配置满足需要

续表

相关工作地点	会计机构负责人办公地 财务部门办公地	网络管理中心办公地
相关工作单位	财务部门 网络管理中心	人事部门
相关工作人员	会计机构负责人 计算机维护人员	财务信息化管理人岗位 网络管理中心负责人
备　　注		

工作标准所需资料

资料类型	编码	资料名称	单位	原件数	复印数
事前准备资料	01	财务信息化方案	份	1	0
事中产生资料	02	计算机配置方案	份	1	0
	03	计算机需求计划	份	1	0
	04	购回的计算机	件	6	0
事后结果资料	05	计算机配置清单	份	1	0
技术要求资料	06	会计电算化工作规范	份	1	0

相关工作标准

标准编码	标准名称
0902	计算机使用及权限工作标准

工作标准流程图

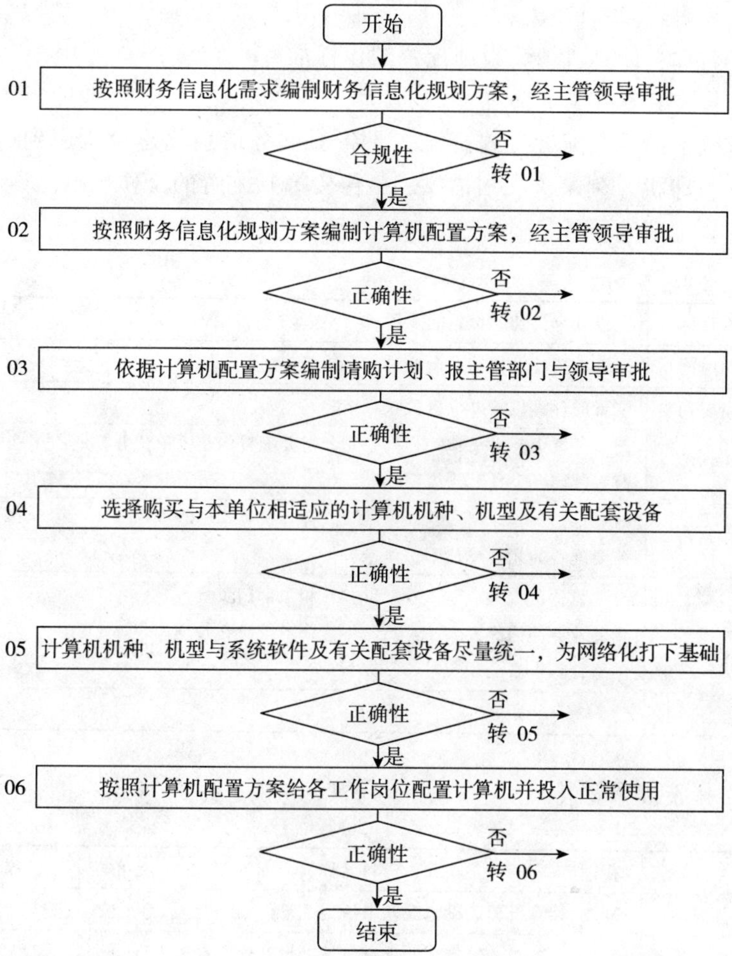
开始
01
按照财务信息化需求编制财务信息化规划方案，经主管领导审批
合规性
否
转 01
是
02
按照财务信息化规划方案编制计算机配置方案，经主管领导审批
正确性
否
转 02
是
03
依据计算机配置方案编制请购计划、报主管部门与领导审批
正确性
否
转 03
是
04
选择购买与本单位相适应的计算机机种、机型及有关配套设备
正确性
否
转 04
是
05
计算机机种、机型与系统软件及有关配套设备尽量统一，为网络化打下基础
正确性
否
转 05
是
06
按照计算机配置方案给各工作岗位配置计算机并投入正常使用
正确性
否
转 06
是
结束

9.2.2 计算机辅助设施配置工作标准

标准编码：090911

标准名称：计算机辅助设施配置工作标准

工作标准名称释义

计算机辅助设施配置工作标准：是指对财务信息化建设所用到的相关辅助设施（打印机、刻录机、扫描仪、摄像头等）配置的工作规范。

工作标准基本表格

工作核心目标	完成计算机辅助设施的配置	
工作开始时间	需要配置计算机辅助设施时	
工作结束时间	配置的计算机辅助设施验收合格	
相关工作地点	网络计算中心办公地 财务部门办公地	需要配置的相关单位办公地
相关工作单位	财务部门 需要配置的相关单位	计算机管理中心
相关工作人员	会计机构负责人 相关业务部门经办人 网络计算中心经理	相关部门负责人 财务信息化管理岗位
备　　注		

工作标准所需资料

资料类型	编码	资料名称	单位	原件数	复印数
事前准备资料	01	计算机辅助设施配置申请	份	1	0
事中产生资料	02	经各级领导签字的计算机辅助设施配置申请单	份	1	0
	03	计算机辅助设施购买发票	份	1	0
	04	购回计算机辅助设施的使用说明书	份	1	1
	05	购回计算机辅助设施验收入库单	份	1	0
事后结果资料	06	申请人计算机辅助设施领用单	份	1	0
	07	计算机辅助设施领用登记簿	份	1	0
技术要求资料	08	企业内部控制应用指引——资产管理	份	1	0

相关工作标准

标准编码	标准名称
0905	计算机配置工作标准

工作标准流程图

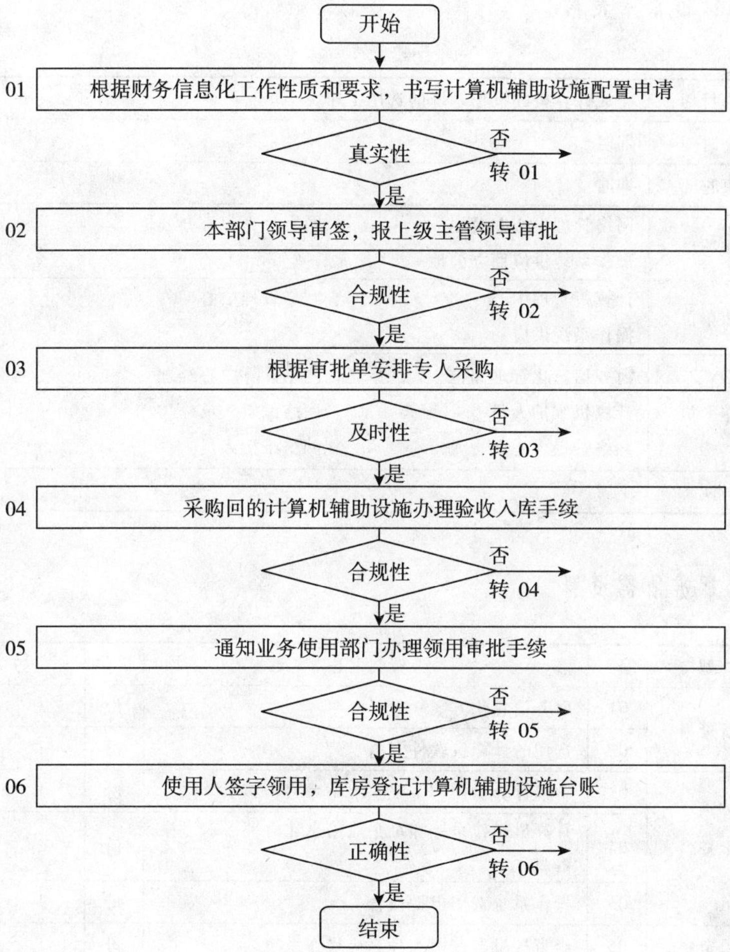

9.2.3 计算机操作系统选用工作标准

标准编码：090912

标准名称：计算机操作系统选用工作标准

工作标准名称释义

计算机操作系统选用工作标准：是指财务信息化管理根据财务信息化建设方案要求对计算机操作系统进行市场调查比较选用的工作规范。

工作标准基本表格

工作核心目标	完成计算机的操作系统的选用工作
工作开始时间	即时
工作结束时间	即时
相关工作地点	网络管理中心办公地　网络计算中心办公地 操作系统供应商办公地
相关工作单位	计算机管理中心　网络管理中心 操作系统供应商
相关工作人员	财务信息化管理岗位　网络计算中心经理 计算机维护人员　网络编辑人员 网络管理中心负责人　网络维护人员
备　注	

工作标准所需资料

资料类型	编码	资料名称	单位	原件数	复印数
事前准备资料	01	财务信息化方案	份	1	0
	02	选用的计算机软件资料	份	1	1
事中产生资料	03	市场计算机操作系统基本功考察资料	份	1	0
	04	计算机操作系统满足企业信息化管理需求考察资料	份	1	1
	05	操作系统选用申批报告	份	1	0
事后结果资料	06	经审核批准选用的计算机操作系统	份	1	0
技术要求资料	07	企业内部控制应用指引第 18 号——信息系统	份	1	1

相关工作标准

标准编码	标准名称
0905	计算机配置工作标准
0906	计算机应用软件选用工作标准

工作标准流程图

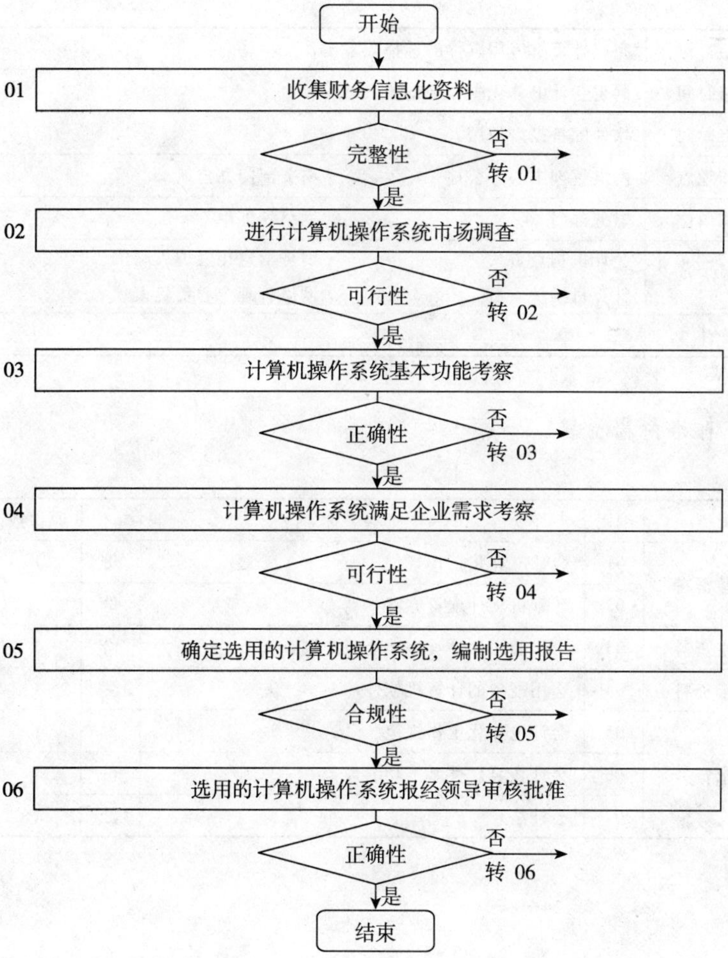

9.2.4 计算机应用软件选用工作标准

标准编码：0906

标准名称：计算机应用软件选用工作标准

工作标准名称释义

计算机应用软件选用工作标准是指财务信息化管理岗位依据本单位会计电算化工作规划、实际需要以及自身技术力量选择配备会计软件的工作规范。

工作标准基本表格

工作核心目标	完成计算机应用软件的选择配备工作	
工作开始时间	制定会计电算化工作规划	
工作结束时间	软件配备投入使用	
相关工作地点	网络管理中心办公地	财务部门办公地
相关工作单位	财务部门	网络管理中心
相关工作人员	会计机构负责人 计算机维护人员	财务信息化管理人岗位 网络管理中心负责人
备　注		

工作标准所需资料

资料类型	编码	资料名称	单位	原件数	复印数
事前准备资料	01	会计电算化工作规划	份	1	0
	02	计算机软件配置方案	份	1	0
事中产生资料	03	市场通用软件类型功能服务调查资料	份	1	0
事后结果资料	04	选用配备的计算机软件	套	1	0
技术要求资料	05	会计电算化工作规范	份	1	0
	06	会计核算软件基本功能规范——总则	份	1	0
	07	会计法	份	1	0

相关工作标准

标准编码	标准名称
0905	计算机配置工作标准

工作标准流程图

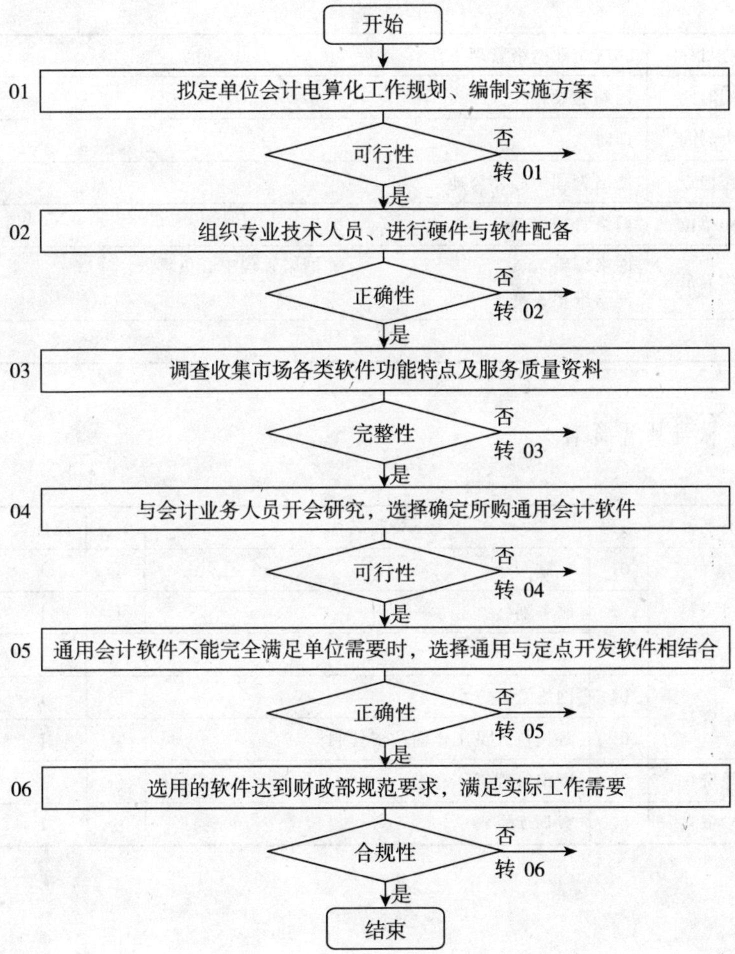

9.2.5 网络管理工作标准

标准编码：0903

标准名称：网络管理工作标准

工作标准名称释义

网络管理工作标准是指企业网络管理做好企业网络管理的工作规范。

工作标准基本表格

工作核心目标	完成企业网络管理工作
工作开始时间	网站建设
工作结束时间	即时
相关工作地点	网络管理中心办公地
相关工作单位	网络管理中心
相关工作人员	网络编辑人员　　网络管理中心负责人 网络维护人员
备　　注	

工作标准所需资料

资料类型	编码	资料名称	单位	原件数	复印数
事前准备资料	01	电脑	套	1	0
	02	服务器	套	1	1
	03	域名	套	1	1
事中产生资料	04	网络管理方案	份	1	1
	05	各岗位人员工作岗位责任制	套	1	0
事后结果资料	06	网络管理工作总结	份	1	0
技术要求资料	07	数据库资料	份	1	1

相关工作标准

标准编码	标准名称
0904	网站建设工作标准

工作标准流程图

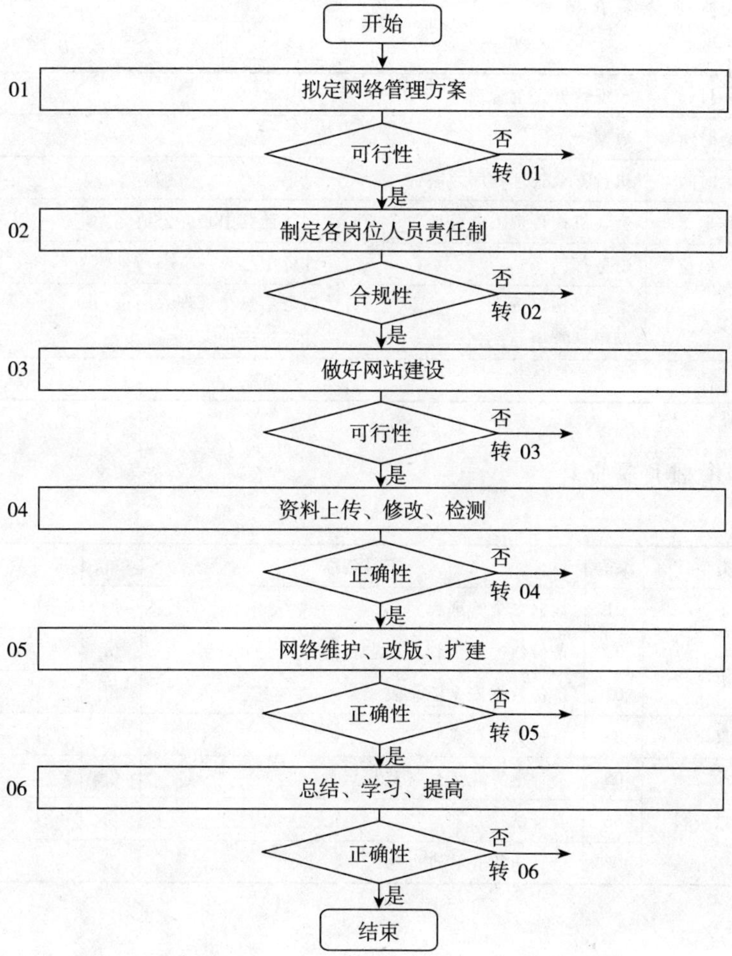

9.2.6 财务数据安全管理工作标准

标准编码：0901

标准名称：财务数据安全管理工作标准

工作标准名称释义

财务数据安全管理工作标准是指财务信息化管理岗位对计算机硬盘数据以及盘外数据进行安全管理的工作规范。

工作标准基本表格

工作核心目标	实现数据安全管理	
工作开始时间	数据产生	
工作结束时间	执行安全管理程序之后	
相关工作地点	会计机构负责人办公地	网络计算中心办公地
相关工作单位	财务部门	计算中心
相关工作人员	会计机构负责人 网络计算中心经理	财务信息化管理人岗位 计算机维护人员
备　　注		

工作标准所需资料

资料类型	编码	资料名称	单位	原件数	复印数
事前准备资料	01	数据安全管理程序	份	1	0
事中产生资料	02	备份数据安全管理日志表格	份	1	0
	03	备份数据安全汇总表	份	1	0
事后结果资料	04	备份数据存盘	份	1	2
技术要求资料	05	会计电算化工作规范	份	1	0
	06	会计法	份	1	0
	07	会计电算化管理办法	份	1	0

相关工作标准

标准编码	标准名称
0902	计算机使用及权限工作标准

工作标准流程图

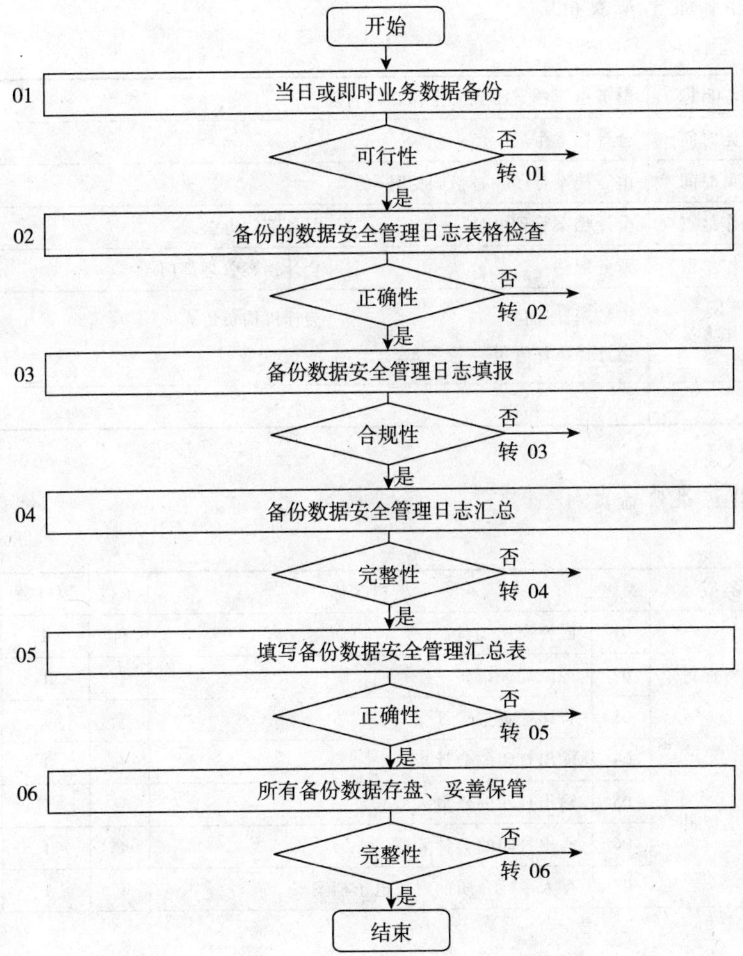

9.2.7 财务电子档案管理工作标准

标准编码：0907

标准名称：财务电子档案管理工作标准

工作标准名称释义

财务电子档案管理工作标准是指审核制证岗位与会计档案管理岗位在会计电算化条件下对财务电子档案生成与管理的工作规范。

工作标准基本表格

工作核心目标	财务电子档案得到安全保管与管理	
工作开始时间	会计档案生成	
工作结束时间	电子档案打印并备份归档时	
相关工作地点	会计档案管理办公地	财务部门办公地
相关工作单位	财务部门	会计档案管理部门
相关工作人员	审核制证岗位 会计档案保管员	会计机构负责人
备　注		

工作标准所需资料

资料类型	编码	资料名称	单位	原件数	复印数
事前准备资料	01	磁性介质工具	件	2	0
	02	记账凭证纸张	套	1	0
	03	打印账页报表纸张	套	1	0
事中产生资料	04	输出打印的会计报表	套	1	0
	05	输出打印的账页	套	1	0
	06	输出打印的会计凭证	套	1	0
	07	存入磁性介质的财务电子档案	套	1	0

续表

资料类型	编码	资料名称	单位	原件数	复印数
事后结果资料	08	会计档案清册	份	1	1
	09	加有标签的磁性介质财务电子档案	套	1	1
	10	打印装订的会计凭证、报表、账簿	套	1	0
技术要求资料	11	会计法	册	1	0
	12	会计电算化工作规范	册	1	0
	13	会计档案管理办法	册	1	0

相关工作标准

标准编码	标准名称
1020	会计凭证归档工作标准
1007	总账收集与立卷工作标准
1008	财务报告收集与立卷工作标准

工作标准流程图

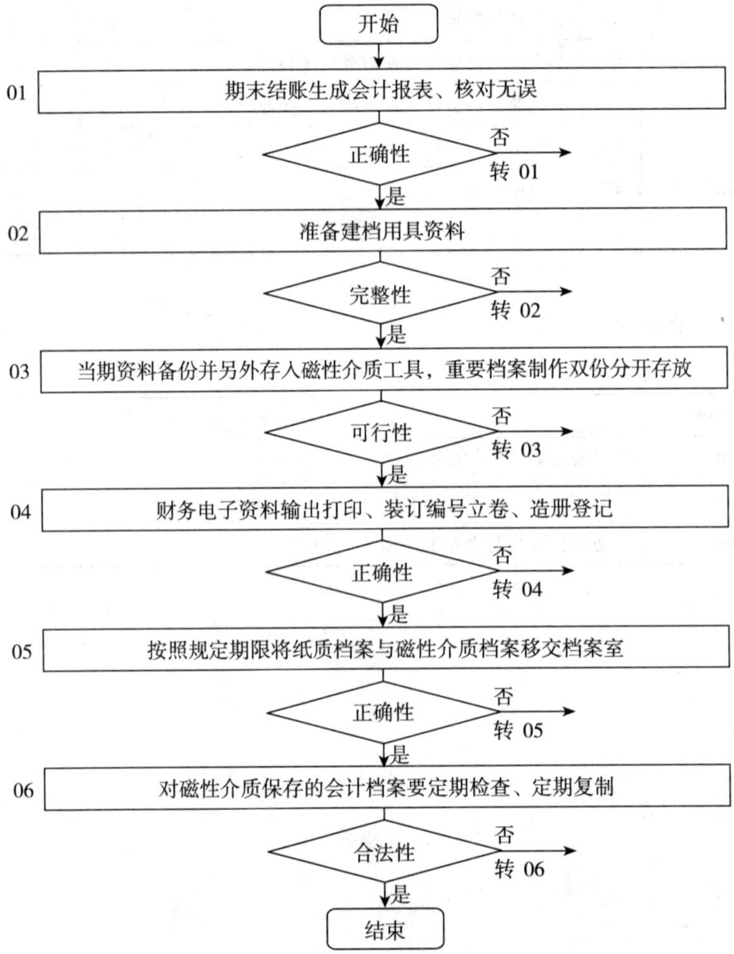
开始
01
期末结账生成会计报表、核对无误
正确性
否
转 01
是
02
准备建档用具资料
完整性
否
转 02
是
03
当期资料备份并另外存入磁性介质工具，重要档案制作双份分开存放
可行性
否
转 03
是
04
财务电子资料输出打印、装订编号立卷、造册登记
正确性
否
转 04
是
05
按照规定期限将纸质档案与磁性介质档案移交档案室
正确性
否
转 05
是
06
对磁性介质保存的会计档案要定期检查、定期复制
合法性
否
转 06
是
结束

9.2.8 财务软件应用数据初始化工作标准

标准编码：0908

标准名称：财务软件应用数据初始化工作标准

工作标准名称释义

财务软件应用数据初始化工作标准是指企业单位会计机构实施会计电算化开始时，将手工记账形成的会计信息资料录入财务软件系统，建立账套，完成数据初始化的工作规范。

工作标准基本表格

工作核心目标	完成财务软件应用数据初始化	
工作开始时间	财务软件安装完成时	
工作结束时间	初始化数据与原手工账表核对一致	
相关工作地点	财务部门办公地	
相关工作单位	财务部门	
相关工作人员	会计机构负责人 总账与报表岗位	相关会计工作岗位
备　注		

工作标准所需资料

资料类型	编码	资料名称	单位	原件数	复印数
事前准备资料	01	手工账户余额表	份	1	0
	02	试算平衡表	份	1	0
	03	资产负债表	份	1	0
事中产生资料	04	调整后的账户余额表	份	1	0
事后结果资料	05	数据初始化后生成的试算平衡表	份	1	0
	06	账户余额表	份	1	0
技术要求资料	07	会计电算化管理办法	份	1	0
	08	会计电算化工作规范	份	1	0

相关工作标准

标准编码	标准名称
0902	计算机使用及权限工作标准
090912	计算机操作系统选用工作标准
0906	计算机应用软件选用工作标准

工作标准流程图

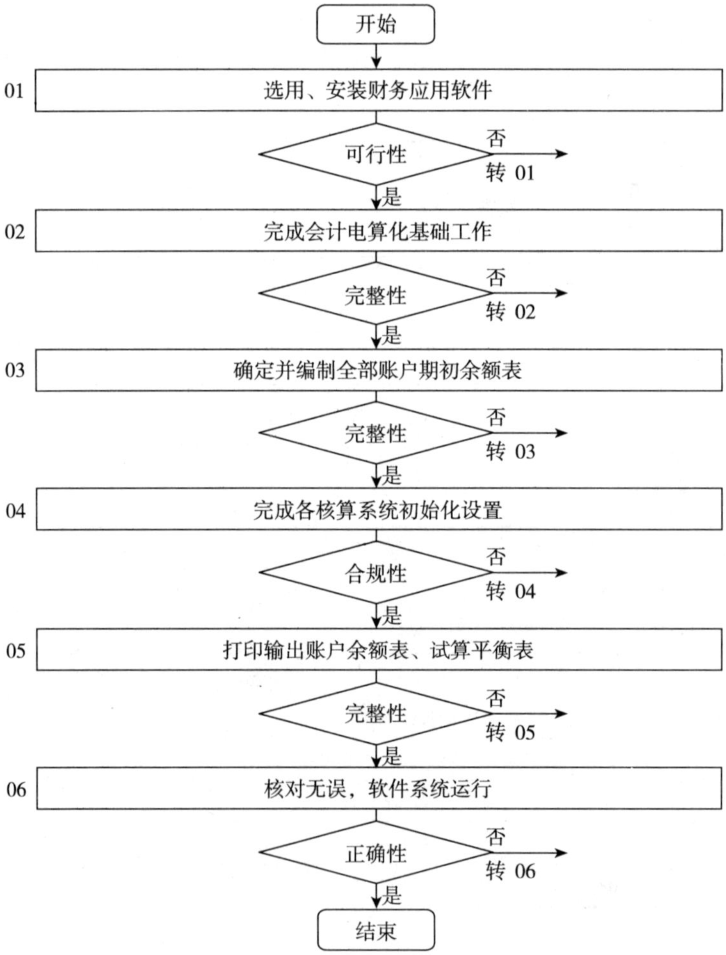

9.2.9　会计账证表打印装订工作标准

标准编码：1021

标准名称：会计账证表打印装订工作标准

工作标准名称释义

会计账证表打印装订工作标准是指在企业会计核算电算化条件下，总账与报表管理岗位每月对记账凭证和会计报表打印、装订，年末对全部会计账簿打印、编号、装订的工作规范。

工作标准基本表格

工作核心目标	完成会计账簿、会计记账凭证、会计报表的打印、装订	
工作开始时间	会计年度一月末	
工作结束时间	财务决算结束时	
相关工作地点	财务部门办公地	
相关工作单位	财务部门	
相关工作人员	会计机构负责人	总账与报表岗位
备　　注		

工作标准所需资料

资料类型	编码	资料名称	单位	原件数	复印数
事前准备资料	01	会计核算电算化数据、凭证、报表、账簿电子资料	套	1	1
	02	会计核算原始凭证资料	套	1	0
事中产生资料	03	当月打印出的记账凭证、会计报表	套	1	0
	04	年末打印出的总分类账、明细分类账、日记账	套	1	0
事后结果资料	05	月末装订成册的记账凭证、会计报表	套	1	0
	06	年末装订成册的各类会计账簿、全年会计报表	套	1	0
技术要求资料	07	会计电算化工作规范	册	1	0

相关工作标准

标准编码	标准名称
1011	记账凭证输出、立卷、归档工作标准
1012	日记账输出、立卷、归档工作标准
1013	明细账输出、立卷、归档工作标准
1014	总账输出、立卷、归档工作标准
1015	财务报表输出、立卷、归档工作标准

工作标准流程图

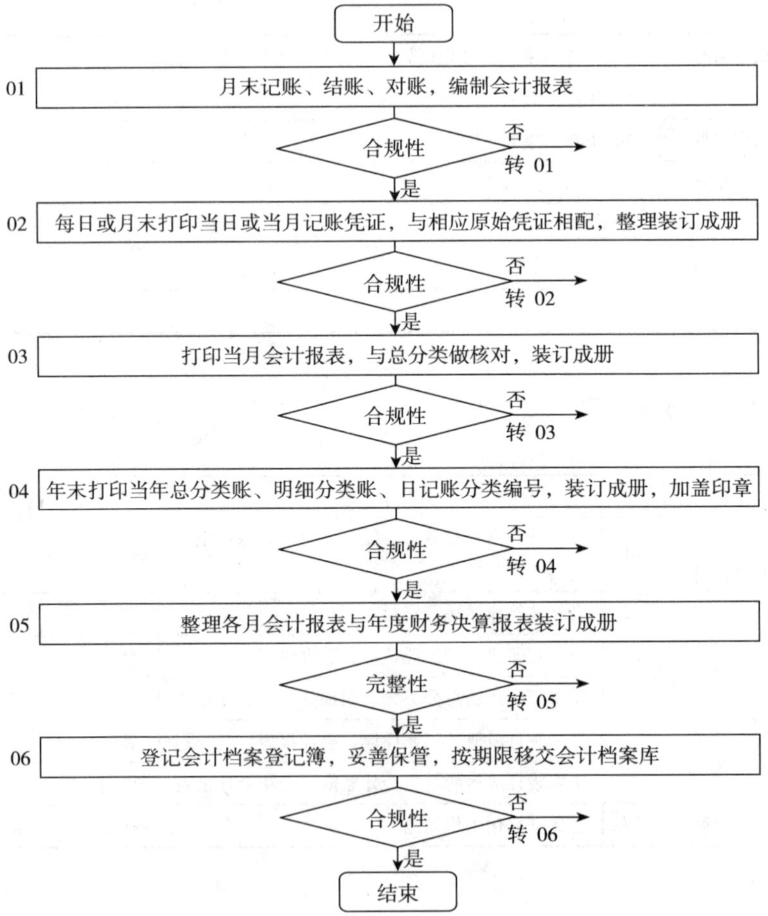

第 10 章　会计档案管理工作标准

会计档案管理工作标准是指企业财会部门认真完成会计档案的收集整理、编号装订、造册立卷、移交管理、查阅借用、到期销毁等一系列档案管理事务处理的工作规范。为了提高会计档案管理工作质量，必须加强企业会计档案管理工作标准建设。建立会计档案管理工作标准，对于做好会计档案管理的各项具体工作具有重要的指导意义。

10.1 会计档案管理基础工作

10.1.1 会计档案管理工作岗位

会计档案管理工作岗位是在财务部门设置的，负责会计档案的收集整理、编号装订、造册立卷、移交管理、查阅借用、到期销毁等事项的工作岗位。企业规模大或者财务部门会计档案量大，可以单独设置会计档案管理工作岗位；单位会计工作量少、规模较小的企业，可以不单独设置会计档案管理工作岗位，通常由财务部门中某个岗位兼任会计档案管理工作。

10.1.2 会计档案管理工作人员

会计档案管理工作岗位涉及的工作内容比较单一，要求档案管理人员具有一定的财会知识，熟悉原始凭证、记账凭证、账簿和会计报表，能够按照《会计法》及《会计档案管理办法》的规定和要求，管理会计档案的能力，能熟练使用 Office 办公软件，工作积极主动，性格开朗，讲求效率，责任心强；服从工作安排，具有较强的团队协作意识。

根据企业情况，可以配备熟悉具有高度的工作责任感和敬业精神，具有档案管理、财经等相关专业专科以上学历，初级会计职称，掌握档案管理岗位工作标准的同志担任。

会计档案管理岗位考核指标是：会计资料装订及时率、会计资料归档及时率、会计档案管理差错率、超期会计档案清理及时率、会计档案完好率、违反会计档案管理制度的次数等。

10.1.3 会计档案管理工作的主要内容

会计档案管理工作的核心工作是按照《会计法》及《会计档案管理办法》的规定和要求，完成会计档案立卷、归档、保管、调阅和销毁等工作。

具体工作包括：定期整理装订会计凭证、会计账簿、会计报表及其他相关资料；对已装订的会计凭证、账簿、报表及有关资料进行立卷和归档，登记会计档案台账；负责会计档案的日常管理，按要求办理会计档案的借阅、归还登记工作；保管会计档案，协助安全保卫人员做好档案的防水、防火、防盗、保密工作；定期对超过档案管理期限的会计凭证和有关辅助资料进行清理，并按财务制度规定登记后予以销毁。

日常工作包括：

会计凭证装订工作，记账凭证应当连同所附的原始凭证或者原始凭证汇总表及其各种附件，按照编号顺序，折叠整齐，按期装订成册。凭证装订人员在装订时应当注意顺号，避免遗失各种凭证及附件。装订的记账凭证应加具封面，注明单位名称、年度、月份和起讫日期、凭证类型、起讫号码、订本册数，并由装订人签名或者盖章。对于数量过多、纸张过大的原始凭证（如工资与奖金发放明细表、集中收取的学费收据等），也可以单独装订保管，在封面上注明记账凭证日期、编号、种类，同时在记账凭证上注明“附件另订”和原始凭证名称及编号。未附在记账凭证上的各种经济合同、保证金或押金收据以及涉外文件等重要原始凭证，应当另编目录，单独登记保管，并在有关的记账凭证和原始凭证上相互注明日期和编号。

会计账簿装订工作，年末会计账簿按照总账、明细分类账、日记账、辅助账分别装订，应加具封面，注明单位名称、年度、月份和起讫日期、起讫号码、订本册数，并由装订人签名或者盖章。

会计报表装订工作，年末会计报表按照资产负债表、利润表、现金流量表、税务申报表等报表分类按日期顺序装订成册，每册前应加具封面，编写目录，注明单位名称、年度、月份和起讫日期、起讫号码、订本册数、张数，并由装订人签名或者盖章。

当年形成的会计档案由所在科室按照归档的要求负责整理立卷、装订成册、集中保管。在次年第一季度内，由档案装订人员编造清册移交给本部门的档案管理人员。

档案日常借阅工作，无论是内部审计人员还是外部税务、财政、审计、检察等机关需要开展会计检查工作，按规定办理档案临时借出手续，到期后认真检查核对，防止档案遗失和毁损。一般日常企业内部人员查阅会计档案，原始凭证不得外借，可按档案管理办法查阅原始凭证。如因特殊原因需要使用原始凭证时，须报经领导批准，提供盖章的档案复印件，并在专设的登记簿上登记。

10.1.4　会计档案管理工作思路导图

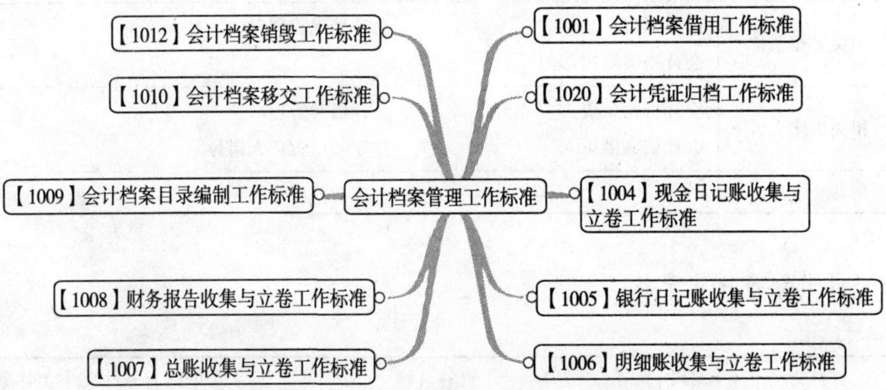

图10－1　会计档案管理工作思路导图

10.2　会计档案管理工作标准

10.2.1　会计档案借用工作标准

标准编码：1001

标准名称：会计档案借用工作标准

工作标准名称释义

会计档案借用工作标准是指会计档案借用人因工作需要，经申请批准将会计档案借出进行查阅摘录或复印的工作规范。

工作标准基本表格

工作核心目标	完成会计档案借用工作
工作开始时间	借用经办人提出申请
工作结束时间	借用的会计档案完整归还

续表

相关工作地点	借用会计档案部门办公地 财务部门办公地	会计档案管理办公地
相关工作单位	财务部门 会计档案借用部门	会计档案管理部门
相关工作人员	会计机构负责人 会计档案借用人	会计档案管理岗位 业务部门负责人岗位
备　注		

工作标准所需资料

资料类型	编码	资料名称	单位	原件数	复印数
事前准备资料	01	归档保管的会计档案	份	1	0
	02	会计档案借出登记簿	份	1	0
事中产生资料	03	会计档案申请借条	份	1	0
	04	记录有借出会计档案的登记簿	份	1	0
	05	借用的会计档案	份	1	0
	06	查阅会计档案复印件或资料摘录	份	1	0
事后结果资料	07	会计档案归还登记簿	份	1	0
技术要求资料	08	会计档案管理办法	份	1	0
	09	会计基础工作规范	份	1	0
	10	会计法	份	1	0

相关工作标准

标准编码	标准名称
1002	会计档案管理制度制定工作标准

工作标准流程图

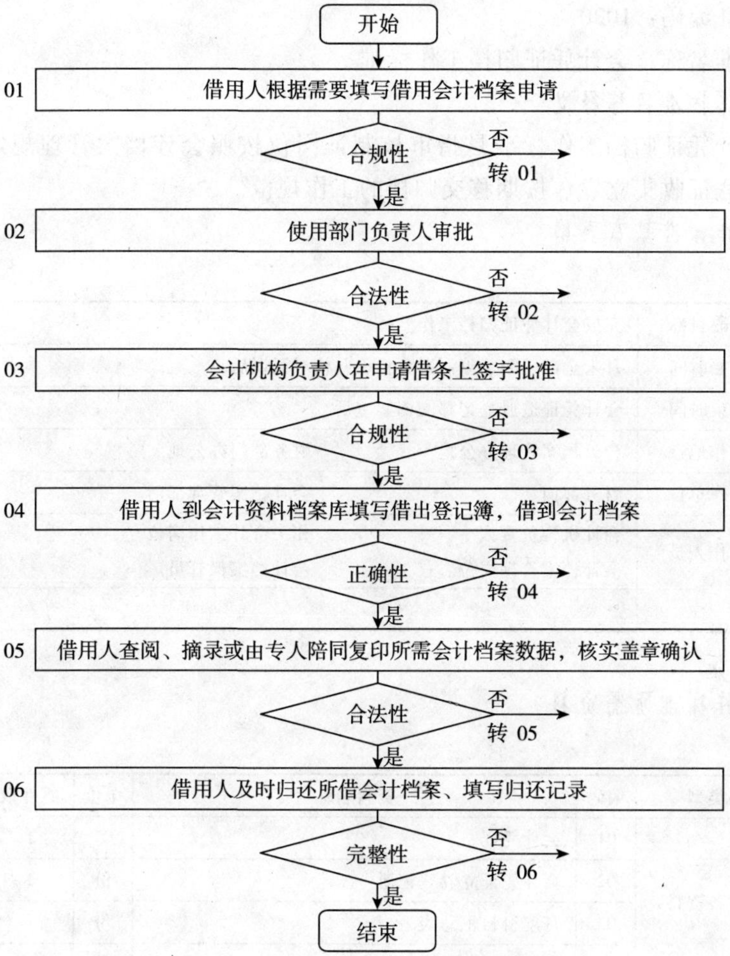
开始
01
借用人根据需要填写借用会计档案申请
合规性
否
转 01
是
02
使用部门负责人审批
合法性
否
转 02
是
03
会计机构负责人在申请借条上签字批准
合规性
否
转 03
是
04
借用人到会计资料档案库填写借出登记簿，借到会计档案
正确性
否
转 04
是
05
借用人查阅、摘录或由专人陪同复印所需会计档案数据，核实盖章确认
合法性
否
转 05
是
06
借用人及时归还所借会计档案、填写归还记录
完整性
否
转 06
是
结束

10.2.2 会计凭证归档工作标准

标准编码：1020

标准名称：会计凭证归档工作标准

工作标准名称释义

会计凭证归档工作标准是指审核制证岗位按照会计档案管理规定，对会计记账凭证收集立卷、按期移交归档的工作规范。

工作标准基本表格

工作核心目标	完成会计凭证归档工作	
工作开始时间	月末全部登账、编制财务报表并核对无误后	
工作结束时间	会计凭证造册登记移交档案室后	
相关工作地点	会计档案管理办公地	财务部门办公地
相关工作单位	财务部门	会计档案管理部门
相关工作人员	会计机构负责人 会计档案管理岗位	相关会计工作岗位 会计档案保管员
备　　注		

工作标准所需资料

资料类型	编码	资料名称	单位	原件数	复印数
事前准备资料	01	会计凭证	套	1	1
	02	会计凭证立卷登记册	份	1	0
	03	月度科目汇总表	份	1	1
	04	记账凭证装订皮，装存袋	套	1	1
事中发生资料	05	会计凭证归档记录表	份	1	1
事后结果资料	06	档案移交记录表	份	1	1
技术要求资料	07	档案法	份	1	1
	08	会计档案管理制度	份	1	1

相关工作标准

标准编码	标准名称
1003	会计凭证收集与立卷工作标准
1010	会计档案移交工作标准

工作标准流程图

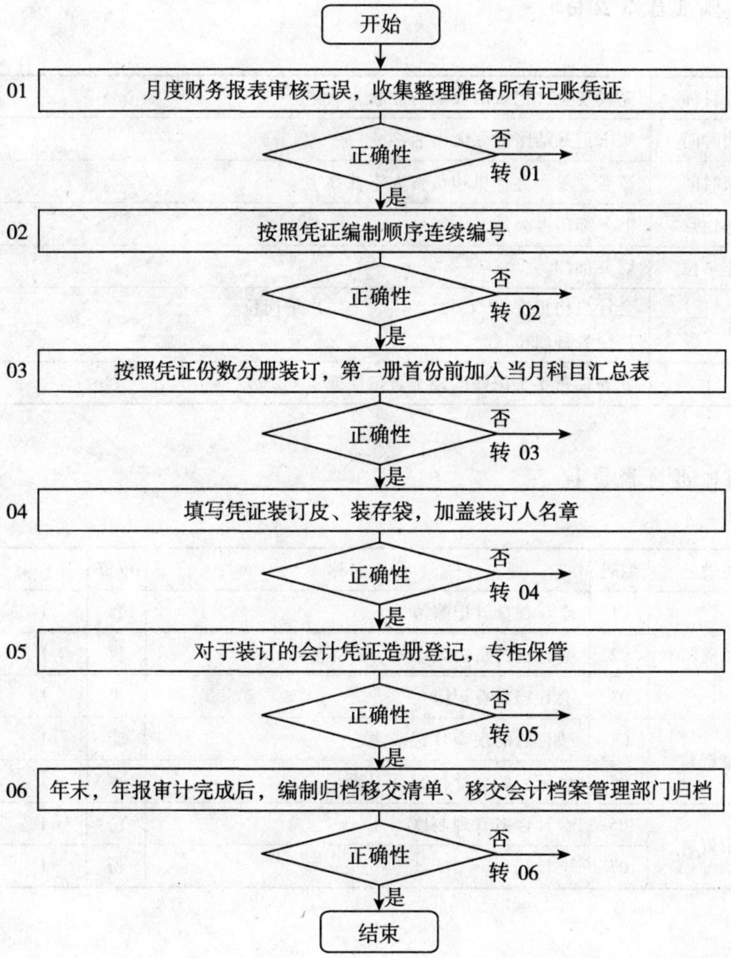

10.2.3 现金日记账收集与立卷工作标准

标准编码：1004

标准名称：现金日记账收集与立卷工作标准

工作标准名称释义

现金日记账收集与立卷工作标准是指出纳岗位次年初对上年的现金日记账在记账、结账、年末余额结转下年并与总账及报表核对无误后，收集整理，编号装订、造册立卷的工作规范。

工作标准基本表格

工作核心目标	完成现金日记账的收集与立卷
工作开始时间	年末记账结账对账无误后
工作结束时间	造册立卷、会计机构负责人审核签字
相关工作地点	财务部门办公地
相关工作单位	财务部门
相关工作人员	会计机构负责人　　出纳岗位 档案管理岗位
备　　注	此处仅指手工记账的现金日记账簿

工作标准所需资料

资料类型	编码	资料名称	单位	原件数	复印数
事前准备资料	01	全年现金日记账簿	套	1	0
	02	会计机构负责人印章、财务公章	枚	1	0
	03	会计档案登记簿	份	1	1
事后结果资料	04	装订后的现金日记账簿	套	1	1
	05	登记后的会计档案登记簿	本	1	0
技术要求资料	06	会计档案管理制度	份	1	0
	07	会计法	份	1	0

相关工作标准

标准编码	标准名称
1005	银行日记账收集与立卷工作标准

工作标准流程图

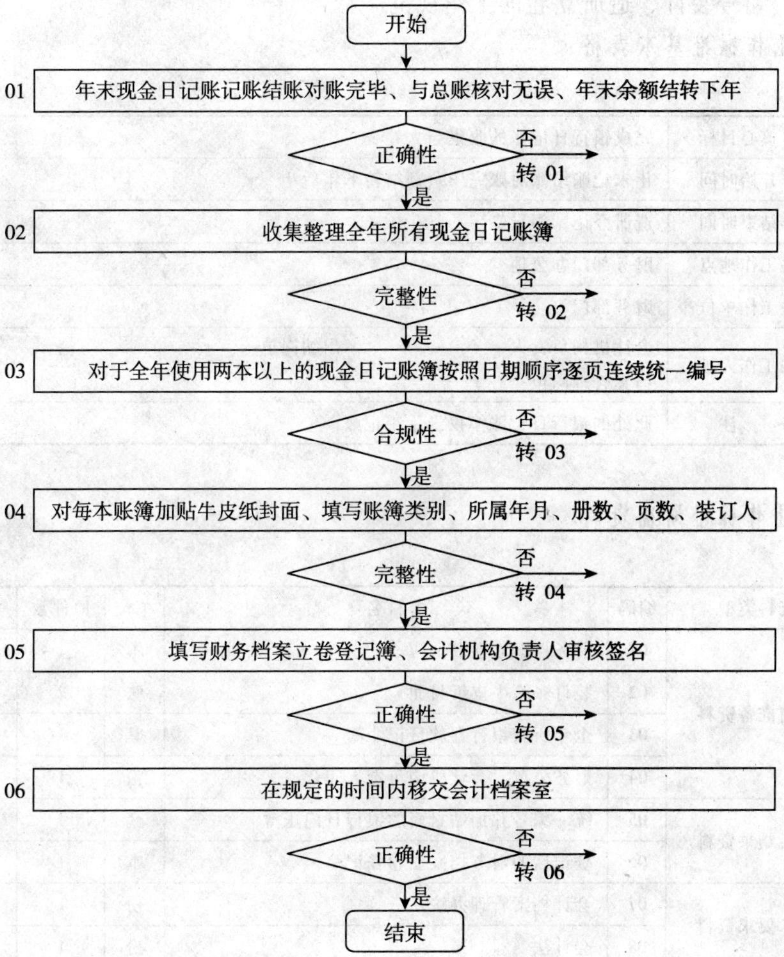

10.2.4 银行日记账收集与立卷工作标准

标准编码：1005

标准名称：银行日记账收集与立卷工作标准

工作标准名称释义

银行日记账收集与立卷工作标准是出纳岗位每年末对上年的银行存款日记账簿在记账、结账、年末余额结转下年并与总账及报表核对无误后，收集整理，编号装订、造册立卷的工作规范。

工作标准基本表格

工作核心目标	完成银行日记账的收集与立卷
工作开始时间	年末记账结账对账完毕余额结转下年后
工作结束时间	造册登记、领导签字
相关工作地点	财务部门办公地
相关工作单位	财务部门
相关工作人员	会计机构负责人　出纳岗位 档案管理岗位
备　注	此处的银行日记账簿仅指手工记账

工作标准所需资料

资料类型	编码	资料名称	单位	原件数	复印数
事前准备资料	01	财务档案立卷登记簿	本	1	0
	02	装订账簿牛皮纸封面	张	2	0
	03	全年所有银行存款日记账簿	套	1	0
	04	财务公章、会计机构负责人印章	份	1	0
事后结果资料	05	统一编号并加贴封面的银行日记账簿	套	1	0
	06	登记后的财务档案立卷登记簿	本	1	0
技术要求资料	07	会计档案管理办法	份	1	0
	08	会计法	份	1	0

相关工作标准

标准编码	标准名称
1004	现金日记账收集与立卷工作标准

工作标准流程图

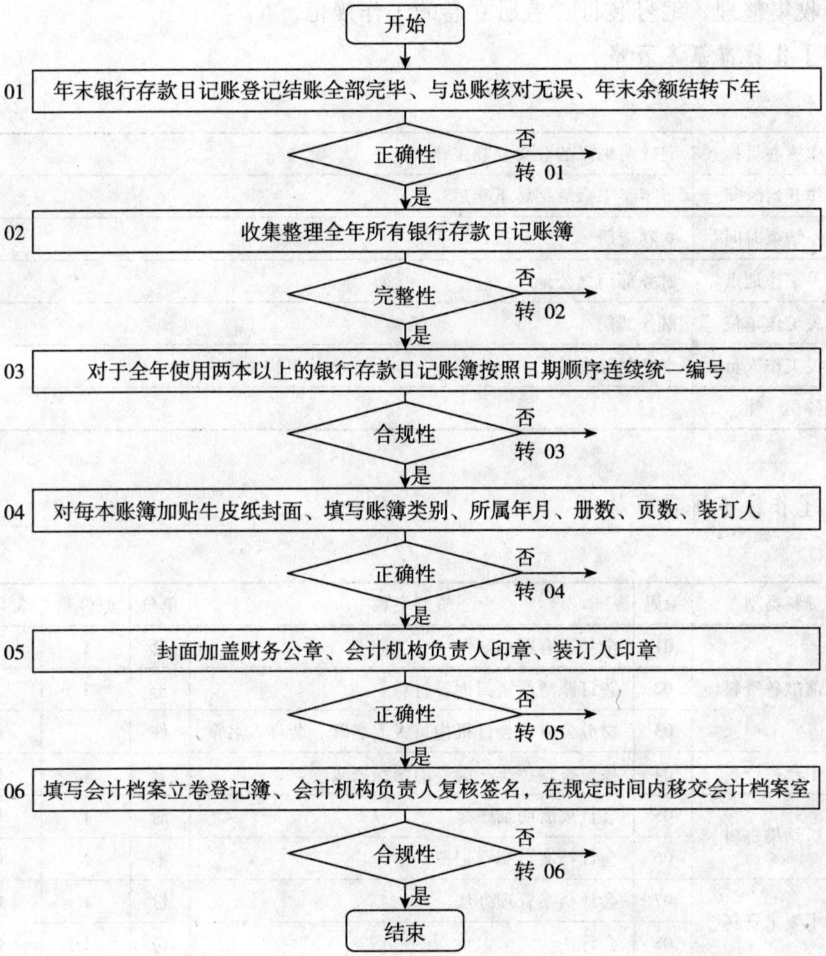

10.2.5 明细账收集与立卷工作标准

标准编码：1006

标准名称：明细账收集与立卷工作标准

工作标准名称释义

明细账收集与立卷工作标准是指审核制证岗位会计年末对全年明细账簿在记账结账完毕、与相关账簿及财务报表核对无误、且年末余额结转下年后，进行收集整理、编号装订、造册立卷的工作规范。

工作标准基本表格

工作核心目标	完成明细账的收集立卷工作	
工作开始时间	每年年末余额结转下年后	
工作结束时间	立卷造册	
相关工作地点	财务部门办公地	
相关工作单位	财务部门	
相关工作人员	审核制证岗位	会计机构负责人
备　注		

工作标准所需资料

资料类型	编码	资料名称	单位	原件数	复印数
事前准备资料	01	全年所有明细账簿	套	1	1
	02	装订账簿所需封面等材料	份	1	1
	03	财务公章、会计机构负责人名章、装订人名章	件	3	0
事中产生资料	04	核对整理、统一编号的明细账页	套	1	0
事后结果资料	05	装订成册明细账簿	册	1	0
	06	会计档案造册登记簿	本	1	0
技术要求资料	07	会计档案管理办法	份	1	0
	08	会计法	份	1	0

相关工作标准

标准编码	标准名称
1007	总账收集与立卷工作标准

工作标准流程图

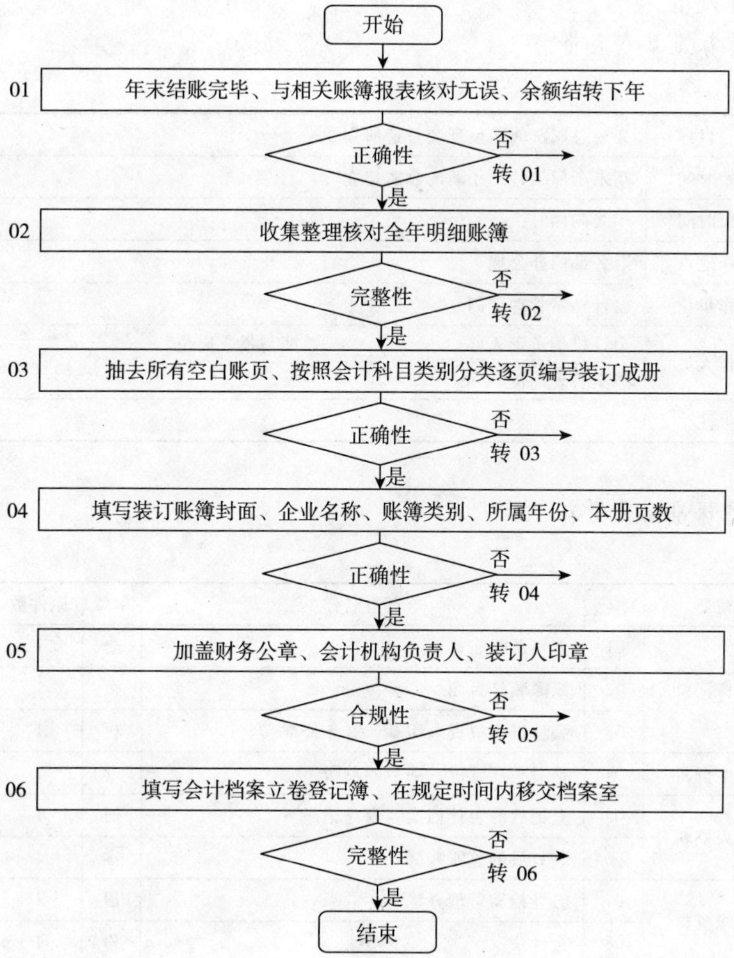

10.2.6 总账收集与立卷工作标准

标准编码：1007

标准名称：总账收集与立卷工作标准

工作标准名称释义

总账收集与立卷工作标准是总账会计岗位年末在总账账簿记账、结账、与明细账及财务报表核对无误，并将年末余额结转下年后，收集整理造册立卷的工作规范。

工作标准基本表格

工作核心目标	完成总账账簿的整理装订造册立卷
工作开始时间	年末余额结转下年新的总账建立时
工作结束时间	年终归档时
相关工作地点	财务部门办公地
相关工作单位	会计档案管理部门
相关工作人员	会计机构负责人　　总账与报表岗位 档案管理岗位
备　　注	

工作标准所需资料

资料类型	编码	资料名称	单位	原件数	复印数
事前准备资料	01	上年总账账簿	套	1	1
	02	账簿装订封面	页	1	0
	03	会计机构负责人印章、财务公章	枚	1	0
事中产生资料	04	核对整理、统一编号的总账	套	1	0
事后结果资料	05	登记后的会计档案立卷登记簿	册	1	0
	06	装订后的总账账簿	本	1	0
技术要求资料	07	会计档案管理办法	册	1	0
	08	会计法	份	1	0

相关工作标准

标准编码	标准名称
1006	明细账收集与立卷工作标准

工作标准流程图

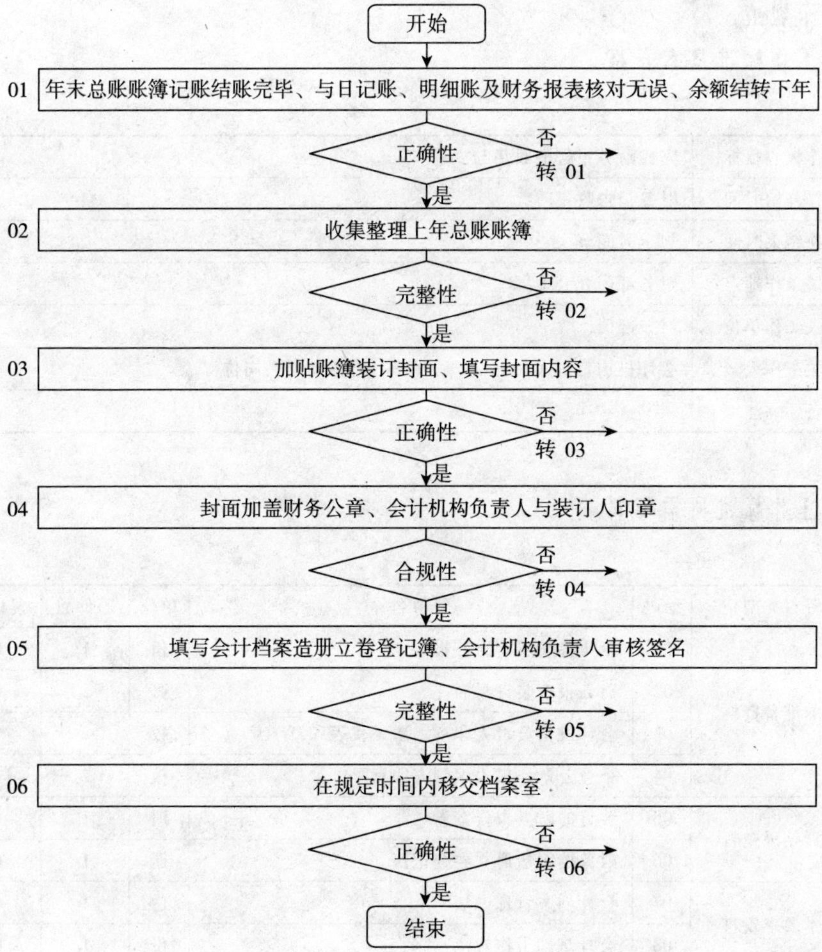

10.2.7 财务报告收集与立卷工作标准

标准编码：1008

标准名称：财务报告收集与立卷工作标准

工作标准名称释义

财务报告收集与立卷工作标准是指总账与报表岗位年末在完成年度财务报告审计核准后、对全年所有财务报告进行收集整理、核对装订、造册立卷的工作规范。

工作标准基本表格

工作核心目标	完成财务报告的收集与立卷	
工作开始时间	财务报告收集时	
工作结束时间	规定时间	
相关工作地点	财务部门办公地	
相关工作单位	财务部门	
相关工作人员	会计机构负责人	总账与报表岗位
备　注		

工作标准所需资料

资料类型	编码	资料名称	单位	原件数	复印数
事前准备资料	01	全年各期所有财务报表	份	1	0
	02	财务报告装订封面	张	2	0
	03	会计机构负责人印章、法人代表印章	枚	2	0
	04	企业公章、报表编制人印章	枚	2	0
事后结果资料	05	装订的财务报告案卷	册	1	0
	06	财务档案造册立卷登记簿	册	1	0
技术要求资料	07	会计档案管理办法	份	1	0
	08	会计基础工作规范	份	1	0

相关工作标准

标准编码	标准名称
1007	总账收集与立卷工作标准

工作标准流程图

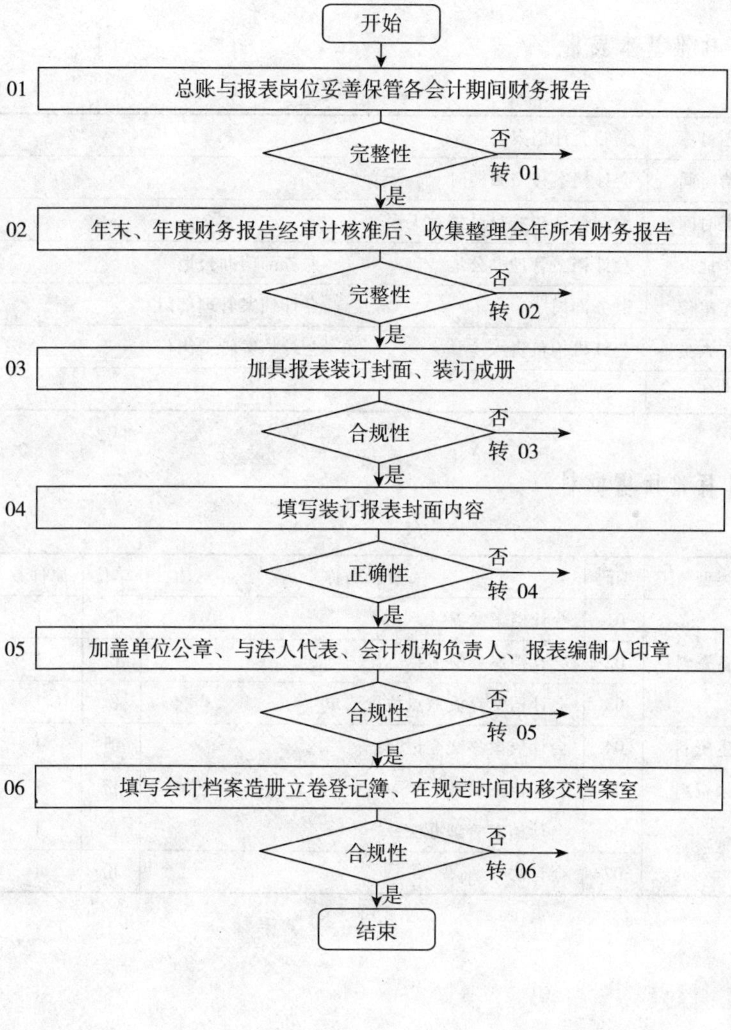

10.2.8 会计档案目录编制工作标准

标准编码：1009

标准名称：会计档案目录编制工作标准

工作标准名称释义

会计档案目录编制工作标准是指会计档案管理岗位依据《会计档案管理办法》、对于移交归档的会计档案资料建立登记簿、编制会计档案目录的工作规范。

工作标准基本表格

工作核心目标	编制会计档案目录	
工作开始时间	会计档案移交归档时	
工作结束时间	编制会计档案目录核对无误	
相关工作地点	会计档案管理办公地	财务部门办公地
相关工作单位	财务部门	会计档案管理部门
相关工作人员	会计机构负责人	会计档案管理岗位
备　注		

工作标准所需资料

资料类型	编码	资料名称	单位	原件数	复印数
事前准备资料	01	会计档案案卷	份	1	0
	02	会计档案移交清单	份	1	0
	03	会计档案存放地点位置清单	份	1	0
事中产生资料	04	会计档案移交登记簿	册	1	0
事后结果资料	05	会计档案目录	份	1	0
技术要求资料	06	会计档案管理办法	份	1	0
	07	会计法	份	1	0

相关工作标准

标准编码	标准名称
1002	会计档案管理制度制定工作标准
1010	会计档案移交工作标准

工作标准流程图

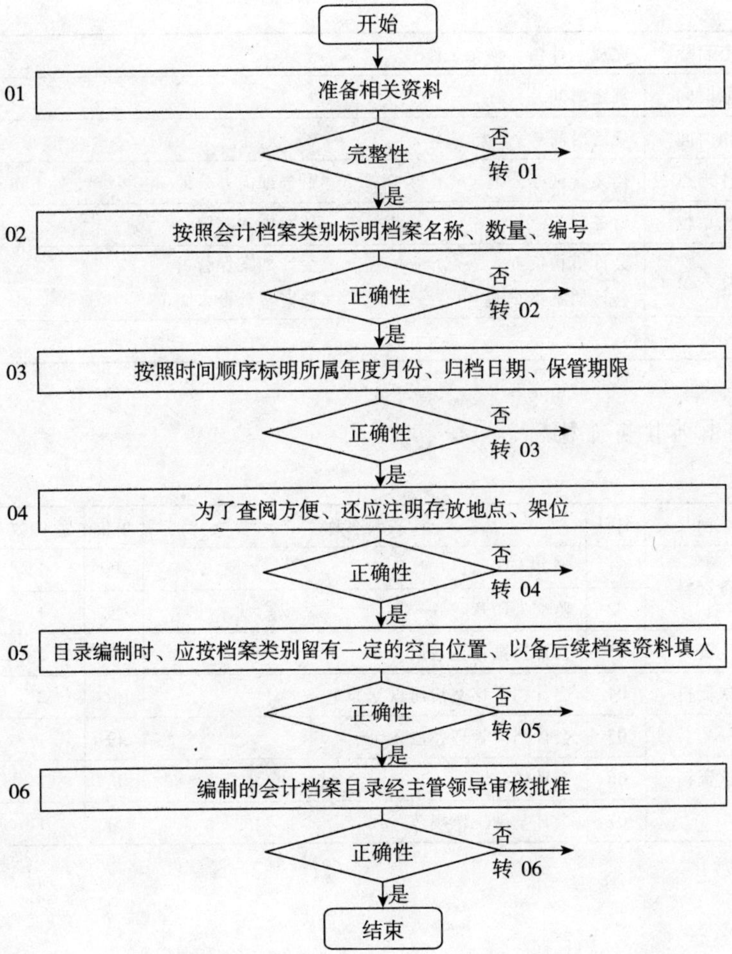

10.2.9 会计档案移交工作标准

标准编码：1010

标准名称：会计档案移交工作标准

工作标准名称释义

会计档案移交工作标准是指年终财务部门将保管一年期满后会计档案移交给企业档案部门进行管理的工作规范。

工作标准基本表格

工作核心目标	完成会计档案移交工作	
工作开始时间	规定时间	
工作结束时间	规定时间	
相关工作地点	档案管理办公地	财务部门办公地
相关工作单位	财务部门	档案管理部门
相关工作人员	会计机构负责人 会计档案移交人	会计档案保管员 档案室负责人岗位
备　　注		

工作标准所需资料

资料类型	编码	资料名称	单位	原件数	复印数
事前准备资料	01	经办人印章	枚	1	0
	02	监交人印章	枚	1	0
事中产生资料	03	会计档案移交清册	份	2	0
事后结果资料	04	会计档案移交清册（盖章）	份	2	0
技术要求资料	05	会计档案管理办法	份	1	0
	06	会计法	份	1	0
	07	会计基础工作规范	份	1	0

相关工作标准

标准编码	标准名称
1002	会计档案管理制度制定工作标准

工作标准流程图

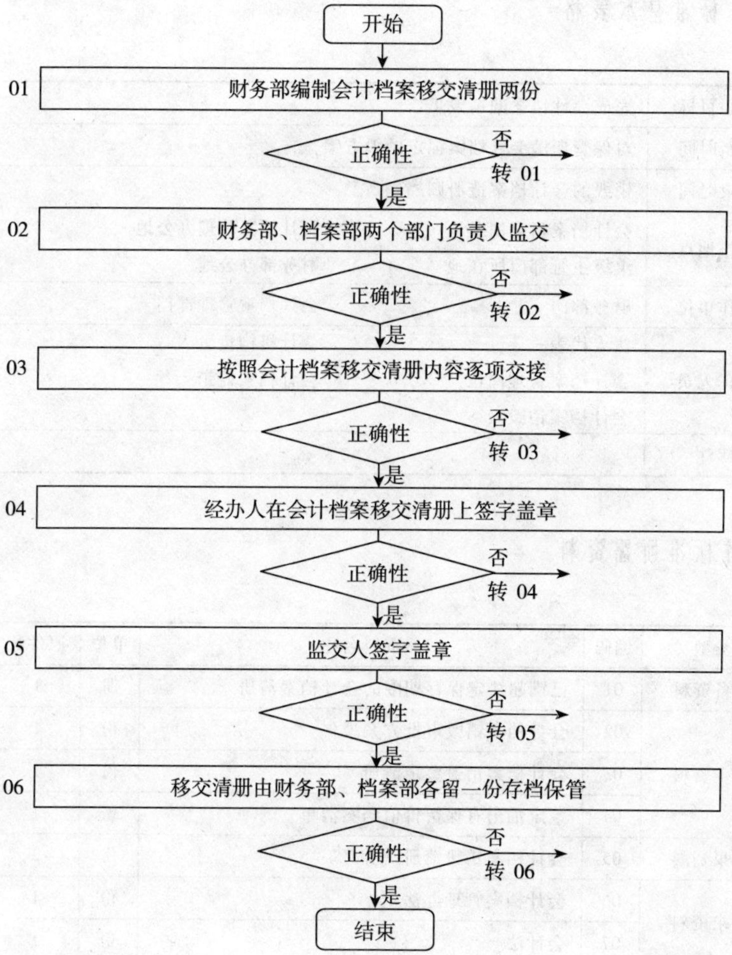

10.2.10 会计档案销毁工作标准

标准编码：1012

标准名称：会计档案销毁工作标准

工作标准名称释义

会计档案销毁工作标准是指会计机构负责人依据会计档案管理法规与企业实际情况组织会计档案销毁的工作规范。

工作标准基本表格

工作核心目标	完成会计档案的销毁工作	
工作开始时间	对保管期满会计档案拟定销毁方案	
工作结束时间	销毁的会计档案造册归档	
相关工作地点	会计档案指定销毁地 上级主管部门所在地	会计档案管理办公地 财务部办公地
相关工作单位	财务部门	会计档案管理部门
相关工作人员	法人代表 会计档案管理岗位 会计档案销毁人	会计机构负责人 会计档案监销人
备　　注		

工作标准所需资料

资料类型	编码	资料名称	单位	原件数	复印数
事前准备资料	01	已满超法定保存期限的会计档案清册	册	1	0
事中产生资料	02	会计档案销毁审批方案报告	份	1	0
	03	会计档案销毁鉴定清册	份	1	0
	04	鉴定抽出有保留价值档案清单	份	1	1
事后结果资料	05	会计档案销毁清册（盖章）	份	2	0
技术要求资料	06	会计档案管理办法	份	1	0
	07	会计法	份	1	0

相关工作标准

标准编码	标准名称
1002	会计档案管理制度制定工作标准

工作标准流程图

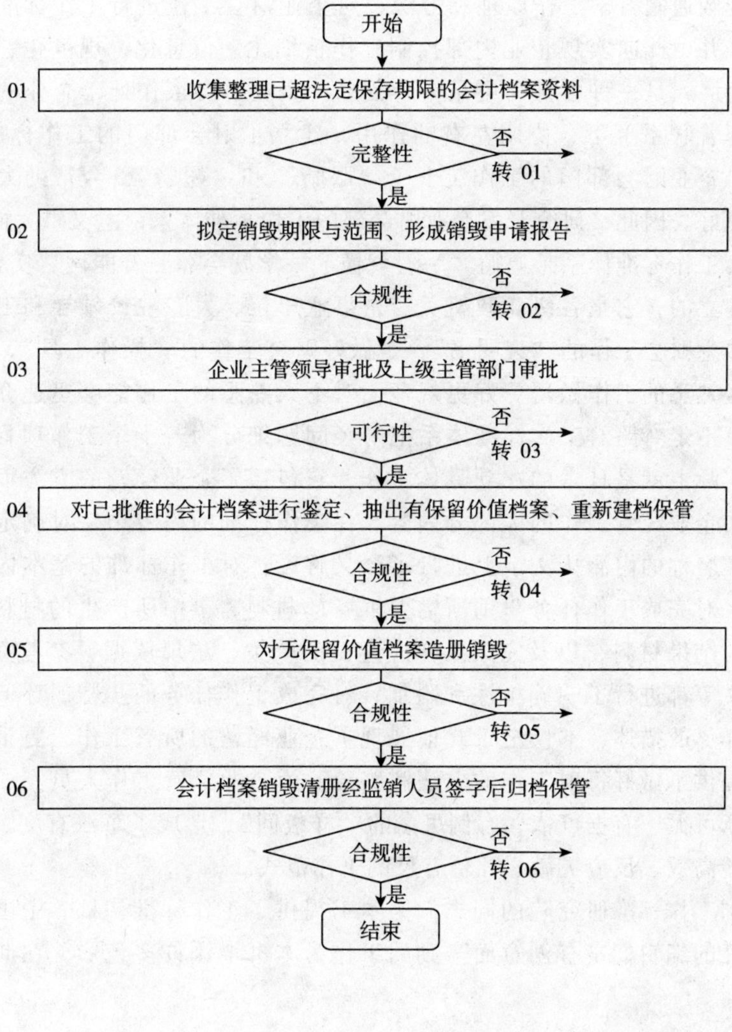

后　记

基于圆通制科学工作原理和方法，对企业财会工作进行工作标准化研究和开发，并由此向实现企业内部控制工作精细化、信息化、规范化、科学化延伸和拓展，是一种尝试，更是一种创新。企业财会工作处于企业的中枢地位，发挥着联系上下、协调左右的作用，建立了财会部门的工作标准体系，就如同给企业财会部门的工作装上了“眼睛”和“翅膀”，会帮助大家把工作做得更好。因此，研究开发企业财会部门工作标准体系，意义重大而深远。

财会工作标准体系是遵循“一看就懂、一学就会、照着能做、实在管用”的原则建立的，它是各级党政机关、企事业单位、大专院校领导和工作人员了解、熟悉财会工作的“说明书”，是做好财会工作的“操作工具”，能使大家把已经熟悉的工作做得更好更规范，对不太熟悉的工作能够迅速介入，快速适应，不走弯路。工作标准体系把财经问题细分为若干个工作项目，每一个项目实际上就是日常的一项具体工作，它包括了企业经营的方方面面，涵盖了目前企业经营工作的大部分内容。在工作标准的内容中，对确定的每个工作标准名称的内涵从文字上进行了释义解说；对工作标准的基本内容进行了明晰；对完成工作任务事前所需要准备的材料、事中所产生的材料、事后将形成的结果材料，以及完成工作应遵循的政策、法规依据、参考资料、图表、例文等都进行了明确标注和附加；对完成工作任务的步骤、环节和流程进行了详尽的描述，不仅全景式地展现了企业经营的所有工作，更重要的是给大家提供了做好每项工作的方法和路径。为企业经营工作人员完成工作提供了有章可循、有据可依、有例可参的“样板间”，形成了章法有度、责任明确、运转高效、反应灵敏、评价有尺的工作范式。

中国工作标准研究院的同志们为本书提供了工作标准初稿。中国财政经济出版社的编辑们富有创意而辛勤的工作为本书增添许多色彩，在此表示衷心的感谢。

企业财会工作标准体系的建立，是一项艰巨而宏大的工程，有待全国财会工作者的共同努力和奋斗。本书仅仅是一种初步探索，受研究力量所限，错漏在所难免，希望起到抛砖引玉的效果，亦期望更多的同仁参与圆通工作标准的研发工作，一道携手推进我国企业财会工作的标准化进程。

作者

2012 年 5 月